大学赤本シリーズ

506

京都橘大学

教学社

は　し　が　き

おかげさまで，大学入試の「赤本」は，今年で創刊 70 周年を迎えました。

これまで，入試問題や資料をご提供いただいた大学関係者各位，掲載許可をいただいた著作権者の皆様，各科目の解答や対策の執筆にあたられた先生方，そして，赤本を使用してくださったすべての読者の皆様に，厚く御礼を申し上げます。

以下に，創刊初期の「赤本」のはしがきを引用します。これからも引き続き，受験生の目標の達成や，夢の実現を応援してまいります。

本書を活用して，入試本番では持てる力を存分に発揮されることを心より願っています。

編者しるす

＊　＊　＊

学問の塔にあこがれのまなざしをもって，それぞれの志望する大学の門をたたかんとしている受験生諸君！　人間として生まれてきた私たちは，自己の欲するままに，美しく，強く，そして何よりも人間らしく生きることをねがっている。しかし，一朝一夕にして，この純粋なのぞみが達せられることはない。私たちの行く手には，絶えずさまざまな試練がまちかまえている。この試練を克服していくところに，私たちのねがう真に人間的な世界がはじめて開かれてくるのである。

人生最初の最大の試練として，諸君の眼前に大学入試がある。この大学入試は，精神的にも身体的にも，大きな苦痛を感ぜしめるであろう。あるスポーツに熟達するには，たゆみなき，はげしい練習を積み重ねることが必要であるように，私たちは，計画的・持続的な努力を払うことによって，この試練を克服し，次の一歩を踏みだすことができる。厳しい試練を経たのちに，はじめて満足すべき成果を獲得できるのである。

本書は最近の入学試験の問題に，それぞれ解答を付し，さらに問題をふかく分析することによって，その大学独特の傾向や対策をさぐろうとした。本書を一般の参考書とあわせて使用し，まとはずれのない，効果的な受験勉強をされるよう期待したい。

（昭和 35 年版「赤本」はしがきより）

挑む人の、いちばんの味方

70th

赤本創刊70周年

　1954 年に大学入試の過去問題集を刊行してから 70 年。赤本は大学に入りたいと思う受験生を応援しつづけてきました。これからも，苦しいとき落ち込むときにそばで支える存在でいたいと思います。

　そして，勉強をすること，自分で道を決めること，努力が実ること，これらの喜びを読者の皆さんが感じることができるよう，伴走をつづけます。

そもそも赤本とは…

受験生のための大学入試の過去問題集！

70年の歴史を誇る赤本は，500点を超える刊行点数で全都道府県の370大学以上を網羅しており，過去問の代名詞として受験生の必須アイテムとなっています。

…………… なぜ受験に過去問が必要なのか？ ……………

大学入試は大学によって問題形式や頻出分野が大きく異なるからです。

赤本の掲載内容

傾向と対策

これまでの出題内容から，問題の「**傾向**」を分析し，来年度の入試に向けて具体的な「**対策**」の方法を紹介しています。

問題編・解答編

- 年度ごとに問題とその解答を掲載しています。
- 「**問題編**」ではその年度の試験概要を確認したうえで，実際に出題された過去問に取り組むことができます。
- 「**解答編**」には高校・予備校の先生方による解答が載っています。

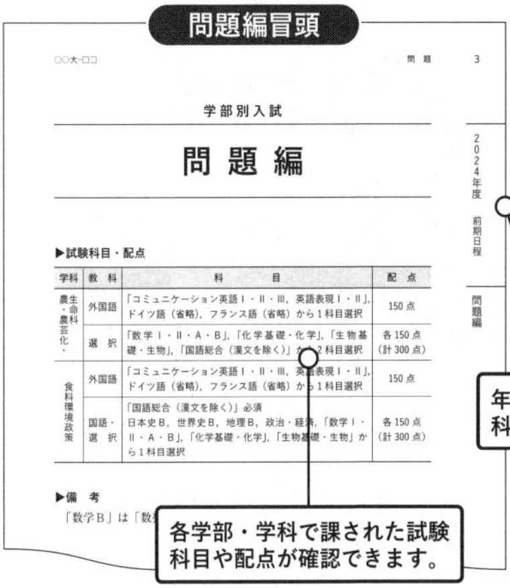

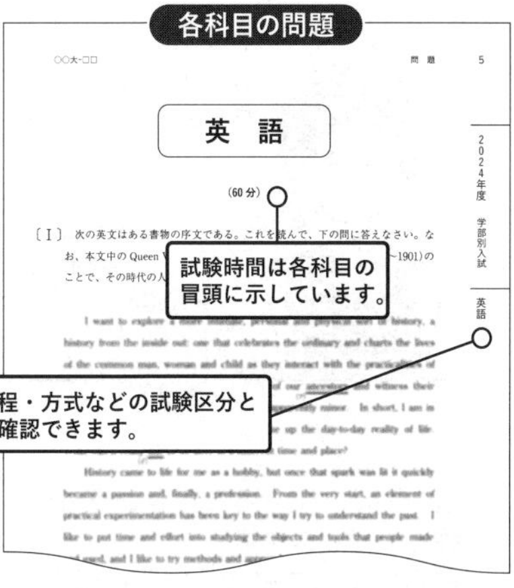

他にも，大学の基本情報や，先輩受験生の合格体験記，在学生からのメッセージなどが載っていることがあります。

● 掲載内容について ●

著作権上の理由やその他編集上の都合により問題や解答の一部を割愛している場合があります。
なお，指定校推薦入試，社会人入試，編入学試験，帰国生入試などの特別入試，英語以外の外国語科目，商業・工業科目は，原則として掲載しておりません。また試験科目は変更される場合がありますので，あらかじめご了承ください。

受験勉強は

過去問に始まり，

STEP 1

なにはともあれ

まずは解いてみる

しずかに…
今，自分の心と
向き合ってるんだから
ムーン
それは
問題を解いて
からだホン!

過去問は，**できるだけ早いうちに解く**のがオススメ！
実際に解くことで，**出題の傾向，問題のレベル，今の自分の実力**がつかめます。

STEP 2

じっくり具体的に

弱点を分析する

分析の結果だけど
英・数・国が苦手みたい
スリー
必須科目だホン
頑張るホン

間違いは自分の弱点を教えてくれる**貴重な情報源。**
弱点から自己分析することで，**今の自分に足りない力や苦手な分野**が見えてくるはず！

合格者があかす 赤本の使い方

傾向と対策を熟読

(Fさん／国立大合格)

大学の出題傾向を調べるために，赤本に載っている「傾向と対策」を熟読しました。

繰り返し解く

(Tさん／国立大合格)

1周目は問題のレベル確認，2周目は苦手や頻出分野の確認に，3周目は合格点を目指して，と過去問は繰り返し解くことが大切です。

過去問に終わる。

STEP 3

志望校にあわせて

苦手分野の重点対策

明日からはみんなで頑張るよ！
参考書も！ 問題集も！
よろしくね！
呼んだ？
なにを!?
どこから!?
グッ
グッ

参考書や問題集を活用して，苦手分野の**重点対策**をしていきます。**過去問を指針**に，合格へ向けた具体的な学習計画を立てましょう！

STEP 1▶2▶3

サイクルが大事！

実践を繰り返す

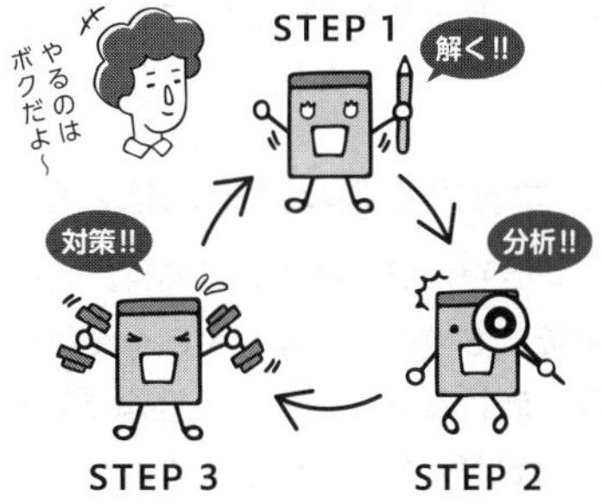
やるのはボクだよ～
STEP 1
解く!!
分析!!
対策!!
STEP 3
STEP 2

STEP 1～3を繰り返し，実力アップにつなげましょう！
出題形式に慣れることや，**時間配分を考えること**も大切です。

目標点を決める
(Yさん／私立大合格)
赤本によっては合格者最低点が載っているので，それを見て目標点を決めるのもよいです。

時間配分を確認
(Kさん／私立大学合格)
赤本は時間配分や解く順番を決めるために使いました。

添削してもらう
(Sさん／私立大学合格)
記述式の問題は先生に添削してもらうことで自分の弱点に気づけると思います。

新課程入試 Q&A

2022 年度から新しい学習指導要領（新課程）での授業が始まり，2025 年度の入試は，新課程に基づいて行われる最初の入試となります。ここでは，赤本での新課程入試の対策について，よくある疑問にお答えします。

Q1. 赤本は新課程入試の対策に使えますか？

A. もちろん使えます！

旧課程入試の過去問が新課程入試の対策に役に立つのか疑問に思う人もいるかもしれませんが，心配することはありません。旧課程入試の過去問が役立つのには次のような理由があります。

● 学習する内容はそれほど変わらない

新課程は旧課程と比べて科目名を中心とした変更はありますが，学習する内容そのものはそれほど大きく変わっていません。また，多くの大学で，既卒生が不利にならないよう「経過措置」がとられます（Q３参照）。したがって，出題内容が大きく変更されることは少ないとみられます。

● 大学ごとに出題の特徴がある

これまでに課程が変わったときも，各大学の出題の特徴は大きく変わらないことがほとんどでした。入試問題は各大学のアドミッション・ポリシーに沿って出題されており，過去問にはその特徴がよく表れています。過去問を研究してその大学に特有の傾向をつかめば，最適な対策をとることができます。

出題の特徴の例	・英作文問題の出題の有無 ・論述問題の出題（字数制限の有無や長さ） ・計算過程の記述の有無

新課程入試の対策も，赤本で過去問に取り組むところから始めましょう。

Q2. 赤本を使う上での注意点はありますか？

A. 志望大学の入試科目を確認しましょう。

過去問を解く前に，過去の出題科目（問題編冒頭の表）と 2025 年度の募集要項とを比べて，課される内容に変更がないかを確認しましょう。ポイントは以下のとおりです。科目名が変わっていても，実際は旧課程の内容とほとんど同様のものもあります。

英語・国語	科目名は変更されているが，実質的には変更なし。 ▶▶ **ただし，リスニングや古文・漢文の有無は要確認。**
地歴	科目名が変更され，「歴史総合」「地理総合」が新設。 ▶▶ **新設科目の有無に注意。ただし，「経過措置」**（**Q3参照**）**により内容は大きく変わらないことも多い。**
公民	「現代社会」が廃止され，「公共」が新設。 ▶▶ **「公共」は実質的には「現代社会」と大きく変わらない。**
数学	科目が再編され，「数学 C」が新設。 ▶▶ **「数学」全体としての内容は大きく変わらないが，出題科目と単元の変更に注意。**
理科	科目名も学習内容も大きな変更なし。

数学については，科目名だけでなく，どの単元が含まれているかも確認が必要です。例えば，出題科目が次のように変わったとします。

旧課程	「数学Ⅰ・数学Ⅱ・数学 A・数学 B（数列・ベクトル）」
新課程	「数学Ⅰ・数学Ⅱ・数学 A・**数学 B（数列）・数学 C（ベクトル）**」

この場合，新課程では「数学C」が増えていますが，単元は「ベクトル」のみのため，実質的には旧課程とほぼ同じであり，過去問をそのまま役立てることができます。

Q3. 「経過措置」とは何ですか？

A. 既卒の旧課程履修者への対応です。

多くの大学では，既卒の旧課程履修者が不利にならないように，出題において「経過措置」が実施されます。措置の有無や内容は大学によって異なるので，募集要項や大学のウェブサイトなどで確認しておきましょう。

◯旧課程履修者への経過措置の例

- 旧課程履修者にも配慮した出題を行う。
- 新・旧課程の共通の範囲から出題する。
- 新課程と旧課程の共通の内容を出題し，共通範囲のみでの出題が困難な場合は，旧課程の範囲からの問題を用意し，選択解答とする。

例えば，地歴の出題科目が次のように変わったとします。

旧課程	「日本史 B」「世界史 B」から１科目選択
新課程	「**歴史総合**，日本史探究」「**歴史総合**，世界史探究」から１科目選択※ ※旧課程履修者に不利益が生じることのないように配慮する。

「歴史総合」は新課程で新設された科目で，旧課程履修者には見慣れないものですが，上記のような経過措置がとられた場合，新課程入試でも旧課程と同様の学習内容で受験することができます。

新課程の情報は WEB もチェック！
より詳しい解説が赤本ウェブサイトで見られます。
https://akahon.net/shinkatei/

科目名が変更される教科・科目

	旧課程	新課程
国語	国語総合 国語表現 現代文A 現代文B 古典A 古典B	現代の国語 言語文化 論理国語 文学国語 国語表現 古典探究
地歴	日本史A 日本史B 世界史A 世界史B 地理A 地理B	歴史総合 日本史探究 世界史探究 地理総合 地理探究
公民	現代社会 倫理 政治・経済	公共 倫理 政治・経済
数学	数学Ⅰ 数学Ⅱ 数学Ⅲ 数学A 数学B 数学活用	数学Ⅰ 数学Ⅱ 数学Ⅲ 数学A 数学B 数学C
外国語	コミュニケーション英語基礎 コミュニケーション英語Ⅰ コミュニケーション英語Ⅱ コミュニケーション英語Ⅲ 英語表現Ⅰ 英語表現Ⅱ 英語会話	英語コミュニケーションⅠ 英語コミュニケーションⅡ 英語コミュニケーションⅢ 論理・表現Ⅰ 論理・表現Ⅱ 論理・表現Ⅲ
情報	社会と情報 情報の科学	情報Ⅰ 情報Ⅱ

目　次

●一般選抜前期

掲載内容についてのお断り

- 総合型選抜，一般選抜後期は掲載していません。
- 一般選抜前期は代表的な 1 日程分（A 日程の各科目と B 日程の「書道実技」）を掲載しています。
- 著作権の都合上，下記の内容を省略しています。
  2024 年度：学校推薦型選抜「英語」〔1〕の英文

UNIVERSITY GUIDE

大学情報

基本情報

学部・学科の構成

大　学

●工学部

情報工学科（ソフトウェアデザインコース，ネットワークデザインコース，IoT システムコース，メディアデザインコース，データサイエンスコース）

建築デザイン学科（建築デザイン領域，インテリアデザイン領域，環境デザイン領域）

●文学部

日本語日本文学科（日本語日本文学コース，国際日本文化コース，書道コース）

歴史学科（日本史コース，世界史コース）

歴史遺産学科（歴史遺産コース，考古学コース，美術工芸史コース）

●国際英語学部

国際英語学科（グローバルビジネスコース，グローバルツーリズムコー

ス，国際教養コース）

●**発達教育学部**

児童教育学科（児童教育コース，幼児教育コース）

●**総合心理学部**

総合心理学科（臨床心理学領域，社会・産業心理学領域，発達・教育心理学領域，行動・脳科学領域，健康・福祉心理学領域）

●**経済学部**

経済学科（金融・産業コース，地域・国際コース，公共経済・政策コース，医療・社会保障コース，観光・文化コース）

●**経営学部**

経営学科（経営学専攻，スポーツ経営学専攻）

●**看護学部**

看護学科

●**健康科学部**

理学療法学科（ヘルスプロモーションコース，スポーツ・運動器障害コース，脳・神経障害コース）

作業療法学科（地域の医療と福祉コース，こころと子どもの支援コース）

救急救命学科

臨床検査学科

大学院

文学研究科 / 現代ビジネス研究科 / 情報学研究科 / 看護学研究科 / 健康科学研究科

大学所在地

京都橘大学

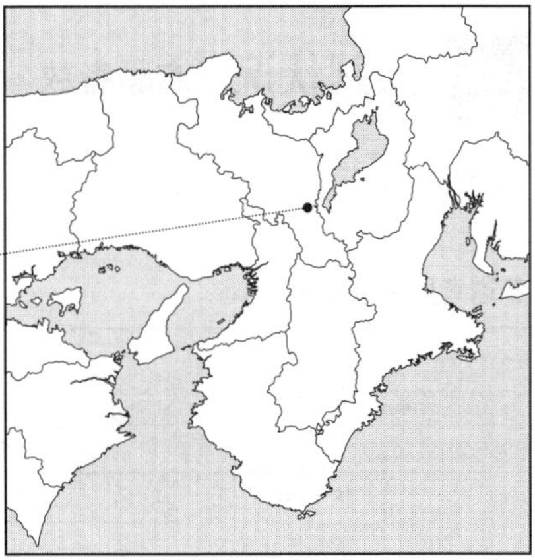

〒607-8175　京都市山科区大宅山田町 34

2024 年度入試データ

入試状況（志願者数・競争率など）

○競争率は受験者数÷合格者数で算出。

●選考区分別募集人員

学部・学科等		学校推薦型選抜	一般選抜				大学入学共通テスト利用選抜	
			前期A日程	前期B日程	前期C日程	後期日程	前期日程	後期日程
工	情報工	43 名	28 名	22 名	13 名	2 名	10 名	2 名
	建築デザイン	27 名	16 名	12 名	8 名	2 名	6 名	2 名
文	日本語日本文〈日本語日本文学〉	18 名	11 名	9 名	4 名	2 名	3 名	2 名
	日本語日本文〈書道〉	12 名	—	6 名	—	—	—	—
	歴史	33 名	22 名	18 名	8 名	2 名	5 名	2 名
	歴史遺産	18 名	11 名	9 名	4 名	2 名	3 名	2 名
国際英語	国際英語	40 名	23 名	19 名	13 名	2 名	8 名	2 名
発達教育	児童教育	49 名	27 名	21 名	14 名	2 名	9 名	2 名
総合心理	総合心理	30 名	20 名	15 名	7 名	2 名	5 名	2 名
経済	経済	84 名	50 名	39 名	21 名	5 名	12 名	3 名
経営	経営	92 名	54 名	43 名	23 名	5 名	14 名	3 名
看護	看護	32 名	22 名	14 名	9 名	2 名	6 名	2 名
健康科	理学療法	25 名	13 名	10 名	6 名	2 名	3 名	2 名
	作業療法	13 名	7 名	5 名	4 名	2 名	2 名	2 名
	救急救命	16 名	10 名	8 名	4 名	2 名	3 名	2 名
	臨床検査	27 名	18 名	12 名	8 名	2 名	4 名	2 名

※学校推薦型選抜には指定校推薦入試の募集人員若干名を含む。

※公募推薦における併願制・専願制別内訳は，児童教育学科併願制 20 名・専願制 24 名／看護学科併願制 15 名・専願制 17 名／理学療法学科併願制 10 名・専願制 15 名／作業療法学科併願制 6 名・専願制 7 名／臨床検査学科併願制 13 名・専願制 14 名である。

学校推薦型選抜

●公募推薦・併願制

学部・学科等		志願者数	受験者数	合格者数	競争率	合格最低点
工	情報工	353	350	240	1.5	130
	建築デザイン	272	269	127	2.1	161
文	日本語日本文〈日本語日本文学〉	254	251	114	2.2	170
	歴史	373	371	272	1.4	147
	歴史遺産	248	246	196	1.3	137
国際英語	国際英語	369	359	285	1.3	147
発達教育	児童教育	221	215	109	2.0	167
総合心理	総合心理	550	542	156	3.5	183
経済	経済	725	714	428	1.7	155
経営	経営	727	717	385	1.9	161
看護	看護	383	377	118	3.2	194
健康科	理学療法	233	228	74	3.1	183
	作業療法	184	177	101	1.8	166
	救急救命	217	211	51	4.1	190
	臨床検査	214	209	106	2.0	170
合計		5,323	5,236	2,762	—	—

（備考）基礎テスト 200 点＋書類審査 50 点＝250 点満点。

●公募推薦・専願制

学部・学科等		志願者数	受験者数	合格者数	競争率	合格最低点
発達教育	児童教育	32	32	25	1.3	133
看護	看護	82	81	29	2.8	174
健康科	理学療法	51	51	27	1.9	153
	作業療法	13	13	10	1.3	124
	臨床検査	31	30	22	1.4	153

（備考）基礎テスト 200 点＋書類審査 50 点＝250 点満点。

●特技推薦・書道部門

学部・学科等		志願者数	受験者数	合格者数	競争率
文	日本語日本文〈書道〉	9	8	8	1.0

●特技推薦・スポーツ文化部門

学部・学科等		志願者数	受験者数	合格者数	競争率
文	日本語日本文〈日本語日本文学〉	3	3	3	1.0
	歴史	3	3	3	1.0
	歴史遺産	1	1	1	1.0
発達教育	児童教育	10	10	10	1.0
総合心理	総合心理	5	5	5	1.0
経済	経済	22	22	22	1.0
経営	経営	19	19	19	1.0

（備考）出願は，予備審査を通過した者のみができる。

●総合学科専門学科推薦

学部・学科等		志願者数	受験者数	合格者数	競争率
工	建築デザイン	4	4	4	1.0
経済	経済	2	2	2	1.0
経営	経営	3	2	2	1.0

一般選抜

●前期A日程

学部・学科等		志願者数	受験者数	合格者数	競争率	合格最低点
工	情報工	223	215	94	2.3	189
	建築デザイン	140	138	48	2.9	194
文	日本語日本文〈日本語日本文学〉	153	145	67	2.2	181
	歴史	255	247	125	2.0	175
	歴史遺産	156	150	77	1.9	171
国際英語	国際英語	150	148	86	1.7	172
発達教育	児童教育	126	123	63	2.0	187
総合心理	総合心理	281	272	58	4.7	214
経済	経済	399	389	173	2.2	176
経営	経営	354	343	159	2.2	176
看護	看護	241	235	53	4.4	225
健康科	理学療法	156	151	42	3.6	218
	作業療法	108	105	42	2.5	202
	救急救命	129	127	31	4.1	213
	臨床検査	137	135	45	3.0	218
合計		3,008	2,923	1,163	—	—

（備考）300 点満点。

●前期B日程

学部・学科等		志願者数	受験者数	合格者数	競争率	合格最低点
工	情報工	172	168	66	2.5	122
	建築デザイン	125	121	41	3.0	120
文	日本語日本文〈日本語日本文学〉	133	129	63	2.0	105
	日本語日本文〈書道〉	11	9	6	1.5	172
	歴史	195	189	97	1.9	102
	歴史遺産	121	117	50	2.3	100
国際英語	国際英語	177	171	97	1.8	101
発達教育	児童教育	109	107	50	2.1	114
総合心理	総合心理	252	244	46	5.3	130
経済	経済	356	345	162	2.1	105
経営	経営	344	331	163	2.0	105
看護	看護	196	196	46	4.3	145
健康科	理学療法	141	139	39	3.6	133
	作業療法	104	104	44	2.4	118
	救急救命	123	121	25	4.8	140
	臨床検査	111	110	36	3.1	133
合計		2,670	2,601	1,031	—	—

（備考）200 点満点（書道コースのみ 300 点満点）。

●前期C日程

学部・学科等		志願者数	受験者数	合格者数	競争率	合格最低点
工	情報工	155	111	48	2.3	128
	建築デザイン	87	61	15	4.1	127
文	日本語日本文〈日本語日本文学〉	93	64	22	2.9	126
	歴史	114	74	28	2.6	110
	歴史遺産	84	59	29	2.0	106
国際英語	国際英語	115	82	53	1.5	102
発達教育	児童教育	64	38	17	2.2	116
総合心理	総合心理	150	104	8	13.0	137
経済	経済	203	145	49	3.0	113
経営	経営	190	135	39	3.5	117
看護	看護	119	91	15	6.1	144
健康科	理学療法	82	60	9	6.7	135
	作業療法	63	45	19	2.4	120
	救急救命	74	56	6	9.3	146
	臨床検査	78	56	16	3.5	131
合計		1,671	1,181	373	—	—

（備考）200 点満点。

●後期日程

学部・学科等		志願者数	受験者数	合格者数	競争率	合格最低点
工	情報工	48	46	33	1.4	107
	建築デザイン	34	31	8	3.9	134
文	日本語日本文〈日本語日本文学〉	53	50	24	2.1	111
	歴史	63	62	45	1.4	98
	歴史遺産	43	43	37	1.2	86
国際英語	国際英語	59	56	47	1.2	87
発達教育	児童教育	28	27	16	1.7	102
総合心理	総合心理	66	62	5	12.4	157
経済	経済	108	105	67	1.6	102
経営	経営	108	105	39	2.7	116
看護	看護	44	44	20	2.2	131
健康科	理学療法	35	32	11	2.9	135
	作業療法	19	17	9	1.9	114
	救急救命	37	36	4	9.0	157
	臨床検査	39	38	23	1.7	122
合計		784	754	388	—	—

（備考）200 点満点。

大学入学共通テスト利用選抜

●前期日程〔4 科目型〕

学部・学科等		志願者数	受験者数	合格者数	競争率	合格最低点
工	情報工	97	93	19	4.9	498
	建築デザイン	93	91	16	5.7	534
文	日本語日本文〈日本語日本文学〉	67	59	17	3.5	498
	歴史	84	77	19	4.1	490
	歴史遺産	63	57	15	3.8	488
国際英語	国際英語	48	44	22	2.0	444
発達教育	児童教育	81	78	13	6.0	517
総合心理	総合心理	121	116	6	19.3	568
経済	経済	107	98	27	3.6	483
経営	経営	90	81	16	5.1	483
看護	看護	147	146	8	18.3	588
健康科	理学療法	94	92	9	10.2	568
	作業療法	66	64	16	4.0	522
	救急救命	69	68	4	17.0	568
	臨床検査	113	112	24	4.7	528
合計		1,340	1,276	231	—	—

（備考）800 点満点。

●前期日程〔3科目型〕

学部・学科等		志願者数	受験者数	合格者数	競争率	合格最低点
工	情報工	116	105	33	3.2	350
	建築デザイン	117	112	31	3.6	380
文	日本語日本文〈日本語日本文学〉	152	151	47	3.2	355
	歴史	194	193	76	2.5	356
	歴史遺産	143	142	50	2.8	354
国際英語	国際英語	98	98	54	1.8	313
発達教育	児童教育	129	127	48	2.6	358
総合心理	総合心理	231	229	25	9.2	419
経済	経済	264	260	74	3.5	350
経営	経営	223	219	56	3.9	350
看護	看護	169	169	48	3.5	408
健康科	理学療法	112	109	30	3.6	385
	作業療法	82	81	34	2.4	356
	救急救命	92	91	15	6.1	387
	臨床検査	122	120	51	2.4	370
合計		2,244	2,206	672	—	—

（備考）600点満点。

●後期日程〔2科目型〕

学部・学科等		志願者数	受験者数	合格者数	競争率	合格最低点
工	情報工	15	14	4	3.5	208
	建築デザイン	21	21	9	2.3	244
文	日本語日本文〈日本語日本文学〉	16	16	7	2.3	217
	歴史	18	18	7	2.6	217
	歴史遺産	17	17	7	2.4	217
国際英語	国際英語	18	18	12	1.5	233
発達教育	児童教育	17	17	13	1.3	208
総合心理	総合心理	26	26	3	8.7	296
経済	経済	28	28	18	1.6	205
経営	経営	27	27	13	2.1	222
看護	看護	19	19	4	4.8	270
健康科	理学療法	20	20	7	2.9	255
	作業療法	9	9	6	1.5	234
	救急救命	22	22	2	11.0	296
	臨床検査	23	23	13	1.8	242
合計		296	295	125	—	—

（備考）400点満点。

募集要項の入手方法

一般選抜の入学試験要項は9月中旬頃に発行される予定です。大学入試サイトにてお申込みください。テレメールでも請求できます。

資料請求・問い合わせ先

京都橘大学　入学部
〒607-8175　京都市山科区大宅山田町 34
TEL　075-574-4116（直通）
入試サイト　https://www.tachibana-u.ac.jp/admission/

京都橘大学のテレメールによる資料請求方法

スマートフォンから　QRコードからアクセスしガイダンスに従ってご請求ください。
パソコンから　教学社 赤本ウェブサイト(akahon.net)から請求できます。

TREND & STEPS

傾向と対策

科目ごとに問題の「傾向」を分析し，具体的にどのような「対策」をすればよいか紹介しています。まずは出題内容をまとめた分析表を見て，試験の概要を把握しましょう。

注　意

「傾向と対策」で示している，出題科目・出題範囲・試験時間等については，2024 年度までに実施された入試の内容に基づいています。2025 年度入試の選抜方法については，各大学が発表する学生募集要項を必ずご確認ください。

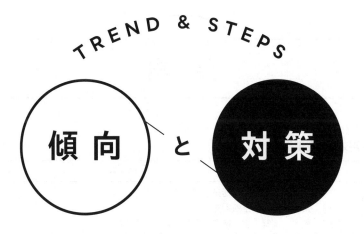

英　語

▶学校推薦型選抜

年度	番号	項　目	内　容
2024 ●	〔1〕	読　　解	空所補充，同意表現，内容真偽
	〔2〕	文法・語彙	空所補充
	〔3〕	読　　解	空所補充，書き換え，同意表現
2023 ●	〔1〕	読　　解	空所補充，同意表現，内容真偽
	〔2〕	文法・語彙	空所補充
	〔3〕	読　　解	空所補充，内容説明

（注）　●印は全問，◑印は一部マークシート方式採用であることを表す。

▶一般選抜前期Ａ日程

年度	番号	項　目	内　容
2024 ●	〔1〕	読　　解	空所補充，同意表現，内容真偽
	〔2〕	読　　解	空所補充，同意表現，内容説明，内容真偽
	〔3〕	文法・語彙	空所補充，語の定義
	〔4〕	読　　解	空所補充，語句整序
2023 ●	〔1〕	読　　解	空所補充，同意表現，内容真偽
	〔2〕	読　　解	空所補充，同意表現，内容真偽
	〔3〕	文法・語彙	空所補充，語の定義
	〔4〕	読　　解	空所補充，語句整序

（注）　●印は全問，◑印は一部マークシート方式採用であることを表す。

傾向　読解力と語彙力重視

01　出題形式は？

学校推薦型選抜は大問3題の出題で，試験時間は2科目80分である。一般選抜前期A日程は大問4題の出題で，試験時間は60分。いずれも全問マークシート方式である。

02　出題内容はどうか？

読解問題：学校推薦型選抜〔1〕と一般選抜前期A日程〔1〕〔2〕は，空所補充，同意表現，内容真偽などからなる長文読解問題となっている。学校推薦型選抜〔3〕と一般選抜前期A日程〔4〕は，日本文と英文が与えられており，対照させながら問いに答えるというもので，文法・語彙問題に近い内容となっている。いずれも英文は標準レベルで，英字新聞や雑誌からの出題も多い。

文法・語彙問題：学校推薦型選抜では短文中の空所補充が，一般選抜前期A日程では短文中の空所補充と語の定義が出題されている。ごく基本レベルの出題であるが，なかには紛らわしい選択肢も含まれており，熟語の知識も問われている。

03　難易度は？

学校推薦型選抜・一般選抜とも，読解問題は標準レベル，文法・語彙問題は基本～標準レベルの出題である。

対策

01 読解問題

教科書の英文を確実に理解したうえで，構文や語句の学習を進めるとよい。『大学入試 ひと目でわかる英文読解』（教学社）などで，英文を構造的に理解することを早めに心がけておけば，長文読解だけでなく，和英文対照型の空所補充問題の対策にもなる。英字新聞や雑誌からの出題もあるので，時事的な内容の長文に慣れるために『英検２級過去問集』（教学社）などで演習を重ねるのもよいだろう。

02 文法問題

時制，準動詞，関係詞，比較，仮定法といった重要項目に重点を置いて学習しておきたい。『大学入試 すぐわかる英文法』（教学社）などで体系的に演習しておこう。語句整序問題対策としてはやはり英語の構文理解が何より大切なので，英文読解の参考書や問題集などを１冊仕上げておきたい。

03 語彙問題

長文読解や語句整序などの全ての基本となるのは語彙力である。『速読英単語 必修編』（Ｚ会）などを何度も反復して頻出単語を確実に身につけておきたい。

日本史

▶一般選抜前期A日程

年度	番号	内　容	形　式
2024 ●	〔1〕	古代〜中世の政治・外交・社会・文化　**✓史料・視覚資料**	選択・配列
	〔2〕	近世の政治・経済・外交・文化　**✓地図・史料**	選択・配列
	〔3〕	近現代の政治・外交・経済・社会・文化　**✓史料**	選択・配列
2023 ●	〔1〕	原始・古代〜中世の政治・社会・文化　**✓史料・視覚資料**	配列・選択
	〔2〕	近世の政治・外交・文化　**✓史料**	選　択
	〔3〕	近現代の政治・経済・外交　**✓史料・地図**	選択・配列

（注）●印は全問，◑印は一部マークシート方式採用であることを表す。

傾向　史料と年代配列問題が必出　美術作品の写真にも注意！

01　出題形式は？

大問3題の出題で試験時間は60分。解答個数は40個程度。全問マークシート方式である。リード文中の空欄や下線部に関する問題が中心で，年代配列問題も出題されている。年代配列問題では，選択肢の文章を年代順に並べたとき3番目になるものを選ばせる形式で出題されるのが特徴である。史料文や視覚資料，地図などが用いられ，全体的に工夫された設問になっている。

なお，2025年度は出題科目が「日本史探究」となる予定である（本書編集時点）。

02　出題内容はどうか？

時代別では，原始から現代までの全時代から出題されているが，原始の比重は小さく，大部分は古代～近現代の範囲となっている。

分野別では，政治史を中心に外交・文化・経済とバランスよく出題されているが，経済史の出題はやや少ない。外交史や政治・社会上の事件に関わる年代配列問題が毎年出題されているので，重要な出来事については年代の暗記も欠かせない。

03 難易度は？

リード文そのものは教科書レベルの内容で，設問自体も素直に解答できるものが多いが，中には解答に時間を要する問題も散見される。空所補充問題は平易なので，ケアレスミスは極力避けたいところである。また，文章選択問題は誤文を選択する問題が多いが，判定に迷うものは少なく，難易度的にも平易である。試験時間を意識しながら，テンポよく解答していこう。

対策

01 教科書の徹底学習を

教科書学習が確実にできていればかなりの高得点が期待できる問題なので，教科書学習を徹底的にこなすことが大切である。教科書本文はもちろん，欄外の注や掲載史料，文化財の写真・地図にいたるまで，文字通り教科書を完璧にマスターするように心がけたい。

02 史料の重点学習

設問の中に史料を組み込む形式が特徴であるが，出題されている史料の大部分が教科書に掲載されている基本的なものである。したがって，教科書の史料をくまなくチェックしながら，不足分については市販の史料集で補えばよいだろう。また，史料文中の空所補充問題も出題されているので，史料学習の際には，史料文末尾の脚注などを確認しながら，有名なフレーズはできるだけ暗記しておきたい。

03 外交史・文化史にも注意

政治史を中心としながら，外交史や文化史も大きな比重で出題されている。特に外交史や政治上の重要な出来事については，西暦年代の暗記も欠かせない。また，2024 年度は〔1〕で『石山寺縁起絵巻』，2023 年度は〔1〕で『一遍上人絵伝』の視覚資料が出題されているので，教科書に掲載されている視覚資料は押さえておきたい。

世界史

▶一般選抜前期A日程

年度	番号	内容		形式
2024 ●	〔1〕	神聖ローマ帝国の歴史		選　　択
	〔2〕	帝国主義の時代	⊘視覚資料	選択・配列
	〔3〕	パレスチナの歴史		選　　択
	〔4〕	中国の周辺で興亡した異民族	⊘地図	選　　択
2023 ●	〔1〕	ゲルマン人，スラヴ人，ノルマン人	⊘地図	選　　択
	〔2〕	ビスマルク，ジョン＝ヘイ，ムッソリーニ	⊘地図	配列・選択
	〔3〕	西アジア・南アジアの古代文明と遺跡	⊘視覚資料	選　　択
	〔4〕	北京の歴史		選　　択

（注）●印は全問，◐印は一部マークシート方式採用であることを表す。

傾向　幅広い地域・国家から出題　地図・視覚資料問題に注意

01 出題形式は？

大問 4 題の出題で，解答個数は 40 個。試験時間は 60 分。全問マークシート方式で，正文（誤文）選択問題が多い。例年，地図や視覚資料を利用した問題が出題されており，2023 年度は大問 4 題中 3 題，2024 年度は大問 4 題中 2 題で出題された。

なお，2025 年度は出題科目が「世界史探究」となる予定である（本書編集時点）。

02 出題内容はどうか？

地域別では，欧米地域とアジア地域が 2 題ずつの出題で，幅広い地域や国家から出題されている。欧米地域では西ヨーロッパ史，アジア地域では中国史が頻出である。イスラーム史の出題もみられる。

時代別では，古代から現代まで偏りなく出題されている。現代史については第二次世界大戦後からも出題されており，欧米地域・アジア地域を問わず注意しておきたい。

分野別では，大部分が政治史からの出題で，社会経済史や文化史からの出題も含まれる。

03 難易度は？

正文（誤文）選択問題の一部に細部の内容を問う問題が含まれているが，問題全体の難易度としては標準レベルである。不注意なミスをしないように慎重に解答しよう。解き始める前に全体の設問数を確認し，そのうえで時間配分を工夫したい。

対 策

01 教科書の徹底理解を

ほとんどの問題は教科書にある内容から出題されており，特に正文（誤文）選択問題の多くは教科書を理解していれば解答できる。よって，教科書を徹底的に理解することが最も重要であるが，そのためにはただ読むだけでなく，いつ（世紀），どこで（国・地域など），何が，どうしたか，それぞれをよく意識して整理してほしい。

02 地図問題に対応した学習を

例年，地図問題が出題されている。教科書掲載の地図には必ず目を通すようにしよう。遺跡や都市の位置を理解することで，より記憶にとどめることができる。教科書の地図だけでは足りない場合もあるので，必要に応じて資料集の地図を活用するのもよい。

03 西ヨーロッパ・中国史，政治史を中心に幅広く

欧米地域では西ヨーロッパ史，アジア地域では中国史を中心に，広い範囲から出題されている。出題分野は政治史が中心となっている。教科書の整理や入試直前の点検の際には，頻出の西ヨーロッパ史や中国史について少し詳しく整理し，準備をしておきたい。また，イスラーム史やインド史，アメリカ史などについても広く整理しておこう。

04 過去問の研究を早めに

早めに過去問を解き，問題の特徴やレベルを実感しておくことが大切である。本書を利用して本番さながらに時間を計りながら問題を解いてみよう。

政治・経済

▶一般選抜前期Ａ日程

年度	番号	内　容	形　式
2024 ●	〔１〕	政党政治	選　　択
	〔２〕	日本国憲法と国際政治	選　　択
	〔３〕	戦後の日本経済	正誤・選択
	〔４〕	金融と貿易　⊘グラフ	選　　択
2023 ●	〔１〕	日本の議院内閣制	選　　択
	〔２〕	政治体制と冷戦	配列・選択
	〔３〕	社会保障	選　　択
	〔４〕	労働問題と国際経済	選択・正誤

（注）●印は全問，◑印は一部マークシート方式採用であることを表す。

傾向　基本事項の選択法が中心 苦手分野をつくらない

01　出題形式は？

大問４題の出題で，解答個数は40個，試験時間は60分となっている。すべてマークシート方式による出題である。正文（誤文）の四者択一と，下線部に関する事柄の関連事項や空所補充の用語を五者択一で問うものが主な出題形式であるが，用語の組み合わせや正誤判別，配列を問うものもある。

02　出題内容はどうか？

教科書の基本事項に沿っているものがほとんどである。すべて短めのリード文があり，それぞれの関連事項が問われている。大問のうち２題は２

つの異なるテーマから4～6問の小問が出題されており，幅広い分野からの出題になっている。特に国際政治・経済などは細かい事項に注意したい。

03 難易度は？

正文（誤文）選択問題については大半が教科書中心の基本的な事項が出題されている。語句選択問題は五者択一であるが，基本的な事項が正しく理解できていれば難しくはない。経済分野では理解の深さが問われるような問題がみられた。

対策

01 基本事項を習得する

教科書に記述されている基本的事項からの出題がほとんどである。リード文のテーマによっては教科書で見落とされがちな脚注や統計資料からも出題されているので，教科書を精読し理解を深めたい。『用語集 公共＋政治・経済 24―25年版』（清水書院）などの最新版の用語集を傍らに置き，用語の正確な概念を確認しておこう。同時に類義語や周辺事項などにも注意したい。

02 テーマごとに基本事項を整理しておく

一つのテーマを掘り下げて細かい事柄まで出題される傾向にある。国際政治の大きな流れの中で，ある時期に起きた事件，その背景，政治家の名前，国名，地名などを関連付けておこう。『ニュース解説室へようこそ！2022-23』（清水書院）のように年表や簡潔に図式化された資料が充実した資料集に目を通して理解を深めたい。

03 問題演習を大切に

簡潔にまとめられたリード文を読んでから問題に答える形式で，オーソドックスな出題である。マークシート方式の学習で一番時間をかけたいのが正文（誤文）選択問題である。理解が浅いとどうしても判断に迷いがちになる。『私大攻略の政治・経済』（河合出版）などの私立大学向けの問題集を活用して，繰り返し演習を行い，学んだ知識を生かして正解を導き出そう。

数　学

▶学校推薦型選抜

年度		番号	項　目	内　容
2024 ●	数学Ⅰ・A・Ⅱ・B	〔1〕	小 問 5 問	(1)因数分解 (2) 2 次関数 (3)図形と計量 (4)ベクトル (5)定積分
		〔2〕	小 問 2 問	(1)データの分析 (2)群数列
		〔3〕	対 数 関 数	対数を含む方程式
	数学Ⅰ・A	〔1〕	小 問 5 問	(1)因数分解 (2) 2 次関数 (3)図形と計量 (4)整数の性質 (5)確率
		〔2〕	小 問 2 問	(1)データの分析 (2) 1 次方程式（文章題）
		〔3〕	図形の性質	三角形の性質，円の性質
2023 ●	数学Ⅰ・A・Ⅱ・B	〔1〕	小 問 5 問	(1) 2 次関数 (2)データの分析 (3)図形の性質 (4)ベクトル (5)微分係数
		〔2〕	小 問 2 問	(1)図形と計量 (2)対数を含む式の最大・最小
		〔3〕	数　　列	分数や（等差）×（等比）型の数列の和，階差数列
	数学Ⅰ・A	〔1〕	小 問 5 問	(1) 2 次関数 (2)データの分析 (3)図形の性質 (4)整数の性質 (5) 1 次不等式
		〔2〕	小 問 2 問	(1)図形と計量 (2) 1 次不等式， 2 次関数（文章題）
		〔3〕	場 合 の 数	順列，組合せ

（注） ●印は全問，◐印は一部マークシート方式採用であることを表す。

▶一般選抜前期Ａ日程

年度		番号	項　目	内　容
2024 ●	数学Ⅰ・A・Ⅱ・B	〔1〕	小 問 5 問	(1)整数の性質 (2)場合の数 (3)数列 (4)微分 (5)対称式
		〔2〕	小 問 2 問	(1)必要条件・十分条件 (2)三角関数の対称式・交代式
		〔3〕	2 次 関 数	2 次関数の最小値
		〔4〕	ベ ク ト ル	位置ベクトル
	数学Ⅰ・A	〔1〕	小 問 5 問	(1)対称式 (2)連立不等式 (3)集合の要素の個数 (4)図形の性質 (5)図形と計量
		〔2〕	小 問 2 問	(1)図形の性質（空間図形） (2) 1 次方程式（文章題）
		〔3〕	2 次 関 数	絶対不等式， 2 次方程式の解の存在範囲
		〔4〕	確　　率	条件付き確率

2023 ●	数学Ⅰ・A・Ⅱ・B	〔1〕	小問5問	(1)2次関数 (2)空間図形 (3)数列の和 (4)点と直線 (5)三角関数
		〔2〕	小問2問	(1)整数の性質 (2)高次方程式
		〔3〕	図形と計量	三角比，内接円の半径と三角形の面積
		〔4〕	微・積分法	放物線と直線で囲まれた部分の面積，3次関数の最大・最小
	数学Ⅰ・A	〔1〕	小問5問	(1)展開・因数分解 (2)データの分析 (3)整数の性質 (4)2次方程式 (5)図形と計量
		〔2〕	小問2問	(1)条件付き確率 (2)流水算，仕事算
		〔3〕	2次関数	2つのグラフの位置関係，平行移動・対称移動
		〔4〕	図形の性質	三角形の性質，円の性質

（注） ●印は全問，◐印は一部マークシート方式採用であることを表す。

出題範囲の変更

2025年度入試より，数学は新教育課程での実施となります。詳細については，大学から発表される募集要項等で必ずご確認ください（以下は本書編集時点の情報）。

2024年度（旧教育課程）	2025年度（新教育課程）
数学Ⅰ・A・Ⅱ・B（数列，ベクトル）	数学Ⅰ・A・Ⅱ・B（数列のみ）・C（ベクトルのみ）
数学Ⅰ・A	数学Ⅰ・A

旧教育課程履修者への経過措置

2025年度において，旧教育課程履修者に不利にならないように配慮した出題を行う。

傾向 基本問題中心の出題

01 出題形式は？

学校推薦型選抜は，大問3題の出題で試験時間は2科目80分。一般選抜前期A日程は，大問4題の出題で試験時間は60分。いずれも全問マークシート方式で，〔1〕は小問5問，〔2〕は小問2問からなる。

02 出題内容はどうか？

図形と計量分野がやや多めの出題である。また，2次関数に関する問題も多い。全体的に基本的な内容が中心であるが，2023年度の一般選抜

「数学Ⅰ・A」では流水算，仕事算が出題されているので注意しておこう。

03 難易度は？

学校推薦型選抜・一般選抜とも基本〜標準レベルの問題が出題されており，取り組みやすいが，レベルは一般選抜の方が学校推薦型選抜より高い。いずれにしても問題量に対して試験時間が短いので，余裕はなさそうである。

対策

01 教科書中心に基礎学力の充実を

教科書や傍用問題集を利用して，全範囲の基礎事項，公式，定理などを確実に理解し，使いこなせるようにしておくこと。そのためには，教科書を隅々まで学習することが必要である。

02 過去問でレベルをつかむ

過去問を解くことで，出題形式や問題の傾向・難易度などを把握しよう。また，過去問を解く際には，試験時間や解く順番を意識して取り組んでおきたい。試験時間に余裕はないので，易しい問題や解きやすい問題から解くことが大切である。

なお，数学Ⅰ・Aでは１次方程式や２次関数を使う文章題が出題されることもあるので，問題集で演習を積んでおきたい。

03 各分野への幅広い対応を

出題範囲から偏りなく小問集合が出題されている。ただし，図形と計量，２次関数など，これまで出題の多かった分野については，重点的に学習しておきたい。そのほかの分野も，基本問題を中心に練習を重ねておくとよいだろう。特に図形の問題では，図を丁寧に描く練習を心がけてほしい。総合的な学習として，『新課程 チャート式 解法と演習』シリーズ（黄チャート）（数研出版）などの問題集を活用するとよいだろう。

物　理

▶一般選抜前期Ａ日程

年度	番号	項　目	内　容
2024 ●	〔１〕	総合	運動方程式，摩擦力，弦の振動，クーロン力，熱力学第一法則，放射線
	〔２〕	力学，電磁気	v-t グラフと仕事，直流回路
	〔３〕	力学，熱力学	水平投射，シリンダー内の気体の状態変化
	〔４〕	波動，電磁気	薄膜干渉，コンデンサーを含む回路
2023 ●	〔１〕	総合	x-t グラフ，動摩擦力，閉管と定常波，抵抗を用いた直流回路，熱運動と温度，比熱
	〔２〕	力学，波動	力学的エネルギー保存則，弦の振動
	〔３〕	力学，熱力学	万有引力と円運動，気体の変化と p-V 図
	〔４〕	波動，電磁気	凸レンズ，点電荷による電場

（注）　●印は全問，◐印は一部マークシート方式採用であることを表す。

傾向　典型問題が中心 基本事項の理解が求められる

01　出題形式は？

大問４題の出題で，試験時間は 60 分である。全問マークシート方式で，与えられた選択肢（式や語句の組合せ）から答えを選ぶ形式が中心である。また，一部に数値計算問題もみられる。

02 出題内容はどうか？

出題範囲は「物理基礎・物理」である。例年，〔1〕が各分野からの小問集合，〔2〕は力学と波動，〔3〕は力学と熱力学，〔4〕は波動と電磁気からの小問形式の出題であったが，2024 年度〔2〕は力学と電磁気からの出題であった。全体を通して出題範囲から幅広く出題されている。

03 難易度は？

教科書の例題や章末問題にみられるような典型・頻出問題が中心である。全般的に複雑な計算を要するものはなく，基本事項の理解を問う出題である。試験時間 60 分に対する分量はやや多めなので，時間を浪費しないために適切な時間配分が必要である。

対策

01 教科書学習で基本事項を徹底理解する

まずは教科書をよく読み，基本事項を徹底的に理解することが大切である。日常の学習においては，公式を暗記するのではなく，法則や物理現象の意味を考えながら丁寧に理解を重ねるようにしよう。特に，苦手な分野を残さないよう，理解があいまいな分野については復習を十分に行っておきたい。

02 標準的問題を数多くこなして力をつける

全体的に標準的な典型問題が多いので，標準レベルの問題集などに取り組み，基礎力をしっかりと身につけておこう。『物理［物理基礎・物理］入門問題精講』（旺文社）などで丁寧に演習を進めていくとよい。

03 計算力を鍛える

すべてマークシート方式であるため，速く正確な計算力が求められる。公式や法則を用いた計算練習を行って，計算力を鍛えておこう。また，図やグラフを描くことで，計算を効率的に行うこともできるので，描図，読図の練習も日常の学習で意識しておきたい。

化　学

▶一般選抜前期A日程

年度	番号	項　目	内　容
2024 ●	〔1〕	総　　合	物質の状態変化，周期表，身のまわりの物質，化学結合，原子量，石灰石の純度　✓計算
	〔2〕	変　　化	酸と塩基の定義，中和滴定，塩の性質，酸化還元滴定　✓計算
	〔3〕	無　　機	窒素を含む化合物の工業的製法，金属イオンの分離　✓計算
	〔4〕	有　　機	アルコールの異性体と性質，油脂のけん化価とヨウ素価　✓計算
2023 ●	〔1〕	構　　造	蒸留装置，原子の構造，結合の極性と無極性分子，同位体と分子の種類，化合物中の金属Mの原子量，メタンとプロパンの燃焼と量的関係　✓計算
	〔2〕	変　　化	中和反応，酸化還元反応　✓計算
	〔3〕	無機・変化	ハロゲン，鉄の単体と化合物　✓計算
	〔4〕	有　　機	アセチレンの反応，有機化合物の分離　✓計算

（注）●印は全問，◐印は一部マークシート方式採用であることを表す。

傾向　各分野から幅広く出題
有機分野では炭素数がやや多い構造異性体に注意

01　出題形式は？

大問4題の出題で，うち1題は小問集合，3題は異なる内容の2つの中問で構成されている。試験時間は60分で，全問マークシート方式である。与えられた選択肢から答えを選ぶ形式が中心で，計算問題が多くみられる。

02 出題内容はどうか？

出題範囲は「化学基礎・化学（物質の状態と平衡，物質の変化と平衡，無機物質の性質と利用，有機化合物の性質と利用)」である。

〔1〕は理論分野を含む知識中心の小問集合形式，〔2〕は中和反応や酸化還元反応など理論分野中心で計算を含む内容となっている。〔3〕は無機分野中心，〔4〕は有機分野中心の出題である。ほとんどの大問に計算問題が含まれている。

なお，2025年度の出題範囲は化学の範囲指定がなくなり「化学基礎・化学」になる予定である（本書編集時点)。

03 難易度は？

知識・計算問題ともに標準レベルが多く，複雑な計算を要する問題はほとんどみられない。基礎的な知識と理解力を試す問題である。時間的にも適度な分量と考えられる。ただし，2024年度は〔4〕で油脂のけん化価，ヨウ素価に関連する内容，2023年度は〔2〕で中和滴定の逆滴定，酸化還元滴定ではヨウ素還元滴定（ヨードメトリー）などの複雑な計算問題が出題された。有機分野に関しては，高級脂肪酸の名称など覚えにくいものや，炭素数5のエステルの構造異性体の決定といった応用レベルの問題も出題されている。

対策

01 理論

混合物の分離，物質量の概念，原子の構造，イオンの電子配置，中和反応，酸化還元反応など，全分野を教科書中心にまとめておこう。特に，中和反応と酸化還元反応にはしっかり取り組んでおくこと。また，化学反応式を用いた計算問題は，教科書の例題や章末問題を利用して演習を重ねておきたい。電池・電気分解も押さえておくこと。

02 無　機

各物質の性質・反応性などを系統立てて理解しておくこと。化合物の工業的製法，気体の発生，イオンの沈殿反応は確実なものにしておこう。

03 有　機

アセチレンの構造などの分子構造，ヨードホルム反応やアルデヒドの還元性など，構造・官能基の基本的な反応・性質を理解しておくこと。また，エステルや芳香族化合物の比較的炭素数が多い構造異性体が問われることが多いので，アルカンであれば炭素数７，アルケンや酸素を含む化合物であれば炭素数５，芳香族であれば炭素数９まで学習しておくこと。糖やアミノ酸・タンパク質もきちんと押さえておきたい。

生　物

▶一般選抜前期A日程

年度	番号	項　目	内　容
2024 ●	〔1〕	総　　合	細胞小器官のはたらき，酵素，コドン，循環系，ホルモンのはたらき，免疫，窒素循環
	〔2〕	生殖・発生，生　　態	体細胞分裂，細胞周期，植生の遷移，陽生植物と陰生植物，森林の階層構造，バイオーム
	〔3〕	代　　謝，生殖・発生	光合成と外的条件，光合成のしくみ，前成説と後成説，原基分布図，誘導と反応能
	〔4〕	動物の反応，植物の反応	刺激の受容，嗅覚，聴覚と平衡覚，植物ホルモンのはたらき，水ストレスと光合成速度
2023 ●	〔1〕	総　　合	多様性と共通性，細胞内共生，コドン，腎臓のはたらき，ホルモンのはたらき，植生の遷移，窒素循環
	〔2〕	細　　胞，体 内 環 境	細胞の構造とはたらき，細胞周期，酵素，体液の循環，免疫
	〔3〕	代　　謝，遺 伝 情 報	呼吸のしくみ，原核生物の遺伝子発現の調節，真核生物の遺伝子発現の調節
	〔4〕	動物の反応，植物の反応	反射，興奮の伝導と伝達，屈性と傾性，植物ホルモン，根の屈性とオーキシン

（注）　●印は全問，◑印は一部マークシート方式採用であることを表す。

傾向　標準的な内容の広範囲な出題
考察力を試す問題が増加傾向

01　出題形式は？

大問4題の出題で，試験時間は60分。全問マークシート方式である。〔1〕は，小問が複数分野から出題される形式の総合問題となっている。また，過去には計算問題も出題されている。

02 出題内容はどうか？

出題範囲は「生物基礎・生物（生命現象と物質，生殖と発生，生物の環境応答）」である。

生物基礎の範囲からは総合問題が出題され，全分野からの出題となっている。生物の範囲からは動物・植物の反応からの出題がやや目立つが，他にも幅広い分野から出題されている。

なお，2025 年度の出題範囲は生物の範囲指定がなくなり「生物基礎・生物」になる予定である（本書編集時点）。

03 難易度は？

解答に必要な知識はほぼ教科書レベルのものであるが，正文を選択する問題，計算問題，実験に基づく考察問題など，知識だけでなく，読解力・考察力などが必要な問題が多い。問題の文章の量は多く，慎重に文章を読む必要もある。試験時間 60 分を考えると，手際よく解答しないと時間が不足するだろう。難易度は標準的と言えるが，高得点を取るのは決して容易でない。なお，2024 年度〔4〕のにおい物質と受容体の結合に関する問題や聴細胞の興奮が聴神経に伝わるしくみの問題は，やや教科書レベルを超えていたと言えるだろう。

近年は考える力を問う問題が増え，2024 年度〔4〕の聴細胞と聴神経の興奮が「全か無かの法則」に従っているかどうかの考察問題，2023 年度〔3〕のミトコンドリア内膜に関する水素イオン濃度勾配の問題，〔4〕の膝蓋腱反射における屈筋の反応の問題など，やや難化の傾向もみられる。

対策

01 教科書の徹底的な復習と実験考察問題対策を

自分で教科書の内容をまとめる，またはサブノート形式の問題集を 1 冊マスターするなどして，教科書の内容を徹底的に復習すればよいだろう。

ただし，暗記だけでは考察問題に対応できないので，実験・探究活動などの項目では，その意味や結果の考察について自分なりに考え，図表なども参考にして理解を深めておくこと。

02 標準レベル問題の読解力と考察力の養成

いろいろな問題集に取り組むより，まず授業で使用した教科書傍用レベルの標準的な問題集を１冊きちんとマスターすることをすすめる。その際，問題の文章を正確に速く読むことを意識して取り組めば，試験本番でも役立つだろう。また，実験考察問題にも取り組み，グラフや図を読み取る力と実験結果から何が言えるかを考える力を養成するとよい。

03 計算問題対策

過去にはDNAの塩基の比率のやや難しい計算，エネルギー効率の計算，酸素解離曲線の計算，腎臓の物質の再吸収率の計算などが出題されているので，問題集にある基本的な計算問題は最低限解けなければならない。できればやや発展的な問題にも対応できるようにしておくこと。自分で実際に計算し，最終結果まで求める訓練が大切である。

国　語

▶学校推薦型選抜

年度	番号	種　類	類別	内　容	出　典
2024 ●	〔1〕	現代文	評論	空所補充，欠文挿入箇所，内容説明，内容真偽	「ハンナ・アーレント」 矢野久美子
	〔2〕	国語常識		文学史	
	〔3〕	国語常識		慣用表現，語意	
	〔4〕	国語常識		書き取り	
2023 ●	〔1〕	現代文	評論	空所補充，欠文挿入箇所，内容説明，内容真偽	「フロイト講義〈死の欲動〉を読む」小林敏明
	〔2〕	国語常識		文学史	
	〔3〕	国語常識		四字熟語	
	〔4〕	国語常識		書き取り	

（注）●印は全問，◐印は一部マークシート方式採用であることを表す。

▶一般選抜前期Ａ日程

年度	番号	種　類	類別	内　容	出　典
2024 ●	〔1〕	現代文	評論	空所補充，欠文挿入箇所，内容説明，内容真偽	「歴史をかえた誤訳」 鳥飼玖美子
	〔2〕	現代文	評論	空所補充，欠文挿入箇所，内容説明，内容真偽	「レジリエンス」 平野真理
	〔3〕	国語常識		文学史	
	〔4〕	国語常識		読み，四字熟語，故事成語，慣用表現	
2023 ●	〔1〕	現代文	評論	空所補充，欠文挿入箇所，内容説明，内容真偽	「〈読書国民〉の誕生」永嶺重敏
	〔2〕	現代文	評論	空所補充，欠文挿入箇所，指示内容，内容真偽	「差別感情の哲学」 中島義道
	〔3〕	国語常識		文学史	
	〔4〕	国語常識		慣用表現，漢字の誤用，四字熟語，語意，敬語	

（注）●印は全問，◐印は一部マークシート方式採用であることを表す。

傾向 評論と国語常識の出題，標準レベル

01 出題形式は？

学校推薦型選抜は，現代文１題・国語常識３題の出題で，試験時間は２科目 80 分。一般選抜前期Ａ日程は，現代文２題・国語常識２題の出題で，試験時間は 60 分である。いずれも全問マークシート方式である。

02 出題内容はどうか？

現代文：評論中心の出題で，文化や政治，哲学，経済などさまざまな分野から出題されている。設問は，空所補充，欠文挿入箇所，内容説明，内容真偽などが出題されている。内容説明問題は，文章全体の中での言葉の意味や内容を問うものが多い。空所補充には判断の難しい選択肢が含まれる。内容真偽の選択肢はよく練られており，本文に即した吟味が必要である。

国語常識：文学史，四字熟語，書き取り，慣用表現，語意などが出題されている。文学史は比較的難度が高い。作家が活躍した時代や属した流派に加え，代表的な作品についてはあらすじまで押さえておきたい。

03 難易度は？

現代文はやや易～標準レベルの出題である。設問数は少なめであるが，本文全体の把握が求められており，試験時間にはあまり余裕がないだろう。現代文に時間をかけられるように，国語常識を先に手早く解答したい。

対策

01 現代文

評論中心の出題なので，評論を集めた問題集を何冊かこなしておくとよい。本文通読時に，重要だと思われる語句を囲むなどして解答の根拠をしっかりと本文全体から求める訓練をしておこう。内容真偽の設問への対策としては，あらかじめ選択肢を見てから本文を読むことを勧める。読解に不安があれば，まずは『船口のゼロから読み解く最強の現代文』（Gakken）をやってみよう。さらに，私大対策用のマーク式問題集を使って，必出の空所補充・欠文挿入箇所の問題対策をしっかりしておくこと。本書で過去問にあたる際には試験時間を意識しておくと効果的である。マークシート方式の出題ではあるが，国語力をしっかり身につけるという意味では，記述式の問題にもあたっておきたい。

02 国語常識

文学史と四字熟語に重点を置きつつ，敬語，慣用句などにも範囲を広げて学習しておくこと。語彙力を高めるには，『読み解くための現代文単語［評論・小説］』（文英堂）がよい。書き取りは得点源になるので，怠ることのないようにしたい。国語便覧（総覧）を手元に置き，学習の都度，参照することで知識の徹底を図ろう。特に文学史は，便覧の図表をノートに書き写すなどして，適宜見直すようにしたい。

2024年度

問題と解答

学校推薦型選抜

問題編

▶試験科目・配点

<table>
<tr><th colspan="2">選考区分</th><th>学部・学科</th><th>教　科</th><th>科　目</th><th>配　点</th></tr>
<tr><td rowspan="5">公募推薦〔併願制〕</td><td>スタンダード方式</td><td>書道コースをのぞく</td><td>基　礎
テスト</td><td>英語・国語・「数学Ⅰ・A」・「数学Ⅰ・A・Ⅱ・B」の4科目から2科目選択
※「数学Ⅰ・A」と「数学Ⅰ・A・Ⅱ・B」の両方を選択することは不可。
※国際英語学科は英語，情報工学科は「数学Ⅰ・A・Ⅱ・B」を必須とする。</td><td>200点
（各100点）</td></tr>
<tr><td rowspan="2">英語特化方式</td><td rowspan="2">国際英語</td><td rowspan="2">基　礎
テスト</td><td>英語</td><td>300点*</td></tr>
<tr><td>国語・「数学Ⅰ・A」・「数学Ⅰ・A・Ⅱ・B」の3科目から1科目選択</td><td>100点</td></tr>
<tr><td rowspan="2">数学特化方式</td><td rowspan="2">工（情報工）</td><td rowspan="2">基　礎
テスト</td><td>数学Ⅰ・A・Ⅱ・B</td><td>300点*</td></tr>
<tr><td>英語・国語の2科目から1科目選択</td><td>100点</td></tr>
<tr><td colspan="2">公募推薦〔専願制〕</td><td>発達教育・看護・健康科（理学療法・作業療法・臨床検査）</td><td>基　礎
テスト</td><td>英語・国語・「数学Ⅰ・A」・「数学Ⅰ・A・Ⅱ・B」の4科目から2科目選択
※「数学Ⅰ・A」と「数学Ⅰ・A・Ⅱ・B」の両方を選択することは不可。</td><td>200点
（各100点）</td></tr>
<tr><td colspan="2" rowspan="2">特技推薦（書道部門）</td><td rowspan="2">文（日本語日本文〈書道コース〉）</td><td>小論文</td><td>与えられた論題について論述</td><td>100点</td></tr>
<tr><td>実　技</td><td>書道実技</td><td>200点</td></tr>
<tr><td colspan="2">特技推薦（スポーツ文化部門）</td><td>文（書道コースを除く）・発達教育・総合心理・経済・経営</td><td>面　接</td><td>集団面接（口頭試問含む）</td><td>100点</td></tr>
</table>

総合学科専門学科推薦	経済・経営・工（建築デザイン）	小論文	与えられた論題について論述	100 点
		面　接	個人面接	100 点

＊得点を 3 倍化する（100 点満点→ 300 点満点）。

▶選考方法

- 公募推薦：書類審査 50 点（全体の学習成績の状況の 10 倍）および基礎テストにより総合判定を行う。
- 特技推薦（書道部門）：書類審査 50 点（全体の学習成績の状況の 10 倍）および小論文・書道実技の得点により総合判定を行う。
- 特技推薦（スポーツ文化部門）：書類審査および面接により総合判定を行う。
- 総合学科専門学科推薦：書類審査および小論文・面接に，簿記や英語などの資格・検定を持つ場合は特別点（10 点・20 点・30 点）を加えて総合判定を行う。

▶備　考

基礎テストの出題範囲は以下の通りで，いずれも基礎・基本的な内容を問う。

英語：コミュニケーション英語Ⅰ・Ⅱ・Ⅲ，英語表現Ⅰ・Ⅱ
国語：国語総合・現代文Ｂ〈古文・漢文を除く〉
数学Ⅰ・Ａ：数学Ⅰ・Ａの全範囲
数学Ⅰ・Ａ・Ⅱ・Ｂ：数学Ⅰ・Ａ・Ⅱの全範囲，数学Ｂ〈数列，ベクトル〉

英　語

（2科目80分）

I 次の文を読んで、あとの問いに答えなさい。（〰〰〰のついた語句は文末に注があります。）

著作権の都合上，省略。

著作権の都合上，省略。

(Adapted from *Iconic Australian animals threatened as climate crisis intensifies natural disasters*, by James Wagner, NHK WORLD-JAPAN, January 6, 2023)

注　displaced : ～を追い払った

Kangaroo Island dunnart and glossy black cockatoo：カンガルー島スミントプシス（オセアニアのマウスに似た有袋類）とテリクロオウム（鳥類）

steep terrain：急傾斜地

burrows：（すみか・避難場所として小動物が掘った）穴

問 1　空欄 A ～ D に入れるのに最も適当なものを、それぞれの中から 1 つずつ選び、番号をマークしなさい。

A．① created　② intended　③ rescued　④ survived　ア

B．① constant　② favorite　③ military　④ personal　イ

C．① access　② energy　③ honor　④ safety　ウ

D．① continue　② need　③ respond　④ suggest　エ

問 2　―― 線 (1) ～ (4) の意味に最も近いものを、それぞれの中から 1 つずつ選び、番号をマークしなさい。

(1) ① magic　② mild　③ normal　④ serious　オ

(2) ① accepts　② hurries　③ manages　④ tries　カ

(3) ① chance　② danger　③ quotation　④ solution　キ

(4) ① accepted　② main　③ perfect　④ true　ク

問 3 ═══ 線 (a) の意味として最も適当なものを、次の中から 1 つ選び、番号をマークしなさい。 ケ

① we have seen such big fires as this recent one in the past

② the most recent fire was the biggest we have ever seen

③ the fires we have seen in the past were bigger than expected

④ the fire that happened recently was so big that we could not see anything

問 4 次の文を読んで、本文の内容と合っているものには①を、合っていないものには②をマークしなさい。

(1) The Black Summer wildfires were so big that the smoke drifted to foreign countries. コ

(2) It is believed that more than 50,000 koalas on Kangaroo Island died in the Black Summer wildfires. サ

(3) In spite of long periods of heavy rain that followed the fires, the plants did not revive and the number of koalas is still decreasing on Kangaroo Island. シ

(4) Donna Stepan thinks that some wild wombats in Sleepy Burrows Wombat Sanctuary have probably drowned. ス

(5) Dr. Newsome says that the state or federal governments are more likely to act if the public give priority to the environment. セ

II　次の各文の（　　）の中に入れるのに最も適当なものを、それぞれの中から１つずつ選び、番号をマークしなさい。

問1　If it (　　　) fine tomorrow, you will be able to see Mt. Fuji from here.　［ソ］

①　is　②　were　③　will be　④　would

問2　Sydney, (　　　) is the largest city in Australia, is popular among tourists.　［タ］

①　what　②　where　③　which　④　who

問3　It is very kind (　　　) you to say so.　［チ］

①　about　②　of　③　to　④　with

問4　I'm a bit lost. Can you tell me how to (　　　) to the station?　［ツ］

①　achieve　②　arrive　③　get　④　reach

問5　I don't carry (　　　) money with me.　［テ］

①　many　②　much　③　none　④　some

III　次の日本文と英文を対照させつつ、あとの問いに答えなさい。

(a)日本の墨の歴史は、紀元610年に始まったそうです。その時、その(1)製法は曇徴《どんちょう》という名前の高麗の僧によって、日本に(2)伝えられました。墨の生産は、文字を書き文章を記録するのに(3)必要不可欠で、700年代初めの遷都とともに奈良に移り、以来約1300年続いています。

794年に都が京都の地へ移った後も、奈良は多くの仏教寺院のある(b)宗教的に重要な場所であり続けました。写経などの作業には多くの墨が必要とされ、（奈良の近くには）墨の(4)原料である炭の煤《すす》を供給する森林資源が豊富にありました。奈良は、それゆえに、高品質の墨の産地であり続けました。奈良、平安、鎌倉時代には、松煙 — 松からの煤、それは樹脂の(5)含有量が高いのですが、これが奈良墨にとって(c)好ましい素材でした。これは松の木を細かく刻んで、かまどで燃やすことによって(6)得られました。

(a)It is said that the history of Japanese ink (*sumi*) began in AD 610, when the (1)production (　　　) (2)were (　　　) into Japan by a Korean monk named Doncho. The production of ink, (3)(　　　) for writing characters and making written records, moved to Nara with the relocation of the capital at the beginning of the 700s and has continued there for about 1,300 years since.

Even after the capital moved to the Kyoto area in 794, Nara remained (b)a religiously important place with many Buddhist temples. Much ink was needed for tasks such as sutra transcription, and there were abundant forest resources nearby to provide the carbon soot that is the ink's (4)(　　　) material. Nara, therefore, remained a site of high-quality ink production. In the Nara, Heian and Kamakura periods, *shoen* — soot from pine, which has a high resin (5)(　　　) — was the (c)preferred material for Nara ink. This (6)was (　　　) by chopping pine wood into small pieces and burning it in a stove.

(Adapted from『日本の匠：世界に誇る日本の伝統工芸　MADE IN JAPAN』
IBCパブリッシング)

問1　―― 線 (1) ～ (6) の英訳を完成させるために、空欄に入れるのに最も適当なものを、それぞれの中から1つずつ選び、番号をマークしなさい。

(1)	① methods	② orders	③ rules	④ theories	ト
(2)	① advised	② counted	③ introduced	④ shifted	ナ
(3)	① eager	② essential	③ intense	④ patient	ニ
(4)	① aged	② new	③ pressed	④ raw	ヌ
(5)	① application	② content	③ effect	④ interest	ネ
(6)	① avoided	② identified	③ obtained	④ requested	ノ

問2　＝＝ 線 (a) とほぼ同じ内容を表す英文にするために、次の英文中の空欄に入れるのに最も適当なものを、次の中から1つ選び、番号をマークしなさい。　ハ

The history of Japanese ink (*sumi*) (　　　) in AD 610

① is said beginning
② is said to have begun
③ was said beginning
④ was saying to begin

問3　＝＝ 線 (b) とほぼ同じ内容を表す英文にするために、次の英文中の (A) と (B) に入れるのに最も適当な組み合わせを、次の中から1つ選び、番号をマークしなさい。　ヒ

a place (　A　) religious (　B　)

① (A) for　　(B) importance
② (A) in　　(B) important
③ (A) of　　(B) importance
④ (A) to　　(B) important

問4　═══線 (c) の内容を表す英文として最も適当なものを、次の中から１つ選び、番号をマークしなさい。　フ

① considered to be very common
② believed to have special power
③ avoided more than other types
④ wanted more than other things

数　学

＜数学の記入例＞　※「数学」を受験する場合、下記の記入例をよく読んでください。

1．問題文中の [ア]、[イウ] などには、0～9の数字または－(マイナス)符号が入ります。**ア**、**イ**、**ウ**、…等のカタカナ1文字は、これらのいずれかひとつに対応します。それらを解答用紙の解答記号**ア**、**イ**、**ウ**、…で示された解答欄にマークして解答しなさい。

例　[カキク] に－15と答えたいとき

カ	①	②	③	④	⑤	⑥	⑦	⑧	⑨	⓪	●
キ	●	②	③	④	⑤	⑥	⑦	⑧	⑨	⓪	⊖
ク	①	②	③	④	●	⑥	⑦	⑧	⑨	⓪	⊖

なお、同一の問題文中に、[ア]、[イウ] などが2度以上現れる場合、2度目以降は、[ア]、[イウ] のように明朝体で表記します。

2．[サ.シ] のように解答欄中の文字の間に「.」がある場合、この「.」は小数点を表します。

例　正解が3.14となる場合の解答欄とマーク
[タ.チツ]

タ	①	②	●	④	⑤	⑥	⑦	⑧	⑨	⓪	⊖
チ	●	②	③	④	⑤	⑥	⑦	⑧	⑨	⓪	⊖
ツ	①	②	③	●	⑤	⑥	⑦	⑧	⑨	⓪	⊖

3．分数の形で解答するときには、それ以上約分できない形で解答しなさい。また、分数にマイナス符号がつく場合には、分子につけて解答しなさい。

例　$\dfrac{\boxed{ナニ}}{\boxed{ヌ}}$ の正解が $-\dfrac{2}{3}$ である場合　　○ $\dfrac{-2}{3}$　　× $\dfrac{-4}{6}$

4．比の形で解答するときには、最も簡単な整数比の形で解答しなさい。

例　[ハ]：[ヒ] の正解が2：3である場合　　○ 2：3　　× 4：6

5．根号（$\sqrt{\quad}$）を含む形で解答するときには、根号の中に現れる自然数が最小となる形で解答しなさい。

例　$\boxed{マ}\sqrt{\boxed{ミ}}$ の正解が $4\sqrt{2}$ である場合　　○ $4\sqrt{2}$　　× $2\sqrt{8}$

◀数学Ⅰ・A・Ⅱ・B▶

（2科目80分）

Ⅰ　**次の空欄に当てはまる数値または符号をマークしなさい。**

〔1〕 $(x+1)(x+2)(x+3)(x+4)-24$ を因数分解すると，

$x(x+\boxed{\text{ア}})(x^2+\boxed{\text{イ}}x+\boxed{\text{ウエ}})$ となる。

また，x^4+x^2-2 を因数分解すると，$(x+\boxed{\text{オ}})(x-\boxed{\text{カ}})(x^2+\boxed{\text{キ}})$ となる。

〔2〕 2次関数 $y=ax^2+bx+c$ のグラフについて，次の問いに答えなさい。ただし，a，b，c は実数の定数とする。

(1) このグラフが x 軸に点 $(3,\,0)$ で接し，点 $(2,\,-3)$ を通るとき，$a=\boxed{\text{クケ}}$ である。

(2) このグラフが3点 $(-1,\,2)$，$(1,\,8)$，$(2,\,-4)$ を通るとき，$c=\boxed{\text{コサ}}$ である。

〔3〕 四面体ABCDにおいて，AD = 1，BD = 2，CD = 3，

∠ADB = ∠ADC = ∠BDC = 90° であるとき，

∠BAC = θ とすると $\cos\theta=\dfrac{\sqrt{\boxed{\text{シ}}}}{\boxed{\text{スセ}}}$ である。

また，△ABCの面積は $\dfrac{\boxed{\text{ソ}}}{\boxed{\text{タ}}}$ である。

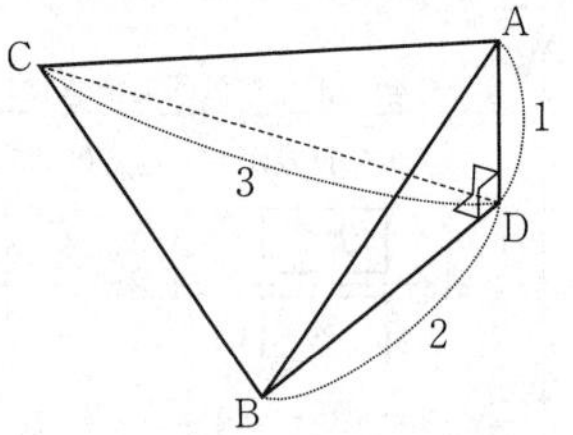

〔4〕 $\vec{a}=(-3,\,2)$，$\vec{b}=(1,\,-2)$，$\vec{c}=(-1,\,t)$ とする。$3\vec{a}-7\vec{b}$ と $\vec{c}$ が平行になるのは，

$t=\dfrac{\boxed{\text{チ}}}{\boxed{\text{ツ}}}$ のときであり，$3\vec{a}-7\vec{b}$ と $\vec{c}$ が垂直になるのは，$t=\dfrac{\boxed{\text{テト}}}{\boxed{\text{ナ}}}$ のときである。

〔5〕 $f(a)=\displaystyle\int_0^1(ax^2-a^2x)\,dx$ を a の式で表すと，$-\dfrac{\boxed{\text{ニ}}}{\boxed{\text{ヌ}}}a^2+\dfrac{\boxed{\text{ネ}}}{\boxed{\text{ノ}}}a$ となる。また，

$f(a)$ は $a=\dfrac{\boxed{\text{ハ}}}{\boxed{\text{ヒ}}}$ で最大値 $\dfrac{\boxed{\text{フ}}}{\boxed{\text{ヘホ}}}$ をとる。

Ⅱ　次の空欄に当てはまる数値または符号をマークしなさい。

〔1〕 4個のデータからなるグループAと，6個のデータからなるグループBがある。グループAのデータの平均値は4，標準偏差は2であり，グループBのデータの平均値は9，標準偏差は3である。このとき，次の問いに答えなさい。

(1) グループAのデータの総和は $\boxed{\text{アイ}}$ であり，グループBのデータの総和は $\boxed{\text{ウエ}}$ である。さらに，グループAとグループBを合わせた全体のデータの平均値は $\boxed{\text{オ}}$ である。

(2) グループAの各データの2乗の平均値は $\boxed{\text{カキ}}$ であり，グループBの各データの2乗の平均値は $\boxed{\text{クケ}}$ である。さらに，グループAとグループBを合わせた全体のデータの分散は $\boxed{\text{コサ}}$ である。

〔2〕 自然数 n について，次のように，第 n 群に n 個の項が含まれるような群数列を考える。

- 第1群には1のみが含まれる。
- 第2群には2, 4がこの順に並ぶ。
- n が3以上の奇数のとき，第 $(n-2)$ 群の最後の項を x とすると，
  第 n 群には $(x+2)$ から連続する n 個の奇数が小さい順に並ぶ。
- n が4以上の偶数のとき，第 $(n-2)$ 群の最後の項を y とすると，
  第 n 群には $(y+2)$ から連続する n 個の偶数が小さい順に並ぶ。

たとえば，この群数列の第1群から第5群までを示すと次のようになる。

1	2, 4	3, 5, 7	6, 8, 10, 12	9, 11, 13, 15, 17	…
第1群	第2群	第3群	第4群	第5群	

このとき，次の問いに答えなさい。

(1) 第20群の最初の項は $\boxed{\text{シスセ}}$ である。

(2) k を自然数とすると，第 $(2k-1)$ 群の最初の項は $\boxed{\text{ソ}}\,k^2 - \boxed{\text{タ}}\,k + \boxed{\text{チ}}$ である。

(3) 第 m 群の項の総和を S_m とするとき，$S_{m+1} - S_m > 1000$ となる最小の自然数 m は $\boxed{\text{ツテ}}$ である。

Ⅲ　次の空欄に当てはまる数値または符号をマークしなさい。

$s=\log_2(x^2+2)$，$t=\log_{\frac{1}{2}}2(x^2+2)^2$とおく。ただし，$x$は実数とする。

〔1〕 $x=\sqrt{2}$のとき，$s=\boxed{\text{ア}}$であり，$x=\sqrt{6}$のとき，$t=\boxed{\text{イウ}}$である。
また，sのとり得る値の範囲は$s\geqq\boxed{\text{エ}}$であり，$s=\boxed{\text{エ}}$となるようなxの値は$\boxed{\text{オ}}$個ある。

〔2〕 aを実数の定数とし，$f(x)=s^2+2t-a$とする。

(1) $f(x)$をa，sを用いて表すと，$f(x)=s^2-\boxed{\text{カ}}\,s-a-\boxed{\text{キ}}$である。また，$a=3$のとき，$x$の方程式$f(x)=0$の解は$x=\pm\sqrt{\boxed{\text{クケ}}}$である。

(2) xの方程式$f(x)-\dfrac{1}{2}=0$が異なる実数解を3個だけもつようなaの値は，$-\dfrac{\boxed{\text{コサ}}}{\boxed{\text{シ}}}$である。

◀数学Ⅰ・A▶

（2科目80分）

Ⅰ　次の空欄に当てはまる数値または符号をマークしなさい。

〔1〕　$(x+1)(x+2)(x+3)(x+4)-24$ を因数分解すると，
$x(x+\boxed{\text{ア}})(x^2+\boxed{\text{イ}}x+\boxed{\text{ウエ}})$ となる。
また，x^4+x^2-2 を因数分解すると，$(x+\boxed{\text{オ}})(x-\boxed{\text{カ}})(x^2+\boxed{\text{キ}})$ となる。

〔2〕　2次関数 $y=ax^2+bx+c$ のグラフについて，次の問いに答えなさい。ただし，a，b，c は実数の定数とする。

(1)　このグラフが x 軸に点 $(3,\ 0)$ で接し，点 $(2,\ -3)$ を通るとき，$a=\boxed{\text{クケ}}$ である。

(2)　このグラフが3点 $(-1,\ 2)$，$(1,\ 8)$，$(2,\ -4)$ を通るとき，$c=\boxed{\text{コサ}}$ である。

〔3〕　四面体ABCDにおいて，$\mathrm{AD}=1$，$\mathrm{BD}=2$，$\mathrm{CD}=3$，
$\angle\mathrm{ADB}=\angle\mathrm{ADC}=\angle\mathrm{BDC}=90^\circ$ であるとき，
$\angle\mathrm{BAC}=\theta$ とすると $\cos\theta=\dfrac{\sqrt{\boxed{\text{シ}}}}{\boxed{\text{スセ}}}$ である。
また，$\triangle\mathrm{ABC}$ の面積は $\dfrac{\boxed{\text{ソ}}}{\boxed{\text{タ}}}$ である。

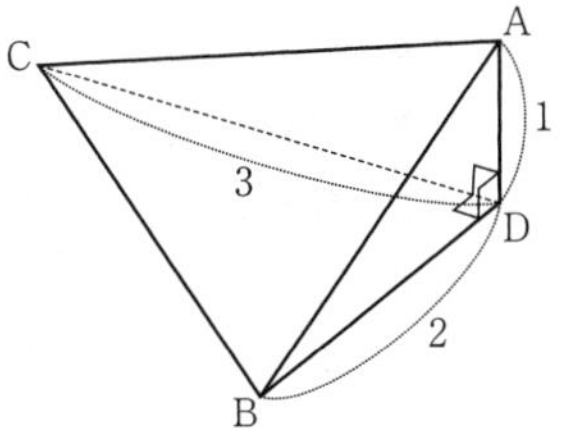

〔4〕　a，b，c は0から9のいずれかの数字をあらわす。5桁の自然数 $213a2$ が4の倍数で，かつ $a>5$ であるとき，$a=\boxed{\text{チ}}$，または $a=\boxed{\text{ツ}}$ である。ただし，
$\boxed{\text{チ}}<\boxed{\text{ツ}}$ とする。

次に，4桁の自然数 $5b3c$ が9の倍数で，かつ $b>c>3$ であるとき，
$b=\boxed{\text{テ}}$，$c=\boxed{\text{ト}}$ である。

〔5〕　2個のさいころを同時に投げるとき，出た目の和が7である確率は $\dfrac{\boxed{\text{ナ}}}{\boxed{\text{ニ}}}$ であり，
出た目の積が12である確率は $\dfrac{\boxed{\text{ヌ}}}{\boxed{\text{ネ}}}$ である。

Ⅱ 次の空欄に当てはまる数値または符号をマークしなさい。

〔1〕 4個のデータからなるグループAと，6個のデータからなるグループBがある。グループAのデータの平均値は4，標準偏差は2であり，グループBのデータの平均値は9，標準偏差は3である。このとき，次の問いに答えなさい。

(1) グループAのデータの総和は［アイ］であり，グループBのデータの総和は［ウエ］である。さらに，グループAとグループBを合わせた全体のデータの平均値は［オ］である。

(2) グループAの各データの2乗の平均値は［カキ］であり，グループBの各データの2乗の平均値は［クケ］である。さらに，グループAとグループBを合わせた全体のデータの分散は［コサ］である。

〔2〕 Aさんは午前8時に家を出発し，あるバス停を定刻に出発するバスに乗ることにした。Aさんの歩く速さと走る速さはそれぞれ常に一定であり，歩く速さは分速50mである。このとき，次の問いに答えなさい。

(1) 月曜日に，Aさんが家からバス停まで歩いたところ，バスの出発時刻に6分遅れてバス停に到着した。そこで火曜日は家からバス停まで走ったところ，バスの出発時刻の4分前にバス停に到着した。さらに水曜日は家からバス停に向かって8分歩いた後にバス停まで走ったところ，バスの出発時刻ちょうどにバス停に到着した。このとき，Aさんの走る速さは分速［シスセ］mである。また，このバスの出発時刻は午前8時［ソタ］分であり，家からバス停までの距離は［チツテト］mである。

(2) 木曜日に，Aさんが家からバス停に向かって歩いていたところ，途中のP地点で忘れ物をしたことに気づき，P地点から走って家に向かった。P地点から家までの距離の1/6だけ走ったQ地点で，忘れ物を持ってAさんを追いかけてきたAさんの兄と出会った。AさんはQ地点で忘れ物を受け取ったと同時にバス停に向かって走り続けたところ，バスの出発時刻ちょうどにバス停に到着した。このとき，AさんがP地点で忘れ物に気づいた時刻は午前8時［ナ］分であり，忘れ物を受け取ったQ地点から家までの距離は［ニヌネ］mである。

III **次の空欄に当てはまる数値または符号をマークしなさい。**

$\angle BAC = 90^\circ$ の直角三角形ABCがあり，点Aから辺BCに垂線を引き，辺BCとの交点をDとする。また，線分ADを直径とする円が辺AB，ACと交わる点をそれぞれ，E，Fとする。ただし，点E，Fはどちらも点Aとは異なる点とする。

〔1〕 $\angle BDE = 25^\circ$ のとき，$\angle DAF = \boxed{アイ}^\circ$ であり，$\angle ADF = \boxed{ウエ}^\circ$ である。

〔2〕 $AB = 3$，$BC = 5$ とする。$AD = \dfrac{\boxed{オカ}}{\boxed{キ}}$，$BD = \dfrac{\boxed{ク}}{\boxed{ケ}}$ であり，

$BE = \dfrac{\boxed{コサ}}{\boxed{シス}}$ である。また，直線EFと直線BCの交点をGとすると，

$BG = \dfrac{\boxed{セソ}}{\boxed{タチ}}$ である。

4　去年、祖父は、大病をワズラった。　ハ

①　キョウテンドウチの大ニュース。
②　コウトウムケイなふるまい。
③　センザイイチグウのチャンスだ。
④　ナイユウガイカンに悩まされている。

5　グラフで見ると、変化がケンチョにわかる。　ヒ

①　課題に関しては、仲間とまずケントウする必要がある。
②　鉱石をケンマして宝石に加工する。
③　薬物乱用の事態がロケンする。
④　祖父は自らをケンキャクだと自慢している。

IV 次の1～5の傍線部と同じ漢字を含むものを、それぞれの選択肢の中から一つ選び、番号をマークしなさい。

1 猫のヒタイほどの広さの庭しかないが、我が家は我が家だ。　ヌ

① 犯人逮捕にコシツする。
② 支払いは請求書に書かれたガクメン通りの金額でお願いします。
③ この現象をキカイに思うかもしれませんが、普通です。
④ ヒョウソウ的な問題については、ここでは議論しません。

2 集団へのキゾク意識が個人の幸福度を上げる。　ネ

① 私はゾクジンですから、あなたの趣味を理解しないのも当然です。
② かの町ではトウゾクの被害が後を絶たなかった。
③ 買い手のゾクセイを分析することがマーケティングには必要だ。
④ エイゾク的に支援をすることは難しい。

3 インガオウホウというように、悪いことをすれば、ばちが当たるんですよ。　ノ

① キッポウが舞い込む。
② 日本のホウキにくわしい知り合いの弁護士に尋ねる。
③ 田舎では人口減少でコミュニティーがホウカイの危機に直面している。
④ 商品をコンポウして、郵便局に持っていかなければならない。

Ⅲ **次の空欄［ツ］～［ニ］に入れるのに最も適当なものを、それぞれの選択肢の中から一つ選び、番号をマークしなさい。**

1 あれだけ努力を重ねたのに、失敗続きなんて、彼も［ツ］ね。

① 内弁慶だ　② 自家撞着だ　③ 怪我の功名だ　④ 浮かぶ瀬がない

2 隠し事をせず［テ］話し合えば、グループワークはうまくできるはずだ。

① 機微をうがって　② 錦を飾って　③ 心を洗って　④ 肝胆相照らして

3 兄はころころと仕事場を変えては、そのたびに金で苦労している。［ト］とはまさにこのことだ。

① 愚公山を移す　② 柳に雪折れ無し　③ 転石苔を生ぜず　④ 長居は恐れ

4 もし君が新しい会社に入って本当に困っても、［ナ］というから、そう簡単にあきらめてはいけないよ。

① 事が延びれば尾鰭がつく　② 習い性となる　③ 窮すれば通ず　④ 朝三暮四

5 人間関係の問題が起こったとき、社会制度全体を広い視野でとらえるような［ニ］的視点が必要だ。

① リアリズム　② マクロ　③ ドグマ　④ メタファー

Ⅱ

次の１～５の説明に当てはまるものを、それぞれの選択肢の中から一つ選び、番号をマークしなさい。

１　泉鏡花の代表的な幻想文学作品。　ス

①『夜行巡査』　②『高野聖』　③『番町皿屋敷』　④『怪談牡丹燈籠』

２　一般的に文学史上、耽美派に属すると言われる作家。　セ

①　武者小路実篤　②　川端康成　③　坂口安吾　④　谷崎潤一郎

３　芥川龍之介最晩年の代表作として高く評価されている作品。　ソ

①『檸檬』　②『蟹工船』　③『歯車』　④『蜜柑』

４　太宰治によって執筆された歴史小説。　タ

①『右大臣実朝』　②『少将滋幹の母』　③『坂の上の雲』　④『桜の森の満開の下』

５　一般的に文学史上、無頼派に属すると言われる作家。　チ

①　遠藤周作　②　小林多喜二　③　織田作之助　④　吉行淳之介

ティを確認するためにユダヤ人を排斥するようになったこと。

④　本来、人は国家に属することではじめてさまざまな外的な圧力や暴力に抗することができるようになるにもかかわらず、ユダヤ人に対する差別感情が彼らに無国籍化を強いてしまったこと。

問5　本文の内容に合うものを、次の中から二つ選び、番号をマークしなさい。ただし、解答の順序は問わない。　サ　シ

①　アーレントにとって、過去の出来事や現象はすべて新奇なものであって、その新奇さをいかに理解するかという問題は、分析者の直接的体験を視座にするほかないと考えていた。

②　アーレントは、既知の概念や一般原則にあてはめて過去の出来事を理解しても、現実そのものと向き合うことにはならないと考えていた。

③　アーレントによれば、帝国主義や全体主義と反ユダヤ主義は密接に関係しており、国家による資本の独占を企図した結果として、ユダヤ人の排斥が行われることになった。

④　アーレントによれば、帝国主義の時代、失業の結果、ヨーロッパから植民地に来ることになった人々が、現地で出会った原住民に対して、支配階層として振る舞っていた。

⑤　アーレントによれば、強制収容所において人間は完全に人格が無視され、モノとして扱われており、そのため、金銭と交換されることさえあった。

⑥　アーレントによれば、人間は複数の人々によって記憶され語られることではじめて人間としての尊厳を獲得したと言えるのであって、政治的孤立化は人権の喪失につながる。

う　①あるいは　②といっても　③さらに　④たとえば　[ウ]

え　①だが　②ところが　③むしろ　④すなわち　[エ]

問2　空欄 [A] ～ [D] に入れるのに最も適当なものを、それぞれ次の中から一つ選び、番号をマークしなさい。

A　①結晶　②象徴　③縮小　④拡散　[オ]

B　①アレゴリー　②カテゴリー　③フィロソフィー　④ヒエラルキー　[カ]

C　①抽象化　②人間化　③明確化　④実体化　[キ]

D　①身体性　②合理性　③不可侵性　④特異性　[ク]

問3　本文中、次の一文が省略されている。（①）～（⑤）のどこに入れるのが最も適当か、番号をマークしなさい。　[ケ]

アーレントはこうした事態を法的人格の抹殺と呼んだ。

問4　本文中でアーレントは「反ユダヤ主義」の危険性について、どのように説明しているか、最も適当なものを、次の中から一つ選び、番号をマークしなさい。　[コ]

①　本来、人はそれぞれ独自の価値を持つ、交換不可能な存在であるにもかかわらず、言語や文化の共有をきっかけに共同体が形成されることで、異なる言語や文化の中に生きる人々を排除しはじめたこと。

②　本来、人はそれぞれ異なる人格を持ち、異なる人生を生きているにもかかわらず、「ユダヤ人」という一般的存在として見なされるようになることで、その範疇に押し込められた人々が、無責任で過激な暴力にさらされるようになること。

③　本来、反ユダヤ主義は宗教的な領域に限定された問題であったが、近代に入ると事態はさらに深刻になり、国家的アイデンティ

ブルーエルは、アーレントがナチズムやスターリニズムの分析にとどまらず、マッカーシズムなどその時代に生じてきた現象によって、全体主義をそのつど新たに理解しようとしたと指摘している。人びとを人間として「余計な者」にすること、多様でそれぞれが唯一無二の人びとが地上に存在するという人間の複数性を否定することが、全体主義の悪であった。ヤング＝ブルーエルは書いている。

全体主義は政治の消滅である、と彼女は論じた。[え]、それは政治を破壊する統治形態であり、語り、行為する人間を組織的に排除し、最初にある集団を選別して彼らの人間性そのものを攻撃し、それからすべての集団に同じような手を伸ばす。このようにして、全体主義は、人びとを人間として余計な存在にするのである。これがその根源的な悪なのだ。

（『なぜアーレントが重要なのか』）

政治は、市民たちが法律に守られながら公の場で語り行為するということでもあり、人びとが複数で共存するということを意味する。アーレントは全体主義下で遂行された「人類に対する犯罪」を人間の複数性にたいする犯罪であると見なした。人間の複数性とは、共同体に属して権利をもつこと、交換可能な塊に還元されないことと連動するだけではない。ヤング＝ブルーエルも強調していることだが、それは、「複数である人間によって複数である人間について語られた物語のなかで真実性をもって記憶される権利、歴史から消されない権利」にも結びつく。これらの要素を分析し、考察しつづけながら、アーレントはナチズムやスターリニズムの終焉《しゅうえん》後《ご》も生き残りうる「全体主義的な解決法」（複数性の抹消）にたいして警告を発しつづけたのだった。

（出典　矢野久美子『ハンナ・アーレント』　なお、問題作成上、一部省略してある。）

問1　空欄[あ]～[え]に入れるのに最も適当なものを、それぞれ次の中から一つ選び、番号をマークしなさい。

あ　①　または　②　それすら　③　しかも　④　つまり　[ア]

い　①　しかし　②　だから　③　ちなみに　④　ところで　[イ]

支配をなしくずしにし、無限の暴力のための基盤をつくった。

アーレントはこの部の最後で、国民国家体制の崩壊の結果生まれた人権の喪失状態を分析している。第一次世界大戦後、国民国家や法的枠組みから排除される大量の難民と無国籍者が生まれた。共同体の政治的・法的枠組みから排除されている彼らは、すべての権利の前提である「権利をもつ権利」を奪われている。

第三部「全体主義」では、歴史的に知られた独裁や専制とは異なる全体主義運動と全体的支配の特徴が描かれる。そして大衆運動から強制収容所とガス室という「人間の無用化」にいたるまでの全体的支配の、さまざまな要素が分析される。

そのさいアーレントは、強制収容所という極限状態における人間の経験と現代大衆社会での孤立した人間の経験の関連性を指摘した。（④）

全体的支配は人間の人格の徹底的破壊を実現する。自分がおこなったことと自分の身に降りかかることとの間には何も関係がない。すべての行為は無意味になる。強制収容所に送られた人間は、家族・友人と引き離され、職業を奪われ、市民権を奪われた。自分がおこなったことと身に起こることの間には何の関連性もない。発言する権利も行為の能力も奪われる。行為はいっさい無意味になる。（⑤）

法的人格が破壊された後には、道徳的人格が虐殺される。ガス室や粛清は忘却のシステムに組み込まれ、死や記憶が無名で無意味なものとなる。また、全体主義的犯罪による善悪の区別の崩壊は、犠牲者をも巻き込む体制であった。アーレントは、自分の子供のうち誰が殺されるかを決めるように命じられた女性や収容所運営をゆだねられた被収容者の例をあげている。

さらには、肉体的かつ精神的な極限状況において、それぞれの人間の［D］が破壊される。個々の人間の性格や自発性が破壊され、人間は交換可能な塊となる、とアーレントは書いた。自発性は予測不可能な人間の能力として全体的支配の最大の障碍《しょうがい》になりうる。独裁や専制と違って、全体的支配はすべてが可能であると自負し、人間の本性を変え人間そのものへの全体的支配を遂行した。「不可能なことが可能にされたとき、それは罰することも赦《ゆる》すこともできない絶対の悪となった」のである。

一九六八年に『全体主義の起原』の英語版分冊本（三巻）が出たとき、アーレントはそれぞれの分冊に新たな序文を加えた。ヤング＝

ヨーロッパの君主国を財政的に支えていた御用銀行家としての宮廷ユダヤ人は、社会的には隔絶して存在していたが、「例外ユダヤ人」として特権を享受し、国家と直接結びつく政治的機能を果たしていた。【い】、ブルジョワジーが台頭し政治と連携する時期になると、ユダヤ人の富の意味は急速に失われていった。そうしたなかで曖昧で余分な存在にたいする憎悪の風潮が生まれ、他方で右派から左派までのさまざまな政党において、民衆の支持を獲得するための道具として反ユダヤ主義が利用されていく。アーレントは、政党によって流布され煽《あお》られる反ユダヤ主義を、近代以前の宗教的な反ユダヤ主義から区別し、その新奇さを強調した。（②）

政治的道具としての反ユダヤ主義の危険性は、ユダヤ人が【C】され、ユダヤ人一般として見なされることにある。具体的にユダヤ人と接触したことのない群衆《モッブ》が、個人的経験ぬきでイデオロギーとしての反ユダヤ主義に染まる。そこに次に述べるような人種主義的要素が組み合わさり、【C】された存在にたいする無責任で過激な暴力、「イデオロギー的狂信」の土壌ができあがったのである。

第二部「帝国主義」では、南アフリカで帝国主義政策を推進したイギリスの政治家セシル・ローズ（一八五三―一九〇二年）の「できることなら私は星々を併合しようものを」という言葉に見られるような、ヨーロッパの富の無限の膨張のプロセスとその政治的意味が描き出される。

帝国主義は人種主義を政治的武器とし、人類を支配人種と奴隷人種に分ける。アーレントによれば、余剰になった富とともに、失業してヨーロッパで余計な存在になった人間が植民地へと輸出され、彼らは自分たちを支配的白人種として見なすという狂信に陥った。余計者として国外へと出た人間がそこで出会った人びとをさらに余計者と見なすという構図が生じたのである。また、帝国主義時代の官僚制支配では、政治や法律や公的決定による統治ではなく、植民地行政や次々と出される法令や役所の匿名による支配が圧倒的になっていった。アーレントは官僚制という「誰でもない者」による支配が個人の判断と責任に与えた影響を検証した。（③）

アーレントは、膨張のための膨張という思考様式のなかで人種主義と官僚制が結びつくことの危険性を強調している。膨張が真理であるというそのプロセス崇拝と「誰でもない者」による支配においては、すべてが宿命的・必然的なものと見なされていく。ひとつひとつの行為や判断が無意味なものになるのである。【う】、植民地における非人道的抑圧はブーメラン効果のように本国に翻り、合法的なでは起こりえなかったかのようにその重荷に屈することでもなかった。彼女にとって理解とは、現実にたいして前もって考えを思いめぐらせておくのではなく、「注意深く直面し、抵抗すること」であった。従来使用してきた[B]を当てはめて納得するのではなく、既知のものと起こったことの新奇な点とを区別し、考え抜くことであった。

アーレントは、因果関係の説明といった伝統的方法によっては、先例のない出来事を語ることはできない、と断言する。[あ]全体主義という新奇な悪しき出来事は、「けっして起こってはならなかった」ことだった。それが運命といったものの流れのなかで必然的に起こるべくして起こったことではなく、人間の行為の結果としての出来事だったということを、アーレントは強調する。人間がどうなるかは人間にかかっている。そのためには新しい語り方が必要だと彼女は考えた。「保存したいのではなく、逆に破壊するべきであると感じている事柄について、つまり全体主義について、いかにして歴史的に書くか」という問題だった、とアーレントはいう。

私たちはこの大著を読むとき、その題名からして反ユダヤ主義や帝国主義や全体主義の歴史が書かれていると思ってしまう。しかし、アーレントは強制収容所というかたちで[A]化した現象の諸要素を、それらが具体的に現れた歴史的文脈のなかで分析し、語った。「反ユダヤ主義」や「帝国主義」の部で語られる諸要素は、けっして必然的に全体主義へと直結するわけではない。アーレントの叙述を注意深く読むと、そこには行為者かつ受苦者としての人間の選択のあり方、動き方が描かれている。別の可能性もありえた、それなのにどうしてこのような事態にいたってしまったのか、ということを考えさせる物語なのである。それは、要素を明らかにすることによって、それらの要素が再びなんらかの形で全体主義へと[A]化しようとする時点で、人びとに思考と抵抗を促すような、理解の試みでもあった。

第一部「反ユダヤ主義」では、一八世紀末から一九世紀末にかけてのプロイセン、オーストリア、フランスのユダヤ人の動向とナチ・イデオロギーの根幹となった反ユダヤ主義に関連する歴史的事象との関わりが描かれる。宗教的なユダヤ人憎悪とは異なる反ユダヤ主義は、社会や政治の同時代的な問題状況と並行して現れた。そのさい反ユダヤ主義は、ナショナリズムの昂揚期ではなく、国民国家システムが衰退し帝国主義となっていく段階で激化したということが鍵となる。（①）

国語

（二科目八〇分）

Ⅰ 次の文章を読んで、あとの問いに答えなさい。

一九四五年、廃墟《はいきょ》となったドイツには一二年におよんだヒトラー政権に関する膨大な記録資料が残され、ナチ支配の実態が続々と明らかになりはじめる。アーレントはこの資料の山に立ち向かいながら、何が起こったのかを理解するために、ショッケン・ブックス出版社での仕事のかたわら片時も休むことなく執筆を続け、四九年秋に大著『全体主義の起原』の原稿を完成させた。その本は最初に見たときだけでなく「もう一度見直したときにすら、まったく言語道断としか見えないことを理解しようとする試み」であった。

> 精神科学における方法。因果性はすべて忘れること。その代わりに、出来事の諸要素を分析すること。重要なのは、諸要素が急に[A]した出来事である。私の著書の表題は根本的に誤っている。『全体主義の諸要素（The Elements of Totalitarianism）』とすべきだった。
>
> （『思索日記Ⅰ　1950-1953』）

なぜ因果性を忘れなければならないのだろうか。アーレントにとって最も重要だったのは、人間の無用性をつきつけたガス室やそれを実現させた全体的支配という出来事の「法外さ」と「先例のなさ」を直視すること、そして「政治的思考の概念と[B]を破裂させた」その前代未聞の事態と向き合うことだった。アーレントにとって理解とは、類例や一般原則によって説明することでも、それらが別の形

小論文

◀特技推薦▶

（60分
解答例省略）

問．井島勉著の「書の美学と書教育」の芸術と古典の関係を述べた一説である。
この言葉を参考にしつつ、自身の書と古典についての考え方や思い、これからの書を学んでいく上での抱負も含めて、800字以内で述べなさい（字数には句読点を含む）。

「優れた芸術は、常に独創によって形成されるほかはないが、それは内に深く普遍者を宿しているが故に、制作者以外のすべての人間に向って、いわば美の一つの範例として、普遍的に妥当することができる。古い時代の芸術が、後の時代の人々に対して、このような範例性を確保していると考えられる時に、それは特に古典といわれる。古典が尊重されるのは、それが古い過去に作られたことによるのではない。今もなお生きている故に、いいかえると、常に新しい生命を保持しているが故に、貴重なのである。そしてこのことは、古典が、個人を超え時代を超えて妥当する悠久な普遍によって支持され、これを正しく代表しているからにほかならない。」

（出典：井島　勉『書の美学と書教育』9ページ、墨美社、1956年）

◀総合学科専門学科推薦▶

（60分
解答例省略）

問. 下記の文章は、「量が質に転化する…」というタイトルのコラム記事です。この記事のように、コロナ禍の教訓を踏まえると、今後の日本のインバウンド観光はどうあるべきなのでしょうか。あなたの考えを800字以内で述べなさい（字数には句読点を含む）。

量が質に転化する。学生の頃、受験や部活でよく聞いた言葉だ。量をこなせば質も高まるという趣旨だが、経験から言えば、がむしゃらに突き進んでも手法がまずければ効果は低い▲観光地に人出が戻ってきた。今年のインバウンド需要はコロナ禍の前を上回るとの予測もある。とはいえ感染は収束しておらず、油断は禁物。オーバーツーリズムのような弊害の再来も避けたい▲政府が観光政策の「量から質」への転換を目指すという。訪日客数のような数値目標の達成に固執するのではなく、観光地が住みやすくなる施策にシフトするなら賛成だ。不安定な雇用を改善し、混雑や環境破壊を招かない観光のあり方を示せるか、知恵の絞りどころだ▲集客は代理店頼み。繁閑差や価格競争が激しく利益が出ない。そうした体質の見直しを迫られていた産業だが、インバウンドの追い風が先送りを許してきた。需要が一気に消滅したコロナ禍は、課題に向き合う契機にもなったはずだ▲観光政策に詳しい宮崎俊哉・三菱総研主席研究員は「再生の芽も見えてきた」と話す。コロナ禍でも、近隣からの来訪を促して収益を維持するといった事例が出てきた。訪日客は回復しているが、政府の支援には頼れなくなる。事業者の新たな取り組みに期待したい▲欧州連合（ＥＵ）が昨年公表した観光政策も数値目標を設けず、環境への配慮や地場産業の育成に重点を置いた。住民や働き手が安心して暮らせない観光地では、おもてなしの心も曇ってしまう。

（出典：「余録：量が質に転化する…」『毎日新聞』2023年5月7日朝刊、1面）

一

(B)「関戸本古今集」

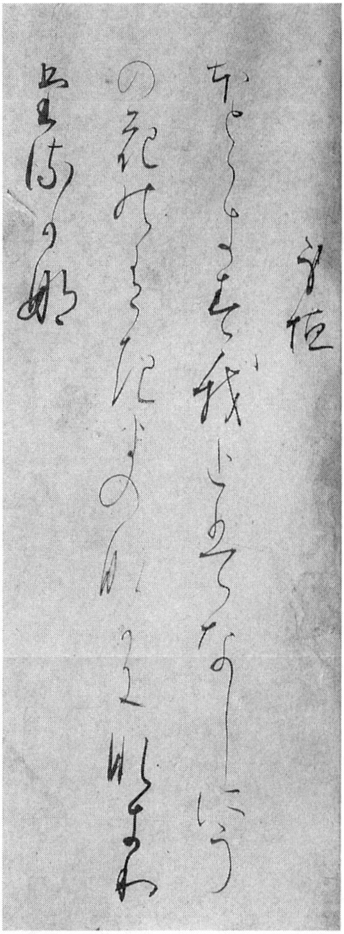

三

次の文を半紙に読みやすく書きなさい。

「日本にも、考へてみると、大昔から実に立派な書家が数多く居た。そしてやはり人のいふ通り弘法大師は偉大である。」

（漢字、かな変換不可、変体がな使用不可、句読点省略）

一

(A)「真草千字文」

書道実技

（七〇分　解答例省略）

一

(A) 別紙の「真草千字文」の指定部分を半紙に臨書しなさい。

「景 行 維 賢 剋 念」

(B) 別紙の「関戸本古今集」を半紙中央に原本と同形式で原寸臨書しなさい。

「歌一首（作者名を含む）」

二

次の(A)、(B)の内、いずれかを選択して半紙に創作しなさい。

(A)「山 雲 海 月」（行書体による）

(B)「花《はな》の色《いろ》はうつりにけりないたづらに我《わ》が身世《みよ》にふるながめせしまに」

（漢字かな変換可、変体がな使用可、ちらし自由）

解答編

英語

I　解答　**問1．** A—③　B—①　C—④　D—③
問2． (1)—④　(2)—③　(3)—②　(4)—②
問3． ②
問4． (1)—①　(2)—②　(3)—②　(4)—①　(5)—①

解説

《自然災害によるオーストラリアの動物の危機》

問1．A．「彼は南オーストラリア沖のカンガルー島から（　　　）28匹のコアラのうちの1匹だった」の空所補充。よって，「救出された」という意味の③rescued が適切。①created「創られた」 ②intended「意図された」 ④survived「生き残った」

B．「サンクチュアリマネージャーのドナ＝ステパンは，今年の豪雨が動物に（　　　）脅威をもたらしていると言う」の空所補充。後続の2文（"It's usually once … been fourteen times."）に，例年と比べて今年は豪雨が圧倒的に多いということが述べられている。よって，「絶え間ない」という意味の①constant が適切。②favorite「お気に入りの」 ③military「軍隊の」 ④personal「個人の」

C．「コアラに近い動物であるウォンバットは，火災からの（　　　）を提供する地下の巣穴に住んでいるが，洪水時には非常に危険な場所に変わる可能性がある」の空所補充。同文前半部と後半部は対比になっているので，「安全」という意味をもつ④safety が適切。①access「アクセス」 ②energy「エネルギー」 ③honor「名誉」

D．「『政府は人々が重要だと考えるものに（　　　）』とシドニー大学で生物の多様性への脅威を研究しているトーマス＝ニューサム博士は言う」

の空所補充。後続の文（“And until the …）に，「そして，より広範な大衆が私たちの母国の生態系と動物を第一に考えるまで，州または連邦政府が行動する可能性は低い」とある。よって，「反応する」という意味をもつ③respond が適切。①continue「続く」 ②need「～を必要とする」 ④suggest「～を示唆する」

問２．⑴ severe は「深刻な」という意味なので，④の serious「深刻な」を選ぶ。①magic「魔法の」 ②mild「穏やかな」 ③normal「普通の」

⑵ runs は「～を経営する」という意味なので，③の manages「～を運営する」を選ぶ。①accepts「～を受け入れる」 ②hurries「急ぐ」 ④tries「～を試みる」

⑶ threat は「脅威」という意味なので，②danger「危険」を選ぶ。①chance「機会」 ③quotation「引用」 ④solution「解決策」

⑷ major は「主要な」という意味なので，②main「主な」を選ぶ。①accepted「受け入れられた」 ③perfect「完全な」 ④true「真実の」

問３．下線部(a)は，「この最後のものは，私たちが今まで見たどんなものよりもはるかに大きかった」という意味で，もの（one）は fire「火災」を指す。これと同じ内容を表すのは，②「直近の火災は私たちが今までに見た中で最も大きかった」となる。

①「私たちは過去に，この最近のもののような大きな火災を見たことがある」

③「過去に私たちが見た火災は予想以上に大きかった」

④「最近起きた火災は非常に大きかったので，私たちは何も見ることができなかった」

問４．⑴「ブラックサマーの山火事は非常に大きかったので，その煙は外国まで漂った」

第１段最終文（The smoke covered …）に，「その煙はニュージーランドを包み込み，最終的には南アメリカまで到達した」とあるので，一致。

⑵「カンガルー島の５万頭以上のコアラがブラックサマーの山火事で死亡したと信じられている」

第２段第２文（Up to 80 …）に，「島で推定５万頭のコアラの最大 80 パーセントが死亡した」とある。よって，不一致。

(3)「火災に続いた長期間の大雨にもかかわらず，植物はよみがえらず，カンガルー島のコアラの数は今なお減少している」

第3段第1・2文（The fires were … population is recovering.）に，「火災の後，長期間の大雨が降り，島全体の植生の急速な再生に拍車をかけた。3年後，燃え尽きた幹は今や緑の葉に覆われ，コアラの個体数も回復している」とあるので，不一致。

(4)「ドナ＝ステパンは，Sleepy Burrows Wombat Sanctuary の野生のウォンバット何匹かはおそらく溺死したと思っている」

第4段第2・3文（Stepan says ten … have probably drowned.）に，「ステパンは，10匹の野生のウォンバットが夜に餌を貰いに来ていたが，今では3匹しか見ていないと言う。彼女は他のウォンバットたちはおそらく溺死したと思っている」とあるので，一致。

(5)「ニューサム博士は，もし大衆が環境を第一に考えれば，州または連邦政府が行動する可能性はより高いと言う」

最終段第2文（“And until the …）に，「そして，より広範な大衆が私たちの母国の生態系と動物を第一に考えるまで，州または連邦政府が行動する可能性は低い」とある。よって，一致。

II　解答　問1．①　問2．③　問3．②　問4．③　問5．②

解説

問1．「もし明日天気が良ければ，ここから富士山が見えるだろう」

時・条件を表す副詞節中では未来のことも現在形で表す。

問2．「オーストラリアで最も大きい都市であるシドニーは観光客の間で人気である」

空欄を含む節を見てみると不完全文になっており，Sydney が先行詞となるため，主格の関係代名詞 which を選ぶ。

問3．「そんなことを言うとはあなたはとても親切だ」

人の性質や性格を表す形容詞に続く意味上の主語は of で導かれる。

問4．「私は少し道に迷っている。駅までの行き方を教えてくれますか」

get to ～「～に到着する」

問5．「私はたくさんのお金を持ち歩かない」

money は不可算名詞であるため，「多くのお金」とする場合 much で修飾する。

Ⅲ　解答

問1． **(1)**—①　**(2)**—③　**(3)**—②　**(4)**—④　**(5)**—②　**(6)**—③

問2． ②　**問3．** ③　**問4．** ④

解説

《日本の墨の歴史》

問1． **(1)**「製法」は①を入れた production methods である。②orders「順序」　③rules「規則」　④theories「理論」

(2)「伝えられた」は③を入れた were introduced である。①advised「助言された」　②counted「数えられた」　④shifted「移された」

(3)「必要不可欠な」は②の essential である。①eager「熱望して」　③intense「激しい」　④patient「忍耐強い」

(4)「原料」は④を入れた raw material である。①aged「成熟した」　②new「新しい」　③pressed「強いられた」

(5)「含有量」は②の content である。①application「申し込み」　③effect「効果」　④interest「関心」

(6)「得られた」は③を入れた was obtained である。①avoided「避けられた」　②identified「認められた」　④requested「要求された」

問2． It is said that S V「S が V すると言われている」は S is said to *do* で書き換えが可能。本問では不定詞の部分で完了不定詞が使われている。

問3．「宗教的に重要な場所」= a place（　A　）religious（　B　）の空所補充。A には前置詞が入るので，B には名詞を当てはめる必要があるとわかる。また，of + 抽象名詞で形容詞の働きになるため，A には of，B には抽象名詞である importance を当てはめる。

問4．「好ましい」ということは他のものよりも望まれているということなので，④wanted more than other things「他のもの以上に望まれている」が正解。①「非常に一般的であると考えられている」　②「特別な力をもっていると信じられている」　③「他のタイプ以上に避けられている」

数学

◀数学Ⅰ・A・Ⅱ・B▶

Ⅰ 解答 《小問5問》

〔1〕ア．5　イ．5　ウエ．10　オ．1　カ．1　キ．2

〔2〕(1)クケ．-3　(2)コサ．10

〔3〕シ．2　スセ．10　ソ．7　タ．2

〔4〕チ．5　ツ．4　テト．-4　ナ．5

〔5〕ニ．1　ヌ．2　ネ．1　ノ．3　ハ．1　ヒ．3

フ．1　ヘホ．18

Ⅱ 解答 《小問2問》

〔1〕(1)アイ．16　ウエ．54　オ．7

(2)カキ．20　クケ．90　コサ．13

〔2〕(1)シスセ．182　(2)ソ．2　タ．4　チ．3　(3)ツテ．26

Ⅲ 解答 《対数を含む方程式》

〔1〕ア．2　イウ．-7　エ．1　オ．1

〔2〕(1)カ．4　キ．2　クケ．30　(2)コサ．11　シ．2

◀数学Ⅰ・A▶

Ⅰ 解答 《小問5問》

〔1〕～〔3〕 ◀数学Ⅰ・A・Ⅱ・B▶Ⅰ〔1〕～〔3〕に同じ。

〔4〕**チ.** 7　**ツ.** 9　**テ.** 6　**ト.** 4

〔5〕**ナ.** 1　**ニ.** 6　**ヌ.** 1　**ネ.** 9

Ⅱ 解答 《小問2問》

〔1〕 ◀数学Ⅰ・A・Ⅱ・B▶Ⅱ〔1〕に同じ。

〔2〕⑴**シスセ.** 100　**ソタ.** 14　**チツテト.** 1000

⑵**ナ.** 6　**ニヌネ.** 250

Ⅲ 解答 《三角形の性質，円の性質》

〔1〕**アイ.** 65　**ウエ.** 25

〔2〕**オカ.** 12　**キ.** 5　**ク.** 9　**ケ.** 5　**コサ.** 27　**シス.** 25

セソ. 81　**タチ.** 35

Ⅱ　解答

1―②　2―④　3―③　4―①　5―③

Ⅲ　解答

1―④　2―④　3―③　4―③　5―②

Ⅳ　解答

1―②　2―③　3―①　4―④　5―③

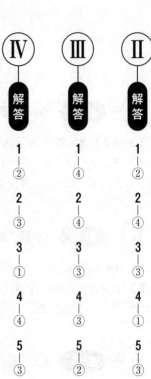

類〟の意の②「カテゴリー」が入る。空欄 C は、直後に「ユダヤ人一般として見なされる」とある並列表現から、「一般」に符合する①「抽象化」を選ぶ。空欄 D は、直後の「個々の人間の性格や自発性」が持つ性格を一般化した言葉を選ぶことになる。「破壊され」た結果、人間が「交換可能な塊」になるという文脈から、人間が〝もともとは異なっていた〟とわかるので④「特異性」が選べる。

問3 挿入文から「こうした事態」に当たる内容が直前にあり、「法的人格の抹殺」と関連する内容が直後にあるとわかる。空欄 う を含む段落の四段落後の冒頭に「全体的支配は人間の人格の徹底的破壊を実現する」とあり、同段落に挿入文の「法的人格の抹殺」と符合する〈家族などと離されて市民権を奪われる〉〈発言の権利・行為の能力を奪われる〉という内容が記されている。次段落の冒頭で「法的人格が破壊された後には」とあることから⑤が正解とわかる。

問4 〈「反ユダヤ主義」の危険性〉を説明しているのは第七段落であり、「ユダヤ人が C され、ユダヤ人一般として見なされる」ことを通じて、ユダヤ人にたいする「無責任で過激な暴力」につながった、と説明されている。この内容に②の「『ユダヤ人』という一般的存在として……さらされるようになる」の部分が合致しているので②が正解。

問5 ②が、第三段落冒頭の「アーレントは、因果関係の説明といった伝統的方法によっては、先例のない出来事を語ることはできない、と断言する」という内容と合致している。また、④が、第九段落第二・三文の「失業してヨーロッパで余計な存在になった……そこで出会った人びとをさらに余計者と見なすという構図が生じた」と合致する。したがって、正解は②と④。⑥が紛らわしいが、最後の「政治的孤立化は人権の喪失につながる」とまでアーレントの発言から読み取ることはできない。

国語

Ⅰ

出典　矢野久美子『ハンナ・アーレント』〈第3章　ニューヨークのユダヤ人難民〉（中公新書）

解答

問1　**あ**―③　**い**―①　**う**―③　**え**―④

問2　**A**―①　**B**―②　**C**―①　**D**―④

問3　⑤

問4　②

問5　②・④

解説

問1　アーレントの主張として、空欄[あ]の前では〈伝統的方法では先例のない出来事を語れないと断言する〉とあり、それを受けて空欄の後で〈全体主義という新奇な出来事は人間の行為の結果としてであったと強調する〉と加えている。したがって、③「しかも」が入る。空欄[え]の後には、「全体主義」を説明する内容がくわしく記されていることから、前に述べたことを別のことばで言い換える意を表す④「すなわち」が入る。

問2　空欄[A]は、二つ目の空欄では「諸要素」が「強制収容所というかたち」に、三つ目の空欄では「けっして必然的に全体主義へと直結するわけではない」「それらの要素」が「全体主義」に帰結する、という文脈なので①「結晶」が入る。第三段落の「人間の行為の結果としての出来事だった」がヒントになる。空欄[B]は、一つ目の空欄直前の「政治的思考の概念」と対をなす語。二つ目の空欄直後の「当てはめて」に続けて文意の通る〝範疇・分

一般選抜前期

問 題 編

▶試験科目・配点（A日程）

方式	学　部	教　科	科　目	配　点
スタンダード方式	文（書道コースを除く）・国際英語・発達教育・総合心理・経済・経営・工（建築デザイン）・看護・健康科	英　語	コミュニケーション英語Ⅰ・Ⅱ・Ⅲ，英語表現Ⅰ・Ⅱ	100点
		選択①	「国語総合・現代文B（古文・漢文を除く）」，「数学Ⅰ・A・Ⅱ・B」から1科目選択	100点
		選択②	日本史B，世界史B，政治・経済，「数学Ⅰ・A」，「物理基礎・物理」，「化学基礎・化学」，「生物基礎・生物」から1科目選択	100点
	工（情報工）	英　語	コミュニケーション英語Ⅰ・Ⅱ・Ⅲ，英語表現Ⅰ・Ⅱ	100点
		数　学	数学Ⅰ・A・Ⅱ・B	100点
		選　択	日本史B，世界史B，政治・経済，「物理基礎・物理」，「化学基礎・化学」，「生物基礎・生物」から1科目選択	100点
英語特化方式	国際英語	英　語	コミュニケーション英語Ⅰ・Ⅱ・Ⅲ，英語表現Ⅰ・Ⅱ	300点※
		選択①	「国語総合・現代文B（古文・漢文を除く）」，「数学Ⅰ・A・Ⅱ・B」から1科目選択	100点
		選択②	日本史B，世界史B，政治・経済，「数学Ⅰ・A」，「物理基礎・物理」，「化学基礎・化学」，「生物基礎・生物」から1科目選択	100点
数学特化方式	工（情報工）	英　語	コミュニケーション英語Ⅰ・Ⅱ・Ⅲ，英語表現Ⅰ・Ⅱ	100点
		数　学	数学Ⅰ・A・Ⅱ・B	300点※
		選　択	日本史B，世界史B，政治・経済，「物理基礎・物理」，「化学基礎・化学」，「生物基礎・生物」から1科目選択	100点

※得点を3倍化する（100点満点→300点満点）。

▶出題範囲

- 「数学Ｂ」は「数列，ベクトル」から出題する。
- 「化学」は，「物質の状態と平衡，物質の変化と平衡，無機物質の性質と利用，有機化合物の性質と利用」から出題する。
- 「生物」は，「生命現象と物質，生殖と発生，生物の環境応答」から出題する。

▶備　考

- 文学部日本語日本文学科書道コースは，前期Ｂ日程のみ実施（日本史Ｂ，世界史Ｂ，政治・経済，「数学Ⅰ・Ａ」，「数学Ⅰ・Ａ・Ⅱ・Ｂ」，「物理基礎・物理」，「化学基礎・化学」，「生物基礎・生物」，「国語総合・現代文Ｂ〈古文・漢文を除く〉」から１科目選択：100点，「書道実技」：200点）。本書ではＡ日程の各科目とＢ日程の「書道実技」を掲載。
- 選択①と選択②において「数学Ⅰ・Ａ」と「数学Ⅰ・Ａ・Ⅱ・Ｂ」の両方を選択することは不可。
- 「英語資格・検定試験『みなし得点』制度」を活用できる。大学が指定する英語資格・検定試験の条件を満たす場合，英語の得点を条件に応じ満点の70％，85％，100％に換算する。なお，「英語の得点」と「みなし得点」のいずれか高得点の方で合否判定を行う。本制度を利用する場合も「英語」の受験は必須。

英　語

（60分）

I 次の文を読んで、あとの問いに答えなさい。（〰〰 のついた語句は文末に注があります。）

Electric motorcycles are getting popular in Kenya as private companies are building charging points and battery-swapping stations to speed up the growth of cleaner transport and put Kenya on a path toward fresher air and lower emissions. But more public [A] for reduced pollution and better government plans can help the industry go even further.

Ampersand, an African-based electric mobility company, began its Kenyan operations in May 2022. The business currently(1) operates seven battery-swapping stations spread across the country's capital and has attracted 60 customers until now. Ian Mbote, the company's automotive engineer and expansion leader, says people have started using these stations but progress has been quite slow. "We need friendly policies, taxes, regulations and incentives(2) that would help more people start their own businesses," said Mbote, adding that the government in Rwanda put low taxes on importing electric transport, and it grew quickly. Ampersand plans to sell 500 more electric motorbikes by the end of the year.

Companies say that using a battery-swap system [B] charging electric motorcycles for several hours can be an important selling point for customers, as using the battery-swap system can lead to cost savings. "It costs $1.48 to swap to a fully charged battery, which gives a distance of about 90 to 110 kilometers, as compared to the $1.44 of fuel that only guarantees(3) a 30 to 40 kilometer ride on a motorcycle," Mbote said.

Kim Chepkoit, the founder of electric motorbike-making company Ecobodaa Mobility, added that "You'll be able to predict electricity costs more easily and won't have to worry about changes in fuel [C]." Ecobodaa's main product is a motorcycle with two batteries, making it capable of covering 160 kilometers on one charge. The motorcycle costs $1,400 without the batteries, which is about the same as a traditional motorbike.

Other cleaner transport plans in the country include the Sustainable Energy for Africa program. It operates a center in Kenya's western region that has 30 solar-powered charging stations for electric vehicles and battery-swapping. "Electric mobility has a hopeful future in the continent, but switching to electric vehicles will take time because electric transport requires big changes to the current system and people may also feel unsure about electric mobility at first," said Carol Mungo, a researcher at the Stockholm Environment Institute. The move to electric transport "will require African governments to think again how they deliver(4) current services such as [D] and affordable electricity and, at the same time, create ways to handle and get rid of electric waste," Mungo added.

Some [E] incentives are on the way. Earlier in February the African Development Bank announced that it will provide $1 million in grants for technical assistance in Kenya, Morocco, Nigeria, Rwanda, Senegal, Sierra Leone, and South Africa. The African continent records a million premature deaths annually(5) from air pollution, according to a study by the UN environment agency, Stockholm Environment Institute, and the African Union. Studies by the Climate and Clean Air Coalition say a reduction of short-lived climate pollutants can cut the amount of warming by as "much as 0.6℃, while avoiding 2.4 million premature deaths globally from annual air pollution."

(Adapted from *In Kenya, an electric transport plan for clean air, climate,* The Mainichi, February 12, 2023)

注　charging points and battery-swapping stations：(電動車両などのための) 充電スタンドとバッテリー交換ステーション

emissions：(自動車の排気装置から出る) 排出ガス

premature deaths：若すぎる死

short-lived climate pollutants：存続時間が短い大気汚染物質

問1　空欄 [A] ～ [E] に入れるのに最も適当なものを、それぞれの中から1つずつ選び、番号をマークしなさい。

A. ① offense　② opposition　③ resistance　④ support　[ア]

B. ① as proof of　② by means of　③ instead of　④ thanks to　[イ]

C. ① cells　② prices　③ remarks　④ senses　[ウ]

D. ① expensive　② miserable　③ reliable　④ tragic　[エ]

E. ① financial　② medical　③ present　④ rural　[オ]

問2　―― 線 (1) ～ (5) の意味に最も近いものを、それぞれの中から1つずつ選び、番号をマークしなさい。

(1) ① directly　② now　③ once　④ rarely　[カ]

(2) ① errors　② failures　③ limits　④ motivators　[キ]

出典追記：Associated Press

(3)　① adapts　② elevates　③ ensures　④ rejects　[ク]
(4)　① decline　② pay　③ prove　④ supply　[ケ]
(5)　① every decade　② every month　③ every week　④ every year　[コ]

問3　次の文を読んで、本文の内容と合っているものには①を、合っていないものには②をマークしなさい。

(1) More people in Kenya are using electric motorcycles.　[サ]

(2) According to Ian Mbote, electric transport became popular quickly in Rwanda without the help of its government.　[シ]

(3) People can buy an Ecobodaa's motorcycle including its two batteries for $1,400.　[ス]

(4) The future of electric mobility in Africa is hopeless because switching to electric transport will take time and money.　[セ]

(5) The Climate and Clean Air Coalition says that reducing short-lived climate pollutants can lower global warming.　[ソ]

Ⅱ　次の文を読んで、あとの問いに答えなさい。(〰〰のついた語句は文末に注があります。)

Because of globalization, it is now easier than ever to share information and trade goods all around the world. Rapid advances in information and communications technology have resulted in (1) what seems to be a much smaller world. One of the main [A] of a shrinking world is that global cooperation is now much easier. Global cooperation is very important because it can help countries solve problems that cannot be solved by one country alone. The cooperation can promote peace and understanding between different nations.

Global cooperation is vital (2) because many of the world's problems cannot be solved without help from other countries. Take, for example, the environment. There are, [B], many environmental problems that affect the entire planet today. However, countries can work together to solve these environmental problems. At the world-wide level, the United Nations Environmental Programme (UNEP) coordinates international efforts that affect the land, sea, and air for the 192 member nation states of the United Nations. The UNEP promotes sustainability for the entire planet's environment. At a more regional level, the United States and Canada are working together to fight the air pollution that leads to acid rain. These two countries are members of an international joint commission that has agreed to work on air quality. (a)They do this in a number of ways, including exchanging information and conducting research. These countries have been very successful in reducing the harmful elements that cause acid rain. For example, according to Environment Canada, sulfur dioxide emissions that cause acid rain have been reduced by 57% in Canada and 67% in the United States since 1990. By working together, Canada and the US are protecting the environment on both sides of the border.

Global cooperation does not just help to preserve the environment. It can also promote peace among different countries. The European Union provides a good example of former enemies now working together. This cooperation started in the 1950s, when six European countries, including France and Germany, created the European Coal and Steel Community, which (3)fostered economic cooperation in those industries. Another agreement was signed in 1957 to create a common market in Europe. Countries in this common market stopped charging customs duties when trading with other member countries. Agricultural cooperation also began around this time. The [C] of the European Common Market encouraged more countries to join, and in 1973 there were a total of nine members, including the United Kingdom. By 1979 there was a European Parliament, whose members were elected directly by the citizens of the member countries. More countries continued to join in the 1980s, and by 1993 there was a single market for all members. The cooperation continued with the introduction of the euro in 2002, with 12 countries [D] this new currency. Today, people and money can move freely throughout the European Union, and former World War II enemies now live in comparative peace.

Major world problems such as air pollution and acid rain are best solved through global cooperation. Peaceful coexistence is also promoted through countries working together. These two examples (4)demonstrate the importance of global cooperation. The planet is sure to face more challenges in the future, but if countries can collaborate on the solutions, the problems are sure to be overcome.

(Adapted from *Q : Skills for Success* (2015), OXFORD)

注　commission：委員会
sulfur dioxide：二酸化硫黄
customs duties：関税
European Parliament：欧州議会（EU（欧州連合）の主要機関の一つ。EUの政策運営について討議・検討する）

問1　空欄 [A] ～ [D] に入れるのに最も適当なものを、それぞれの中から１つずつ選び、番号をマークしなさい。

A. ① benefits　② decisions　③ problems　④ standards　[ア]

B. ① carefully　② conveniently　③ luckily　④ unfortunately　[イ]

C. ① disappointment　② payment　③ success　④ tragedy　[ウ]

D. ① cancelling　② losing　③ stopping　④ using　[エ]

問2　―――線 (1)～(4) の意味に最も近いものを、それぞれの中から１つずつ選び、番号をマークしなさい。

(1) ① appeared　② brought　③ denied　④ stopped　[オ]

(2) ① dramatic　② empty　③ indispensable　④ moral　[カ]

(3) ① afforded　② confused　③ encouraged　④ founded　[キ]

(4) ① judge　② refuse　③ show　④ suspect　[ク]

問3　═══線 (a) の意味として最も適当なものを、次の中から１つ選び、番号をマークしなさい。　[ケ]

① The 192 member states of the United Nations coordinate international efforts that affect the land, sea, and air

② The UNEP promotes sustainability for the environment

③ Canada and America pay other countries to fight their air pollution problems

④ The United States and Canada work together on the quality of their air

問4　次の文を読んで、本文の内容と合っているものには①を、合っていないものには②をマークしなさい。

(1) Globalization has made it more difficult than ever before to share information and trade goods worldwide.　[コ]

(2) Environment Canada says the United States and Canada have reduced sulfur dioxide emissions by more than 50% since 1990.　[サ]

(3) Global cooperation can lead not only to environmental preservation but also to promoting peace.　[シ]

(4) In the European Union today, many countries that were enemies during World War II still refuse to cooperate with each other.　[ス]

(5) According to the passage, the big problems like air pollution and acid rain can be solved if the world works together.　[セ]

III　次のA、Bの問いに答えなさい。

A．次の各文の空欄 ア ～ オ に入れるのに最も適当なものを、それぞれの中から1つずつ選び、番号をマークしなさい。

(1) No sooner ア at the station than the train left.

① am I arrive　② had I arrived　③ I was arriving　④ I had arrived

(2) The meeting was put イ until next week.

① at　② for　③ off　④ up

(3) You can trust them. They will never fail ウ you.

① help　② helping　③ to help　④ to helping

(4) Nobody knows エ has become of him since his accident.

① what　② when　③ where　④ why

(5) The heavy snow made オ impossible to drive.

① any　② it　③ one　④ such

B．次の単語の定義として最も適当なものを、下の選択肢の中からそれぞれ1つずつ選び、番号をマークしなさい。ただし、同じ番号を2回以上使うことはできません。

(1) belief　カ
(2) consensus　キ
(3) diversity　ク
(4) entertainment　ケ
(5) tool　コ

① physical change that is caused by a particular disease
② the strong feeling, often religious, that something is certainly true
③ shows, films, or other performances to amuse people
④ the act of politely or formally asking for something
⑤ the fact that many different types of people or things are included
⑥ a piece of equipment that you use to do a particular job
⑦ an opinion or decision accepted by a group of people

Ⅳ **次の日本文と英文を対照させつつ、あとの問いに答えなさい。**

日本では、新年を(1)祝うために飾り付けをします。後で、役目の終わった飾りは、書き初め（新年の思いを墨の筆で書いた紙）などといっしょに燃やすために持ち寄られます。この種のたき火は、とんど焼きと呼ばれます。その(2)習慣は日本中に見られ、(3)一部の例外を除いてたいてい1月半ばに行われます。

新年の飾り付けは新年の始まりにやってくる神様を歓迎するのを目的としているので、(a)それらは、神様を送り出すために燃やされなければなりません。それで、ただゴミとして捨てるのではなく、それらを燃やして見守るために人々は(4)集まります。さらに加えて、火の浄化の力が邪悪を(5)追い払い、幸福や健康、豊作をもたらすと信じられています。書き初めの紙が燃える時、炎が高く舞い上がるなら、(b)それを書いた人は、より上手く書けるようになるだろう、と言われています。炎が燃え残りに変わった時、焼いた餅やサツマイモなどを食べると一年を通して(6)良い体調を保つことができるとも思われています。

In Japan, we put up decorations to (1)(　　　) the New Year. Later, the decorations whose jobs are done, along with *kakizome* (paper on which New Year thoughts are written in *sumi* ink) and the like, are brought together to be burned. This kind of bonfire is called *tondo-yaki*. The (2)(　　　) can be found all around the country and is usually held in mid-January, (3)with some (　　　).

As New Year decorations are intended to welcome the gods who arrive at the beginning of the New Year, (a)(キ)(ク)(ケ)(コ)(サ) the gods. So, people (4)(　　　) to burn the items and watch over them, instead of just throwing them away as garbage. In addition, the purifying power of fire is believed to (5)(　　　) away evil and bring happiness, good health and good harvests. They say if the flame soars high when a *kakizome* paper burns, (b)(シ)(ス)(セ)(ソ)(タ)(チ)(ツ) more skillfully. People also think that if they eat *mochi*, sweet potatoes or other foods grilled on the fire when the flames turn to embers, they can (6)keep (　　　) throughout the year.

(Adapted from 伊東正子, *とんど焼き New Year's decoration bonfires*, Asahi Weekly, January 29, 2023, 一部改変)

問 1　―― 線(1)～(6)の英訳を完成させるために、空欄に入れるのに最も適当なものを、それぞれの中から1つずつ選び、番号をマークしなさい。

(1)　① celebrate　② distribute　③ explain　④ order　ア

(2)　① application　② custom　③ measure　④ preparation　イ

(3)　① appeals　② decisions　③ exceptions　④ findings　ウ

(4)　① follow　② gather　③ involve　④ oppose　エ

(5)　① adopt　② bind　③ cut　④ drive　オ

(6)　① correct　② due　③ healthy　④ right　カ

問 2　＝＝ 線(a)の英訳を完成させるために、空欄（キ）～（サ）に入れるのに最も適当なものを、次の中から1つずつ選び、番号をマークしなさい。

キ　ク　ケ　コ　サ　the gods

① in order to　② must also　③ be burnt　④ they

⑤ send off

問 3　＝＝ 線(b)の英訳を完成させるために、空欄（シ）～（ツ）に入れるのに最も適当なものを、次の中から1つずつ選び、番号をマークしなさい。

シ　ス　セ　ソ　タ　チ　ツ　more skillfully

① be able to　② who　③ it　④ write

⑤ the person　⑥ will　⑦ wrote

日本史

（60分）

Ⅰ　次の文を読んで、あとの問いに答えなさい。

5世紀になると、ヤマト政権は朝鮮半島南部における立場を有利にするため、(1)約1世紀の間中国南朝に朝貢の使節を派遣した。6世紀末の中国では隋が南北朝を統一し、朝鮮半島へ進出するようになったため、倭国は隋と通好する道を選んだ。朝鮮半島情勢が激動するなかで、倭国は百済復興のために兵を送ったが敗れた。この敗戦を受けて、朝廷は(2)西日本を中心に防衛に必要な施設や人を配置するとともに、近江大津宮に都を移した。

8世紀には律令体制が確立し、朝廷は平城京への遷都をおこなったが、(3)政権内では権力闘争による動揺がやまず、政治不安や社会不安が広がった。

10世紀になると律令体制の変質がいちじるしくなり、(4)醍醐天皇のもとで律令体制の復興をはかる国政改革が推進されたが、十分な効果をあげることができなかった。(5)地方では武士の反乱が起こり、12世紀にいたるまで各地で戦乱が相次いだ。11世紀後半になると後三条天皇が親政をおこない、［　A　］の荘園整理令を発して太政官に専門機関を置き、荘園整理を徹底させた。後三条天皇の没後、上皇が権力を握る院政が続くなかで、院近臣であった伊勢平氏が台頭し、保元・平治の乱をへて平清盛の地位と権力は急速に高まった。その後、後白河法皇を鳥羽殿に幽閉するなど、平清盛とその一門が朝廷の権力を独占すると、これに反発する動きが各地で起こり、(6)源頼朝は伊豆で挙兵し、鎌倉を拠点に幕府機構の構築を着々と進めた。頼朝の死後、僧栄西は鎌倉で北条政子や将軍源頼家の保護を受け、大寺院の創建などに取り組んだ。一方、京都では、延暦寺や興福寺の反発を背景に、(7)法然やその弟子親鸞らが処断されることとなり、法然は四国に、親鸞は越後に流された。

二度にわたる蒙古襲来ののち、鎌倉幕府では北条得宗家による専制の傾向が強まった。一方で、(8)幕府を支えてきた御家人が窮乏し、幕府への不信感も強まっていった。幕府は御家人の救済をはかろうとしたが、充分な効果は得られなかった。

鎌倉幕府への不信を背景に元弘の変が起こり、幕府は1333年に滅亡した。建武の新政の失敗後、足利尊氏が新幕府の樹立に成功したが、以後半世紀以上にわたり南北朝の動乱が続いた。やがて3代将軍(9)足利義満の時代になると、動乱は終息に向かい、幕府権力は安定期を迎えた。南北朝期を通じて権限を拡大した守護のなかには幕府に抵抗する者もいたが、義満はその勢力削減につとめた。倭寇の活動も抑えられて(10)明朝との国交が開始され、貿易に力が注がれた。しかし、将軍権力の衰退とともに日明貿易の実権は守護の手に移っていった。

鎌倉後期より、畿内各地の荘園・公領では、地縁的な自治村落である惣が広がっていった。惣どうしの結合も強まり、一味神水して蜂起し、京都市中に侵入して(11)中央の政界に大きな衝撃を与えた。

室町時代には商工業や銭貨の流通が一段と盛んになった。そうした状況を受けて、多彩な職人の姿を紹介したり、(12)行商人や運送業の様子を描いた絵画もあらわれた。

問1　―― 線(1)に関連して、使節の派遣について記した文献名として、最も適当なものを、次の中から1つ選び、番号をマークしなさい。　ア

① 『宋書』倭国伝　② 「魏志」倭人伝　③ 好太王碑文
④ 『隋書』倭国伝　⑤ 『漢書』地理志

問2　―― 線(2)に関連して、この時に配置されたものとして、最も**不適当な**ものを、次の中から1つ選び、番号をマークしなさい。　イ

① 防人　② 水城　③ 大野城　④ 健児

問3　―― 線(3)の権力闘争の事例として、最も適当なものを、次の中から1つ選び、番号をマークしなさい。　ウ

① 藤原不比等の策略により、長屋王が自害に追い込まれた。
② 藤原四兄弟に反発した橘奈良麻呂が謀反を計画した。
③ 橘諸兄が吉備真備らを登用したため、藤原氏の反乱をまねいた。
④ 藤原仲麻呂は光明皇太后の信任を得て淳仁天皇の摂政となったので、道鏡が反発した。

問4　―― 線(4)に関連して、醍醐天皇の治世下の出来事として、最も**不適当な**ものを、次の中から1つ選び、番号をマークしなさい。　エ

① 勅撰の和歌集『古今和歌集』が編纂された。
② 『延喜格』や『延喜式』などの法典が編纂された。
③ 三善清行が「意見封事十二箇条」を提出した。
④ 尾張国郡司百姓らが国司藤原元命の不正を訴えた。

問5　―― 線(5)に関連して、10世紀から12世紀にかけて起きた地方の反乱や戦乱を年代の早い順に並べた場合、3番目に当たるものを選び、番号をマークしなさい。　オ

① 平将門が藤原秀郷らにより討たれた。
② 源頼義が陸奥の安倍氏を平定した。
③ 房総地方で反乱を起こした平忠常が、源頼信に降伏した。
④ 平忠盛が山陽・南海両道の海賊を討伐した。
⑤ 源義家が清原氏一族の内紛を制圧した。

問6　空欄 A に入る語句として最も適当なものを、次の中から1つ選び、番号をマークしなさい。　カ

① 永延　② 延喜　③ 延久　④ 長久　⑤ 天喜

問7　――― 線(6)に関連して、源頼朝が伊豆で挙兵してから平氏が滅亡するまでの間に設置された機関または職名として、最も適当なものを、次の中から1つ選び、番号をマークしなさい。　[キ]

① 武者所　② 公文所　③ 引付衆　④ 評定衆　⑤ 六波羅探題

問8　――― 線(7)に関連して、当時の仏教に関して述べた文として、最も**不適当な**ものを、次の中から1つ選び、番号をマークしなさい。　[ク]

① 法然は『選択本願念仏集』を著し、専修念仏を説いた。
② 親鸞は越後追放ののち、東国に移って布教活動をおこない、悪人正機を説いた。
③ 法相宗の貞慶は戒律を重んじ、南都仏教の刷新につとめた。
④ 栄西は京都に建長寺を創建し、重源の後継者として東大寺の再建事業にも尽力した。

問9　――― 線(8)に関連して、御家人窮乏の原因・背景や幕府の対策を述べた文として、最も**不適当な**ものを、次の中から1つ選び、番号をマークしなさい。　[ケ]

① 分割相続が進み、鎌倉時代後期には御家人所領の細分化が起きていた。
② 蒙古襲来による多大な犠牲に対する充分な恩賞はなく、異国警固の負担も継続した。
③ 幕府は裁判制度を整備して、御家人が関係する金銭訴訟を積極的に受け付けた。
④ 幕府は質入・売却された御家人所領の無償取り戻しを命じた。

問10　――― 線(9)に関連して、足利義満とその前後の時代の東アジア情勢について述べた文として、最も適当なものを、次の中から1つ選び、番号をマークしなさい。　[コ]

① 李舜臣が高麗を倒し、朝鮮を建国した。
② 琉球の中山王尚巴志が三山を統一した。
③ この頃の倭寇は、おもに私貿易をおこなう中国大陸の人々で構成されていた。
④ 義満の遺志をひきついだ4代将軍足利義持は、日明貿易を継続した。

問11　――― 線(10)に関連して、明からの輸入品として、最も**不適当な**ものを、次の中から1つ選び、番号をマークしなさい。　[サ]

① 書籍　② 陶磁器　③ 刀剣　④ 銅銭　⑤ 生糸

問12　――― 線(11)に関連して、次の史料の内容を説明した文として、最も**不適当な**ものを、下の選択肢の中から1つ選び、番号をマークしなさい。　[シ]

（正長元年）九月　日、一天下の土民蜂起《どみんほうき》す。徳政《とくせい》と号し、酒屋・土倉《どそう》・寺院等を破却《はきゃく》せしめ、雑物《ぞうもつ》等恣《ほしいまま》にこれを取り、借銭《しゃくせん》等悉《ことごと》くこれを破る。管領《かんれい》(注)、これを成敗《せいばい》す。凡《およ》そ亡国《ぼうこく》の基《もとい》、これに過ぐべからず。日本開白《かいびゃく》以来、土民蜂起是れ初めなり。

（『大乗院日記目録』、原漢文）

（注）幕府管領の畠山満家のこと

① 正長の初め、天下の「土民」が徳政を要求して蜂起した。

② 「土民」は酒屋・土倉を破壊し、寺院に保護を求めた。

③ 管領であった畠山氏が「土民」を取り締まった。

④ この史料の筆者は、「土民」の蜂起は日本の国が始まって以来初めての出来事である、と感想を述べている。

問13 ――― 線⑿に関連して、次の（ｉ）・（ⅱ）の図はともに『石山寺縁起絵巻』に描かれている場面である。2つの図の説明として、最も適当なものを、下の選択肢の中から1つ選び、番号をマークしなさい。 ス

（ｉ）

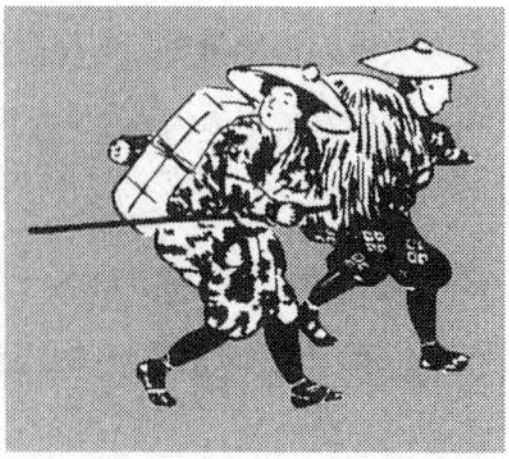

（ⅱ）

① 図（ｉ）は、京都の郊外から薪・炭などを京都市中に売り歩いた桂女を描いている。

② 図（ｉ）は、京都近郊の河川でとれる鮎などの産物を京都市中に売り歩いた大原女を描いている。

③ 図（ⅱ）は、馬の背に荷物を載せて運んだ車借を描いている。

④ 図（ⅱ）は、馬借らが関所を通過する様子を描いている。

Ⅱ　次の文を読んで、あとの問いに答えなさい。

織田信長は、[A]の桶狭間の戦いで今川義元を討ち、さらに美濃の斎藤氏を倒して、1568年に足利義昭を擁して入京した。信長は将軍となった義昭のもとで勢力を伸ばし、(1)他の戦国大名や宗教諸勢力との戦いを繰り広げたが、やがて、その過程で敵対することになった義昭を追放し、(2)近畿・東海・北陸地方などを支配下に入れた。しかし、全国統一を進めつつあった1582年、本能寺の変で敗死した。

信長の死後、豊臣政権はバテレン（宣教師）追放令を出した。江戸幕府は当初キリスト教を黙認したが、キリスト教信者の団結などを恐れ、1612年には幕領に、翌年には全国に禁教令を発した。これ以降、(3)キリスト教徒の国外追放や宣教師らの処刑がおこなわれ、仏教に対する統制も強められた。島原の乱の後、幕府は絵踏（踏絵）を強化するとともに宗門改めを実施し、人々がいずれかの寺院の檀家であることを証明する[B]制度を設けた。また、全宗派における本山と末寺の関係を組織化し、1665年に宗派共通の諸宗寺院法度を出して、(4)全宗派の寺院を幕府の支配下において統制した。

江戸時代には、幕府により街道・宿駅整備がなされて、参勤交代による人の往来および商品流通がさかんになり、陸上交通・海上交通ともに整備された。(5)陸上交通では五街道が整備され、大量の物資を安価に運ぶための海上交通も発達した。また、淀川・利根川などの河川や、琵琶湖・霞ヶ浦といった湖では、高瀬舟などの中型船や小舟を用いた水運が発展した。江戸時代における商品流通の中心は、各地の城下町から三都に運ばれる年貢米などの蔵物であったが、次第に納屋物といわれる一般商人の荷物もさかんに流通するようになった。なかでも(6)大坂には専門の卸売市場が設けられ、諸藩の蔵屋敷が多数置かれ、蔵元とよばれる商人が蔵物を販売し、のちに「天下の台所」といわれるようになった。

対外関係に目を向けると、幕府は17世紀前半以来、いわゆる鎖国を対外政策の中心にすえたが、18世紀後半になると、ロシア船をはじめとする外国船が日本の近海にあらわれるようになった。このような情勢の変化のなかで、[C]が『海国兵談』や『三国通覧図説』を著して海岸防備の急を世に問うたため、幕政批判と見なされ、(7)寛政の改革で処罰された。一方、(8)蝦夷地においては、択捉島でアイヌがロシア人と交易をおこなっていたことから、幕府は探検家らを現地に派遣した。文化・文政期に入り、外国船が蝦夷地だけではなく本州近海にあらわれるようになると、幕府は異国船打払令を発令し、1837年には通商を求めて来航したアメリカ商船モリソン号を、同法令にもとづいて撃退した。(9)この事件について幕府の対応を批判した蘭学者たちは、1839年に幕府によって処罰された。その後、アヘン戦争の情報が幕府に入ると、(10)天保の改革をすすめていた老中の水野忠邦らは外国船に対する方針を改めた。1853年、ペリー率いるアメリカ東インド艦隊が浦賀に来航すると、幕府は翌年に日米和親条約を結んだ。

問1　空欄 [A] に入る旧国名として、最も適当なものを、次の中から1つ選び、番号をマークしなさい。　[ア]

① 駿河　② 近江　③ 越前　④ 信濃　⑤ 尾張

問2　―― 線 (1) に関連して、織田信長に関する出来事を年代の早い順に並べた場合、3番目に当たるものを、次の中から1つ選び、番号をマークしなさい。　[イ]

① 比叡山延暦寺を焼き打ちにした。

② 朝倉義景・浅井長政を姉川の戦いで破った。

③ 騎馬隊を中心とする武田勝頼の軍を、長篠の戦いで破った。

④ 顕如が率いる本願寺を11年に及ぶ戦争の末に屈伏させた。

⑤ 将軍足利義昭を京都から追放し、室町幕府を滅亡させた。

問3　―― 線 (2) に関連して、織田信長が支配下の地域でおこなった政策について述べた文として、最も**不適当な**ものを、次の中から1つ選び、番号をマークしなさい。　[ウ]

① 他の戦国大名と同様に指出検地を実施した。

② 関所の撤廃を実施し、物資の流通を円滑にした。

③ 人掃令を出して、武家奉公人が町人や百姓になることなどを禁じた。

④ 自治的都市として繁栄した堺を、武力を背景に直轄領とした。

問4　―― 線 (3) に関連して、マニラに国外追放された元キリシタン大名として最も適当なものを、次の中から1つ選び、番号をマークしなさい。　[エ]

① 高山右近　② 有馬晴信　③ 山田長政　④ 大友義鎮

⑤ 益田時貞（天草四郎）

問5　空欄 [B] に入る語句として、最も適当なものを、次の中から1つ選び、番号をマークしなさい。　[オ]

① 地下請　② 地頭請　③ 守護請　④ 寺請　⑤ 村請

問6　―― 線 (4) に関連して、江戸時代前期の仏教や僧侶について述べた文として、最も**不適当な**ものを、次の中から1つ選び、番号をマークしなさい。　[カ]

① 日蓮宗不受不施派を弾圧した。

② 明から渡来した隠元隆琦が伝えた黄檗宗は、禁教とされた。

③ 大徳寺の僧である沢庵は、紫衣勅許を無効とした幕府に抗議し処罰された。

④ 南禅寺金地院の僧である崇伝は、徳川家康の命により武家諸法度を起草した。

問7　―― 線 (5) に関連して、次の地図は江戸時代の交通路をあらわしたもので、太線（実線・点線）は五街道、細線は海運を示している。図中のア～エについて述べた文として、最も**不適当な**ものを、下の選択肢の中から1つ選び、番号をマークしなさい。　[キ]

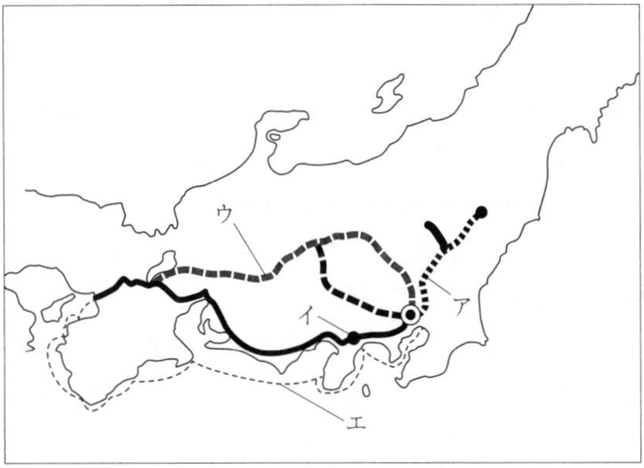

① アは北国街道であり、途中から日光道中が分岐する。

② イは東海道の箱根であり、関所が置かれ「入り鉄砲に出女」を厳しく取り締まった。

③ ウは中山道であり、宿駅には本陣や脇本陣、旅籠などが設けられた。

④ エは南海路であり、江戸と大坂を結ぶ菱垣廻船や樽廻船が就航した。

問8 ――― 線(6)に関連して、次の史料は大坂の繁昌をあらわした一節である。史料中の3箇所の〔　　　〕に共通して入る語句として、最も適当なものを、下の選択肢の中から1つ選び、番号をマークしなさい。　**ク**

> 惣《そう》じて北浜(注1)の〔　　　〕市は日本第一の津なればこそ、一刻の間に五万貫目のたてり商《あきない》(注2)も有事《あること》なり。その〔　　　〕は蔵々にやまをかさね、夕《ゆうべ》の嵐朝《あした》の雨、日和《ひより》を見合《みあわせ》、雲の立所をかんがへ、夜のうちの思ひ入《いれ》にて、売《うる》人有、買《かう》人有。壱分弐《いちふんに》分をあらそひ、人の山をなし、互に面を見しりたる人には、千石・万石の〔　　　〕をも売買せしに、両人手打《てうち》て後は、少《すこし》も是《これ》に相違なかりき。
>
> (『日本永代蔵』)
>
> (注1) 北浜の市は元禄以後に堂島に移転した。
>
> (注2) たてり商は相場取引のこと。

① 魚　② 米　③ 牛　④ 綿　⑤ 青物

問9 **問8**の史料の原本である『日本永代蔵』の作者として、最も適当なものを、次の中から1つ選び、番号をマークしなさい。　**ケ**

① 山東京伝　② 田中丘隅　③ 滝沢馬琴　④ 井原西鶴

⑤ 近松門左衛門

問10 空欄 **C** に入る人名として、最も適当なものを、次の中から1つ選び、番号をマークしなさい。　**コ**

① 林子平　② 桂川甫周　③ 恋川春町　④ 工藤平助
⑤ 蔦屋重三郎

問11　―――線(7)に関連して、この改革がおこなわれた時期には藩政改革も実施され、全国の藩で藩士や子弟教育のために藩校が設立された。秋田藩主佐竹義和が設立した藩校（藩学）として、最も適当なものを、次の中から1つ選び、番号をマークしなさい。　サ

① 閑谷学校　② 造士館　③ 芝蘭堂　④ 懐徳堂
⑤ 明徳館（明道館）

問12　―――線(8)に関連して、下線部の内容とその後の出来事について述べた文として、最も**不適当な**ものを、次の中から1つ選び、番号をマークしなさい。　シ

① 国後島に上陸したロシアのゴローウニンが捕えられた。
② アイヌに対し、和人の風俗を模倣させる形で同化政策が進められた。
③ 1798年に間宮林蔵らが択捉島を探査し「大日本恵登呂府」の標柱を立てた。
④ レザノフ来航後、全蝦夷地はしばらくの間幕府の直轄地となり、松前奉行が置かれた。

問13　―――線(9)に関連して、蘭学者の高野長英がモリソン号事件について著述し、幕府の対外政策を批判した著作として、最も適当なものを、次の中から1つ選び、番号をマークしなさい。　ス

① 『慎機論』　② 『仕懸文庫』　③ 『柳子新論』　④ 『戊戌夢物語』
⑤ 『金々先生栄花夢』

問14　―――線(10)に関連して、この改革がおこなわれた前後の時期には、各藩でも藩政改革が進められたが、佐賀藩の改革について述べた文として、最も適当なものを、次の中から1つ選び、番号をマークしなさい。　セ

① 長崎においてオランダ人による海軍伝習をおこなった。
② 越荷方を設置して廻船積荷の委託販売で収益を上げた。
③ 藩の負債の返済を延期し、黒砂糖の専売や琉球の密貿易で収益を上げた。
④ 反射炉を備えた大砲製造所を設け、均田制を実施した。

Ⅲ　次の文を読んで、あとの問いに答えなさい。

1871年の廃藩置県により、明治政府による中央集権的な統治が整えられた。これまで各藩によって異なっていた税制の統一は政府にとって喫緊の課題であり、2年後の1873年には(1)地租改正条例が公布された。また、1870年代にはさまざまな新制度や政策が実施された。しかし、それらに対する反発も大きく、1876年に［ A ］が出されたことを機に、神風連の乱が起こり、その後、士族反乱が相次いだ。その間に国会の開設を求める運動も広がりを見せ始めたが、政府内では国会開設を時期尚早とする見解が多かった。しかし、西南戦争後、この運動が国民運動へと発展するに及び、ついに政府は国会開設を公約せざるを得なくなった。これにともない、(2)議会制度や地方行政制度などの整備も進められることとなった。

1890年に帝国議会が開かれると、当初は政府と政党との間で予算案を巡る激しい対立が続いたが、次第に政府と政党の協調がみられるようになった。明治期の歴代内閣は主に薩摩藩・長州藩出身の政府実力者が首相や各国務大臣の大半を占めていたが、1898年には［ B ］を与党とする初の政党内閣が発足した。政党内閣は衆議院の多数党を基盤とする政権で、その成立には選挙と国民世論の後押しが不可欠の条件であった。当時、世論の形成に関与した新聞や雑誌は発行部数を伸ばしつつあった。その背景のひとつとして、(3)教育制度の整備をあげることができる。

20世紀に入り、1914年に第一次世界大戦が勃発すると、日本も参戦した。日本は中華民国政府の［ C ］政権に多額の借款をおこなうなど、中国大陸への影響力拡大をはかった。

(4)第一次世界大戦中の日本は好景気を迎えたが、大戦が終結すると景気は次第に停滞・低迷していった。一方、(5)第一次世界大戦後はアメリカを中心とする国際体制が構築され、日本もこれに沿った外交を展開した。しかし、1920年代後半以降、日本による中国大陸への度重なる出兵によって、対米関係は次第に悪化した。

1930年代に入り、軍部が台頭し国内が戦時体制へ移行していくにつれて、(6)これに反対すると見なされた学問や思想が弾圧の対象になった。また、美術界では、安井曽太郎の［ D ］のような、大正以来の自由な作風の絵画や彫刻などが発表されていたが、日中戦争が全面化していくと芸術活動も制限されるようになった。1938年には(7)国家総動員法が制定され、さらに3年後には太平洋戦争に突入した。

1945年に日中戦争と太平洋戦争が終結すると、敗戦国となった日本はアメリカを中心とする連合国軍の占領下となった。東京には連合国軍最高司令官総司令部（GHQ/SCAP）が設置され、ここから日本政府に対しさまざまな指令・勧告が出された。特に同年10月の五大改革指令は日本の民主化を達成するためのものとされ、五大改革のうち、「経済機構の民主化」の一環として(8)財閥解体が実施された。1952年にサンフランシスコ平和条約が発効し、日本は主権を回復した。その後、(9)日本国内では保守政党による内閣が続くこととなった。

問1　―――線(1)に関連して、地租改正に関して述べた文として、最も**不適当な**ものを、次の中から1つ選び、番号をマークしなさい。　[ア]

① 地租改正に先立って、田畑永代売買の禁止が解かれた。
② 地租改正条例の公布後、土地所有者に地券が交付された。
③ 地租改正によって、米による納税は廃止された。
④ 地租改正に反対する一揆が各地で生じた。

問2　空欄 [A] に入る語句として、最も適当なものを、次の中から1つ選び、番号をマークしなさい。　[イ]

① 徴兵令　② 集会条例　③ 廃刀令　④ 新聞紙条例
⑤ 神仏分離令

問3　―――線(2)に関連して、明治期の地方行政制度や議会制度について述べた文として、最も適当なものを、次の中から1つ選び、番号をマークしなさい。　[ウ]

① 漸次立憲政体樹立の詔が出され、地方官会議が開かれた。
② 山県有朋内務大臣は市制・町村制を廃止した。
③ 第1帝国議会が開かれた後に、地方議会に当たる府県会が設置された。
④ 内閣の各大臣は議会に対して責任を負うものとされた。

問4　空欄 [B] に入る語句として、最も適当なものを、次の中から1つ選び、番号をマークしなさい。　[エ]

① 立憲改進党　② 進歩党　③ 自由党　④ 憲政党　⑤ 憲政本党

問5　―――線(3)に関連して、明治期の教育制度について述べた文を年代の早い順に並べた場合、3番目に当たるものを選び、番号をマークしなさい。　[オ]

① 小学校で国定教科書が使用されるようになった。
② 森有礼文部大臣が一連の学校令を公布した。
③ 教育令により小学校の設置を地方に委ねた。
④ 義務教育期間が6年間に延長された。
⑤ 忠君愛国を基調とする教育勅語が発布された。

問6　空欄 [C] に入る人名として、最も適当なものを、次の中から1つ選び、番号をマークしなさい。　[カ]

① 張作霖　② 袁世凱　③ 段祺瑞　④ 孫文　⑤ 蔣介石

問7　―――線(4)に関連して、第一次世界大戦中の日本経済について述べた文として、最も適当なものを、次の中から1つ選び、番号をマークしなさい。　[キ]

① 鉄鋼生産拡大の必要性から日本製鉄会社が設立された。
② 貿易量が増大し、輸出超過から輸入超過となった。
③ 世界的な船舶不足で、日本の海運業も不振となった。

④ 大戦中に工業生産額が農業生産額を上回るようになった。

問8 ――― 線(5)に関連して、第一次世界大戦後の日本外交について述べた文として、最も適当なものを、次の中から1つ選び、番号をマークしなさい。 ［ク］

① ヴェルサイユ条約において、日本は山東省の旧ドイツ権益を放棄した。

② 国際連盟が発足すると、日本は常任理事国となった。

③ ワシントン会議において、日本は主力艦保有量の現状維持が認められた。

④ 天皇主権に抵触するとして、日本はパリ不戦条約に調印しなかった。

問9 ――― 線(6)に関連して、自身の学説が危険思想であるとみなされ、京都帝国大学教授を休職処分となった人物として、最も適当なものを、次の中から1つ選び、番号をマークしなさい。 ［ケ］

① 矢内原忠雄　② 森戸辰男　③ 美濃部達吉　④ 滝川幸辰

⑤ 大内兵衛

問10 空欄 ［D］ に入る作品名として、最も適当なものを、次の中から1つ選び、番号をマークしなさい。 ［コ］

① 『金蓉』　② 『老猿』　③ 『海の幸』　④ 『転生』　⑤ 『紫禁城』

問11 ――― 線(7)に関連して、次の史料は、国家総動員法の条文の一部を抜粋したものである。史料に関連する記述として、最も**不適当な**ものを、下の選択肢の中から1つ選び、番号をマークしなさい。 ［サ］

第四条　政府ハ戦時ニ際シ国家総動員上必要アルトキハ、勅令《ちょくれい》ノ定ムル所ニ依リ、帝国臣民《しんみん》ヲ徴用シテ総動員業務ニ従事セシムルコトヲ得《う》（後略）

第八条　政府ハ戦時ニ際シ国家総動員上必要アルトキハ、勅令ノ定ムル所ニ依リ、総動員物資ノ生産、修理、配給、譲渡其ノ他ノ処分、使用、消費、所持及移動ニ関シ必要ナル命令ヲ為スコトヲ得

第二十条　政府ハ戦時ニ際シ国家総動員上必要アルトキハ、勅令ノ定ムル所ニ依リ、新聞紙其ノ他ノ出版物ノ掲載ニ付、制限又ハ禁止ヲ為スコトヲ得（後略）

（『官報』）

① この法律により、議会での審議を経ずに「国家総動員」をおこなうことが可能になった。

② 第四条の「総動員業務」には、陸軍または海軍への入隊も含まれていた。

③ 国家総動員法に基づく勅令の一つとして、価格等統制令が出された。

④ 第二十条を背景に、政府・軍部は情報の統制を強め、国民には正確な戦況が知らされなかった。

問12　―――線(8)に関連して、財閥解体の実現のために設置された組織や制定された法令として、最も**不適当な**ものを、次の中から1つ選び、番号をマークしなさい。　シ

①　過度経済力集中排除法　②　独占禁止法　③　金融緊急措置令

④　持株会社整理委員会

問13　―――線(9)に関連して、保守政党による内閣が続いた時期の出来事を年代の早い順に並べた場合、3番目に当たるものを選び、番号をマークしなさい。　ス

①　沖縄の日本復帰が実現した。

②　大阪で日本万国博覧会が開催された。

③　東京オリンピックが開催された。

④　ロッキード事件が表面化した。

⑤　公害対策基本法が制定された。

世界史

（60分）

I　次の文を読んで、あとの問いに答えなさい。

東フランク（ドイツ）では、カロリング朝断絶後に諸侯の選挙によって国王が選出されるようになった。ザクセン家のオットー1世は、ウラル語系の［　A　］を撃退した功績などから、962年にローマ教皇からローマ皇帝の帝冠を授けられた。これが神聖ローマ帝国の起源とされる。歴代の神聖ローマ皇帝はイタリア政策(1)に熱心であったため、国内は不統一であった。11世紀には、聖職叙任権をめぐって教皇と衝突し、その後も対立が続いたが、12世紀前半に両者の妥協が成立した(2)。1254年、［　B　］朝が断絶すると、皇帝不在の「大空位時代」をむかえた。1356年、神聖ローマ皇帝カール4世は金印勅書を発布し、皇帝選出の手続きを定めた。1414～18年には、宗教界の混乱を収拾するため、神聖ローマ皇帝の提唱によってコンスタンツ公会議(3)が開催された。また、1438年以降、ハプスブルク家が神聖ローマ皇帝位を実質的に世襲するようになった。

1517年、ドイツのマルティン=ルターが九十五カ条の論題を発表したことから、宗教改革(4)が始まった。神聖ローマ皇帝カール5世は宗教改革への対処やオスマン帝国の圧迫に苦慮し、アウクスブルクで和議が成立した。宗教改革以降、新教徒と旧教徒の対立が激化し、ヨーロッパ各地で宗教戦争が勃発した。1618年には三十年戦争(5)が始まり、戦場となったドイツは荒廃した。また、この戦争の講和条約であるウェストファリア条約により、神聖ローマ帝国は有名無実化した。1740年、神聖ローマ皇帝カール6世が死去すると、娘であるマリア=テレジアのハプスブルク家の全領土の継承をめぐってオーストリア継承戦争が起こった。マリア=テレジアの息子であるヨーゼフ2世は、18世紀後半に神聖ローマ皇帝となり、啓蒙専制君主(6)として上からの近代化をはかったが、貴族の反発を招いた。

マリア=テレジアの娘であるマリ=アントワネットは、フランス国王ルイ16世の妃となったが、18世紀後半にはフランス革命が勃発した。マリ=アントワネットの兄で神聖ローマ皇帝のレオポルト2世は、反革命の立場からプロイセン王とともにピルニッツ宣言を発したが、革命戦争を誘発した。ナポレオン(7)がヨーロッパ支配を進める中、1806年に［　C　］。これによって神聖ローマ皇帝フランツ2世は帝位を退き、神聖ローマ帝国は消滅した。

問1　空欄 [A] に入れる語句として、最も適当なものを、次の中から1つ選び、番号をマークしなさい。 [ア]

①　アヴァール人　②　デーン人　③　リトアニア人
④　マジャール人　⑤　ザクセン人

問2　―――線 (1) に関して、中世のイタリアに関する説明として、最も適当なものを、次の中から1つ選び、番号をマークしなさい。 [イ]

①　北イタリア諸都市は、神聖ローマ皇帝に対抗するため、シュマルカルデン同盟を結成した。
②　ジェノヴァやヴェネツィアなどの北イタリアの港市は、東方貿易（レヴァント貿易）によって香辛料などの奢侈品を取引した。
③　毛織物業で栄えたフィレンツェは、大富豪のフッガー家によって支配された。
④　イタリア諸都市では、ゲルフとよばれる皇帝党とギベリンとよばれる教皇党が抗争した。

問3　―――線 (2) に関して、1122年に成立した妥協や当時の情勢に関する説明として、最も適当なものを、次の中から1つ選び、番号をマークしなさい。 [ウ]

①　妥協が成立したことによって、教皇権が伸張し、十字軍が始まった。
②　皇帝と教皇の争いが続く中、南イタリアとシチリアにまたがる王国が成立した。
③　皇帝の権威が低下することによって、帝国内に身分制議会である模範議会が成立した。
④　イングランド国王が大憲章（マグナ＝カルタ）を認めることになった。

問4　空欄 [B] に入れる語句として、最も適当なものを、次の中から1つ選び、番号をマークしなさい。 [エ]

①　ヴァロワ　②　プランタジネット　③　シュタウフェン
④　ハノーヴァー　⑤　ヤゲウォ（ヤゲロー）

問5　―――線 (3) に関して、コンスタンツ公会議で異端とされ、火刑に処された人物として、最も適当なものを、次の中から1つ選び、番号をマークしなさい。 [オ]

①　コペルニクス　②　フス　③　ジャンヌ＝ダルク
④　アベラール　⑤　ガリレイ

問6　―――線 (4) に関する説明として、最も適当なものを、次の中から1つ選び、番号をマークしなさい。 [カ]

① マルティン＝ルターは、ザクセン選帝侯の保護下で『新約聖書』をドイツ語に翻訳した。
② ジョン＝ボールは、農奴制の廃止などを訴えてドイツ農民戦争を指導した。
③ カルヴァンは、王権神授説を説いて職業労働を肯定した。
④ イギリスのメアリ１世は、統一法を制定してイギリス国教会を確立した。

問７　―― 線(5)に関する説明として、最も適当なものを、次の中から１つ選び、番号をマークしなさい。　［キ］

① ネーデルラントでの新教徒の反乱をきっかけとして始まった。
② 傭兵隊長ヴァレンシュタインは、新教側に立って神聖ローマ皇帝軍と戦った。
③ スウェーデン国王グスタフ＝アドルフは、新教徒支援を名目としてドイツに侵入した。
④ フランスのアンリ４世は、ハプスブルク家に対抗するため、新教側について参戦した。

問８　―― 線(6)に関する説明として、最も**不適当な**ものを、次の中から１つ選び、番号をマークしなさい。　［ク］

① フランスの啓蒙思想家ヴォルテールは、啓蒙専制君主に影響を与えた。
② プロイセンのフリードリヒ２世は、「君主は国家第一の僕」と称した。
③ オーストリアのヨーゼフ２世は、宗教寛容令や農奴解放などの改革を行った。
④ ロシアのエカチェリーナ２世は、農村共同体であるミールの解体を行った。

問９　―― 線(7)に関する説明として、最も適当なものを、次の中から１つ選び、番号をマークしなさい。　［ケ］

① イタリア遠征やエジプト遠征によって名声を高めた。
② アカデミー＝フランセーズやフランス銀行を創設した。
③ トラファルガーの海戦で、ネルソン率いるイギリス艦隊に勝利した。
④ 航海法を無視したロシアに対し、ロシア遠征を行った。

問10　空欄［　C　］に入れる語句として、最も適当なものを、次の中から１つ選び、番号をマークしなさい。　［コ］

① 西南ドイツ諸国をあわせたライン同盟が結成された
② 35君主国と４自由市からなるドイツ連邦が結成された
③ ティルジット条約が成立し、ポーランド地方にワルシャワ大公国が建てられた
④ オーストリアとハンガリーの同君連合によるオーストリア＝ハンガリー帝国が成立した

Ⅱ　次の文を読んで、あとの問いに答えなさい。

1880年代以降、欧米各国はアジアやアフリカ、太平洋地域などに進出し、植民地の拡大をはかって各地で紛争を繰り広げた。この時代は帝国主義の時代といわれる。

イギリスは、1877年にヴィクトリア女王を皇帝とする(1)インド帝国を成立させた。アフリカ分割を主導したイギリスは、スーダンでは1881年に始まる［ A ］の抵抗を鎮圧するとともに、(2)アフリカ南部において勢力拡大をはかった。また、(3)日清戦争において清が敗北すると、中国における利権獲得競争に乗り出した。太平洋地域においては、18世紀以降開拓を進めていたが、1901年にはオーストラリア連邦を成立させ、1907年にはニュージーランドを自治領とした。

［ B ］下のフランスでは、1880年代から植民地拡大政策が実行され、(4)インドシナやアフリカに進出した。ビスマルク体制のもとでフランスは外交的に孤立していたが、1890年代以降は列強と結び、やがて(5)三国協商を形成してドイツやオーストリアに対抗した。

ドイツでは、1888年に新皇帝ヴィルヘルム2世が即位した。(6)ヴィルヘルム2世はビスマルクと対立し、1890年にはビスマルクを辞職させた。その後、ヴィルヘルム2世は「世界政策」とよばれる帝国主義政策を推進し、海軍の拡張をはかった。

アメリカ合衆国は、(7)19世紀末以降、従来の孤立政策を転換して積極的に海外進出を行った。1898年にはアメリカ=スペイン（米西）戦争を起こしてスペインからフィリピンや［ C ］などの植民地を獲得し、同年にハワイを併合した。

ロシアでは、1890年代にバルカン半島や中央アジア、東アジアへの膨張政策が積極化した。一方、国内では専制政治の転換を求める声が強まり、日露戦争中に起こった血の日曜日事件をきっかけとして第1次ロシア革命が始まった。

問1　―― 線(1)に関して、インド帝国の歴史に関する説明として、最も適当なものを、次の中から1つ選び、番号をマークしなさい。［ ア ］

① インド帝国が成立すると、イギリス東インド会社は解散された。
② イギリスがベンガル分割令を公布すると、アギナルドの指導によって反英民族運動が高揚した。
③ イスラーム教徒は、親英的なイスラーム同盟（サレカット=イスラーム）を結成した。
④ 1935年インド統治法により、インド人に州政治が委譲されることになった。

問2　空欄［ A ］に入れる語句として、最も適当なものを、次の中から1つ選び、番号をマークしなさい。［ イ ］

① ワッハーブ派　② マフディー派　③ バーブ教徒
④ シパーヒー　⑤ ウラービー（オラービー）

問3 ―――線(2)に関して、次の図版のケープ植民地首相の名と、イギリスの帝国主義政策の組み合わせとして、最も適当なものを、下の選択肢の中から1つ選び、番号をマークしなさい。　ウ

① ネヴィル=チェンバレン ― 3C政策
② ネヴィル=チェンバレン ― 3B政策
③ ジョゼフ=チェンバレン ― 3C政策
④ ジョゼフ=チェンバレン ― 3B政策
⑤ ローズ ― 3C政策
⑥ ローズ ― 3B政策

問4 ―――線(3)に関して、列強の中国進出に関する説明として、最も適当なものを、次の中から1つ選び、番号をマークしなさい。　エ

① ロシアは、東清鉄道の敷設権を獲得した。
② イギリスは、遼東半島南部を租借した。
③ フランスは、福建地方を勢力圏とした。
④ ドイツは、威海衛を租借した。

問5 空欄　B　に入れる語句として、最も適当なものを、次の中から1つ選び、番号をマークしなさい。　オ

① 第二共和政　② 第二帝政　③ 第三共和政
④ 第四共和政　⑤ 第五共和政

問6 ―――線(4)に関連して、インドシナで起こった次の出来事を年代の古いものから順に

並べたものとして、最も適当なものを、下の選択肢の中から１つ選び、番号をマークしなさい。　カ

a　フランスがカンボジアを保護国とした。

b　フランス領インドシナ連邦が成立した。

c　ベトナム光復会が組織された。

① a → b → c　② a → c → b　③ b → a → c

④ b → c → a　⑤ c → a → b　⑥ c → b → a

問７　―――線(5)に関する説明として、最も**不適当な**ものを、次の中から１つ選び、番号をマークしなさい。　キ

① ファショダ事件後に英仏協商が成立し、その後英露協商が結ばれた。

② 英仏協商で英仏両国は、エジプトをイギリス、コンゴをフランスの勢力圏として認め合った。

③ 露仏同盟成立後、ロシアではフランスの資本が導入され、工業化が推進された。

④ 英露協商では、イランにおけるイギリスとロシアの利害が調整された。

問８　―――線(6)に関する説明として、最も適当なものを、次の中から１つ選び、番号をマークしなさい。　ク

① ヴィルヘルム２世は、三帝同盟の結成に賛成した。

② ヴィルヘルム２世は、三帝同盟の結成に反対した。

③ ヴィルヘルム２世は、ロシアとの再保障条約締結に賛成した。

④ ヴィルヘルム２世は、ロシアとの再保障条約更新に反対した。

問９　―――線(7)に関して、19世紀末以降にアメリカ合衆国が海外進出を積極化するようになった背景に関する説明として、最も適当なものを、次の中から１つ選び、番号をマークしなさい。　ケ

① アメリカ＝イギリス（米英）戦争により、イギリスからの経済的自立が進んだ。

② アメリカ＝メキシコ戦争により、カリフォルニアなどを獲得した。

③ フロンティアの消滅が宣言された。

④ 債務国から債権国に転じた。

問10　空欄　C　に入れる語句として、最も適当なものを、次の中から１つ選び、番号をマークしなさい。　コ

① パナマ　② ハイチ　③ キューバ

④ ジャマイカ　⑤ プエルトリコ

Ⅲ 次の〔1〕・〔2〕の文を読んで、あとの問いに答えなさい。

〔1〕 シリアとエジプトの間に位置するパレスチナでは、前11世紀末にセム語系のヘブライ人によって王国が築かれ、イェルサレムが都とされた。前10世紀にはイスラエル王国とユダ王国に分裂し、ユダ王国は前586年に [A] によって滅ぼされた。その後、民族的苦難を経てユダヤ人の民族宗教であるユダヤ教(1)が確立された。ローマ領となったパレスチナではキリスト教が成立し、4世紀にはローマ帝国の国教とされた。7世紀にアラビア半島でイスラーム教が成立すると、大規模な征服活動が展開された(2)。パレスチナはイスラーム勢力の支配下に入り、ウマイヤ朝の時代になるとイェルサレムに岩のドームが建設された。こうしてイェルサレムはユダヤ教・キリスト教・イスラーム教の聖地となり、中世には、キリスト教勢力によって聖地奪還をはかる十字軍遠征が展開された。アイユーブ朝のサラディン（サラーフ＝アッディーン）はイェルサレムを奪回し、 [B] と戦った。その後、パレスチナはマムルーク朝(3)、オスマン帝国の支配下に入った。

問1 空欄 [A] に入れる語句として、最も適当なものを、次の中から1つ選び、番号をマークしなさい。 [ア]

①　アケメネス朝　　②　パルティア　　③　新バビロニア

④　アッシリア王国　　⑤　メディア

問2 ―― 線(1)に関する説明として、最も適当なものを、次の中から1つ選び、番号をマークしなさい。 [イ]

①　唯一神ヤハウェ（ヤーヴェ）を信仰した。

②　『旧約聖書』『新約聖書』をともに聖典とした。

③　使徒のペテロやパウロによって伝道活動が行われた。

④　ユダヤ教の一派であるエピクロス派は、律法を重視した。

問3 ―― 線(2)に関する説明として、最も**不適当な**ものを、次の中から1つ選び、番号をマークしなさい。 [ウ]

①　征服地にはミスルとよばれる軍営都市が建設された。

②　ウマイヤ朝はイベリア半島に進出し、西ゴート王国を滅ぼした。

③　ウマイヤ朝はトゥール・ポワティエ間の戦いでフランク王国軍に撃退された。

④　アッバース朝は、ニハーヴァンドの戦いでササン朝に勝利した。

問4 空欄 [B] に入れる語句として、最も適当なものを、次の中から1つ選び、番号をマークしなさい。 [エ]

① 第2回十字軍　② 第3回十字軍　③ 第5回十字軍
④ 第6回十字軍　⑤ 第7回十字軍

問5　―― 線(3)に関する説明として、最も適当なものを、次の中から1つ選び、番号をマークしなさい。　［ オ ］

① 都のカイロにクトゥブ＝ミナールを建設した。
② 第5代スルタンのマンスールは、モンゴル軍を撃退した。
③ マンサブダール制により、支配階層の統制をはかった。
④ メッカ・メディナの両聖都を保護下においた。

〔2〕 近代になると、オスマン帝国の衰退に乗じて、ヨーロッパ列強のオスマン帝国への介入が強まり、1853年にはクリミア戦争が起こった。19世紀後半になると、ヨーロッパでは反ユダヤ主義の動きが起こり、フランスではユダヤ系軍人をめぐるドレフュス事件(4)が起こった。19世紀末には、パレスチナにおいてユダヤ人国家の建設をめざす［ C ］が提唱された。

第一次世界大戦が長期化すると、列強は秘密外交を展開して局面の打開をはかり、パレスチナにおいてはユダヤ人とアラブ人に対して相反する約束が結ばれた(5)。第一次世界大戦後、パリ講和会議(6)によってパレスチナがイギリスの委任統治領とされると、イギリスはユダヤ人の入植を認めた。こうして世界各地からユダヤ人がパレスチナに移住したが、古くから住むアラブ人との間で対立が深まった。第二次世界大戦後、パレスチナ分割案に基づきパレスチナにイスラエルが建国されると、アラブ諸国はこれに反発し、以後4次にわたる中東戦争(7)が展開された。

問6　―― 線(4)に関して、この事件に際して世論に再審を訴えたフランスの自然主義作家として、最も適当なものを、次の中から1つ選び、番号をマークしなさい。　［ カ ］

① トーマス＝マン　② バイロン　③ オーウェル
④ ヴィクトル＝ユゴー　⑤ ゾラ

問7　空欄［ C ］に入れる語句として、最も適当なものを、次の中から1つ選び、番号をマークしなさい。　［ キ ］

① サンディカリズム　② 「ヴ＝ナロード」　③ シオニズム
④ パルチザン　⑤ インティファーダ

問8　―― 線(5)に関する説明として、最も**不適当な**ものを、次の中から1つ選び、番号をマークしなさい。　［ ク ］

① ロンドン秘密条約により、アメリカ合衆国が連合国側について参戦した。
② フセイン（フサイン）・マクマホン協定により、イギリスはアラブ人の独立を約束した。
③ バルフォア宣言により、イギリスはユダヤ人国家設立を認めた。
④ サイクス・ピコ協定により、連合国間でオスマン帝国領の配分を約束した。

問9　―――線(6)に関して、パリ講和会議に参加したアメリカ合衆国・イギリス・フランスの首脳の組み合わせとして、最も適当なものを、次の中から1つ選び、番号をマークしなさい。　ケ

① **米** — ハーディング	**英** — ロイド=ジョージ	**仏** — クレマンソー
② **米** — ハーディング	**英** — ロイド=ジョージ	**仏** — ブリアン
③ **米** — ハーディング	**英** — マクドナルド	**仏** — クレマンソー
④ **米** — ハーディング	**英** — マクドナルド	**仏** — ブリアン
⑤ **米** — ウッドロー=ウィルソン	**英** — ロイド=ジョージ	**仏** — クレマンソー
⑥ **米** — ウッドロー=ウィルソン	**英** — ロイド=ジョージ	**仏** — ブリアン
⑦ **米** — ウッドロー=ウィルソン	**英** — マクドナルド	**仏** — クレマンソー
⑧ **米** — ウッドロー=ウィルソン	**英** — マクドナルド	**仏** — ブリアン

問10　―――線(7)に関する説明として、最も適当なものを、次の中から1つ選び、番号をマークしなさい。　コ

① 第2次中東戦争は、エジプトのナセルが石油の国有化を宣言したことをきっかけとして始まった。
② 第3次中東戦争により、イスラエルはシナイ半島などを占領した。
③ 第4次中東戦争をきっかけとして、ドル=ショックが起こった。
④ 第4次中東戦争後、パレスチナ解放機構（PLO）が結成された。

Ⅳ 次の〔1〕～〔3〕の文を読んで、あとの問いに答えなさい。

〔1〕 中国の周辺で興亡した異民族は、古くから中国王朝と対立や抗争を繰り広げた。中国は周辺の異民族のことを「夷狄《いてき》」と称し、東を夷、西を戎《じゅう》、南を蛮、北を狄とよんだ。周の東遷は、中国西方にいた遊牧民である犬戎の攻撃が原因の1つとされる。初めて中国を統一した秦(1)は、モンゴル高原南部で勢力を拡大した匈奴の侵入に対抗するため、戦国時代以来の長城を修築した。匈奴は前3世紀末に即位した冒頓単于のもとで最盛期をむかえ、前漢の高祖を破った。高祖は匈奴に対して和親策をとったが、前漢の武帝は匈奴を挟撃するため A を大月氏に派遣した。匈奴は武帝の討伐によって次第に衰退し、前60年に東西に分裂した。さらに東匈奴は後1世紀半ばに南北に分裂し、南匈奴は後漢(2)に服属した。

問1 ―― 線(1)に関する説明として、最も**不適当な**ものを、次の中から1つ選び、番号をマークしなさい。 ア

① 法家の商鞅は、秦に仕えて改革を行った。
② 中国統一後、郡国制を全国に施行した。
③ 中国統一後、焚書・坑儒によって思想を統制したとされる。
④ 秦末になると、陳勝・呉広の乱が起こった。

問2 空欄 A に入れる語句として、最も適当なものを、次の中から1つ選び、番号をマークしなさい。 イ

① 班超　② 張騫　③ 蘇秦　④ 張儀　⑤ 鄭和

問3 ―― 線(2)に関する説明として、最も**不適当な**ものを、次の中から1つ選び、番号をマークしなさい。 ウ

① 劉秀が漢を復興し、洛陽を都とした。
② 製紙技術が改良された。
③ 大秦王安敦の使節が日南郡を訪れた。
④ 黄巣の乱の後、各地に軍事集団が割拠するようになった。

〔2〕 五胡十六国時代になると、遊牧系の諸民族の建てた国が華北に興亡するようになった。五胡の1つである B が建てた北魏は、5世紀前半には華北を統一した。以後、華北には北朝と総称される王朝が興亡し、隋・唐代に継承される諸制度が生み出された。唐代になると、唐を中心とする東アジア文化圏が形成された。唐は朝鮮などと冊封関係を結ぶ一方、突厥やウイグル(3)、吐蕃などの強国とは姻戚関係を結んだ。

北宋の時代には、契丹や西夏(4)などの北方民族の圧迫を受けた。1126～27年には金によって北宋の都(5)が攻略され、皇帝や皇族などが北方に連れ去られた。13世紀になると、モンゴル人がユーラシアの東西にわたる大帝国を築き、フビライの時代になると国号が中国風の元と改められた。

問4　空欄 **B** に入れる語句として、最も適当なものを、次の中から1つ選び、番号をマークしなさい。　**エ**

①　鮮卑　　②　羯　　③　氐　　④　羌　　⑤　烏孫

問5　―― 線(3)に関する説明として、最も適当なものを、次の中から1つ選び、番号をマークしなさい。　**オ**

①　ソンツェン＝ガンポによって建てられた。
②　上京竜泉府を都とした。
③　安史の乱の鎮圧を援助した。
④　トルコ系のスキタイによって滅ぼされた。

問6　―― 線(4)に関する説明として、最も適当なものを、次の中から1つ選び、番号をマークしなさい。　**カ**

①　李元昊によって建てられた。
②　後晋から燕雲十六州を割譲された。
③　北宋と澶淵の盟を結んだ。
④　軍制として千戸制をしいた。

問7　―― 線(5)に関して、北宋の都と、次の地図中の位置の組み合わせとして、最も適当なものを、下の選択肢の中から1つ選び、番号をマークしなさい。　**キ**

① 建康 — a　② 建康 — c
③ 臨安 — b　④ 臨安 — c
⑤ 開封 — a　⑥ 開封 — b

〔3〕 明代になると、モンゴル高原西部ではオイラト、モンゴル高原東部では韃靼（タタール）が勢力を拡大した。オイラトは1449年の土木の変で明の皇帝を捕虜とし(6)、韃靼（タタール）は16世紀半ばに北京を包囲した。このように北方でモンゴルが侵入したことと、東南沿岸で倭寇が活動したことは、北虜南倭と総称される。

17世紀前半になると、中国東北部では女真（女直、のち満州と改称）が台頭し、ヌルハチによって後金が樹立された。ヌルハチは、［C］など、国家体制を整えた。李自成の乱によって明が滅亡すると、清は北京に入城して遷都し、中国全土へと支配を広げた(7)。その後、康熙帝・雍正帝・乾隆帝の時代にかけて清は最盛期をむかえた。

問8 ――― 線(6)に関して、土木の変を起こしたオイラトの指導者と、土木の変で捕虜とされた明の皇帝の組み合わせとして、最も適当なものを、次の中から1つ選び、番号をマークしなさい。［ク］

① アルタン — 正統帝
② アルタン — 万暦帝
③ アルタン — 同治帝
④ エセン — 正統帝
⑤ エセン — 万暦帝
⑥ エセン — 同治帝

問9 空欄［C］に入れる語句として、最も適当なものを、次の中から1つ選び、番号をマークしなさい。［ケ］

① 満州語を表記するため字喃（チュノム）を制作する
② 満州語を表記するためパスパ文字を制作する
③ 軍事・行政組織として猛安・謀克を創始する
④ 軍事・行政組織として八旗を創始する

問10 ――― 線(7)に関して、清の中国支配に関する説明として、最も適当なものを、次の中から1つ選び、番号をマークしなさい。［コ］

① 中央官制の要職は、満州人によって独占された。
② 村落制度として里甲制を創始した。

③ 漢人男性に対し、満州人の風俗である辮髪を強制した。

④ 大規模な編纂事業が行われ、『四書大全』や『五経大全』が編纂された。

政治・経済

（60 分）

I 次の文を読んで、あとの問いに答えなさい。

1945年8月14日、日本はポツダム宣言を受諾して、第二次世界大戦に敗北した。その結果、この宣言に基づいて設置された連合国軍総司令部（GHQ）によって、日本は占領されることになった。そして、このGHQの指導によって、日本国内で民主政治の復活が進められたのである。(1)かつての日本でも政党政治そのものは行われていた。しかし、5・15事件の勃発以降、軍部が政治の実権を掌握するようになって、政党政治は衰退していくこととなった。そしてついに、1940年には、政党に代わって大政翼賛会が成立する事態となり、日本の政党はすべて消滅したのである。

第二次世界大戦後、(2)政党を中心とする政党政治が再スタートすることになった。保守政党に加えて革新政党も登場して、戦前は治安維持法などによって厳しく弾圧された［ A ］も活動を再開した。戦後しばらくは、(3)多数の政党が乱立する事態となったが、戦後10年が経過した1955年になって、いわゆる(4)「55年体制」が成立した。その後、この体制は、1990年代の初めに自由民主党が下野して8党派からなる［ B ］内閣が登場するまで、実に40年近くにわたって存続することになった。

政党は、国民の代表である政治家を中心に構成されている。国民の代表は、さまざまな(5)選挙によって選ばれるが、選挙は大きく分けて国政選挙と地方選挙とがある。日本の国政選挙には、(6)衆議院議員総選挙と参議院議員通常選挙とがあり、それぞれの選挙の方法は一部異なっている。(7)日本の選挙制度にも、さまざまな問題や課題がある。国民の代表者を選ぶ選挙は公正に行われなければならないが、時には不正が発生することがある。また、長年の課題となっているが、抜本的に是正することが非常に難しい問題の一つに、(8)議員定数の不均衡の問題がある。

問1 ―― 線(1)に関して、普通選挙が実施されるまでにみられた、財産などをもつ少数の有力者によって構成された初期の政党として、最も適当なものを、次の中から1つ選び、番号をマークしなさい。［ ア ］

① 大衆政党　② 包括政党　③ 名望家政党

④ 地域政党　⑤ 国民政党

問2　―― 線(2)に関して、政党についての説明として、最も適当なものを、次の中から１つ選び、番号をマークしなさい。　[イ]

① 日本国憲法には「政党」の章が設けられており、その役割や機能について詳細に規定されている。

② 政党には、特定の行政機関との結びつきが強くその分野で大きな影響力を持つ議員としてロビイストが存在する。

③ 日本では政党による所属議員に対する党議拘束が禁止されているが、アメリカでは認められている。

④ 圧力団体は政権を獲得することをめざしていないが、政党は政権を獲得することをめざしている。

問3　空欄 [A] に入れる語句として、最も適当なものを、次の中から１つ選び、番号をマークしなさい。　[ウ]

① 民社党　② 日本進歩党　③ 日本共産党

④ 日本自由党　⑤ 日本社会党

問4　―― 線(3)に関して、複数政党制の国は、大きく分けると二大政党制と多党制に分けることができる。アメリカとイギリスの二大政党の組み合わせとして、最も適当なものを、次の中から１つ選び、番号をマークしなさい。　[エ]

① アメリカ ― 保守党と労働党　イギリス ― 共和党と民主党

② アメリカ ― 保守党と共和党　イギリス ― 労働党と民主党

③ アメリカ ― 保守党と民主党　イギリス ― 労働党と共和党

④ アメリカ ― 労働党と共和党　イギリス ― 保守党と民主党

⑤ アメリカ ― 労働党と民主党　イギリス ― 保守党と共和党

⑥ アメリカ ― 共和党と民主党　イギリス ― 保守党と労働党

問5　―― 線(4)に関して、55年体制についての説明として、最も適当なものを、次の中から１つ選び、番号をマークしなさい。　[オ]

① 日本民主党と自由党が保守合同して自由民主党となり、これよりも遅れて右派と左派に分裂していた日本社会党が統一された。

② 成立当初の55年体制は二大政党制であり、自由民主党と日本社会党の間で政権交代が繰り返されていた。

③ 1960年代になると、民主党や日本新党などが登場して、多党化がすすむこととなった。

④ 自由民主党内にはいくつかの派閥が存在しており、自民党総裁の座をめぐって派閥間の争いが行われた。

問6　空欄 B に入れる語句として、最も適当なものを、次の中から1つ選び、番号をマークしなさい。 カ

① 小沢一郎　② 細川護熙　③ 羽田孜
④ 村山富市　⑤ 鳩山由紀夫

問7　―― 線(5)に関して、選挙制度の原則として、最も**不適当な**ものを、次の中から1つ選び、番号をマークしなさい。 キ

① 普通選挙　② 平等選挙　③ 直接選挙
④ 公開選挙　⑤ 秘密選挙

問8　―― 線(6)に関して、衆議院議員総選挙と参議院議員通常選挙についての説明として、最も適当なものを、次の中から1つ選び、番号をマークしなさい。 ク

① 衆議院議員の任期は4年であるが、解散があるので、衆議院議員総選挙は4年未満の間隔で行われることが多い。

② 参議院議員の任期は6年であるが、アメリカの上院と同じように、参議院議員通常選挙では3分の1ずつ、2年ごとに改選される。

③ 衆議院議員総選挙では、小選挙区に立候補しながら比例代表の名簿にも登載される重複立候補は認められていない。

④ 参議院議員通常選挙では、比例代表は名簿に順位がある拘束名簿式が採られており、さらに特定枠も加えられた。

問9　―― 線(7)に関して、日本の選挙制度についての説明として、最も**不適当な**ものを、次の中から1つ選び、番号をマークしなさい。 ケ

① 連座制が採用されており、秘書などの選挙運動員が公職選挙法に反するような不正行為をした場合には当選が無効となる。

② 公職選挙法によって、立候補を届け出る前の事前運動や選挙運動期間中の戸別訪問は禁止されている。

③ インターネット選挙が行われており、マイナンバーカードによって本人確認ができればインターネットによって投票ができる。

④ 政治資金規正法によって、企業・団体から政治家個人に対する政治献金は禁止されている。

問10　―― 線(8)に関して、議員定数不均衡問題についての説明として、最も**不適当な**ものを、次の中から1つ選び、番号をマークしなさい。 コ

① 日本国内における人口移動が大きな要因であり、人口が増加してきた都市部の選挙区の一票の価値が地方の選挙区に比べて低くなっている。

② 議員定数の不均衡については多くの訴訟が起こされたが、これまで最高裁判所は違憲状態と判断したことはあるものの違憲判決は出していない。

③ 一票の格差の推移については、参議院における格差の方が衆議院における格差よりも大きくなっている。

④ 議員定数の不均衡を是正するために、衆議院の小選挙区でアダムズ方式が導入されることになった。

Ⅱ 次の〔1〕・〔2〕の文を読んで、あとの問いに答えなさい。

〔1〕 日本国憲法は、大日本帝国憲法の改正案が第90帝国議会に提出されて審議されたことからもわかるように、形式的には大日本帝国憲法が改正されたものである。しかし、実際にはまったく新たにつくられた憲法であり、この二つの憲法の各条文に規定されている内容は、大きく異なっている。

日本国憲法の三大基本原理は、いうまでもなく国民主権・平和主義・基本的人権の尊重である。1889年に発布され1890年に施行された大日本帝国憲法は、天皇主権の欽定憲法(1)であった。しかし、1946年に公布され1947年に施行された日本国憲法は、民定憲法であり天皇は日本国および日本国民統合の象徴とされている。平和主義については、もちろん大日本帝国憲法にはそのような規定はなく、陸海軍は天皇に統帥されていた。日本国憲法には、前文と第９条に平和主義が規定されている。基本的人権の尊重については、大日本帝国憲法には第二章に「臣民権利義務」(2)の章があり、臣民の権利が規定されていたが法律の留保が伴っていた。日本国憲法には第三章に「国民の権利及び義務」の章があり、侵すことのできない永久の権利としてかなり詳細に規定されている。

近年では、日本国憲法の三大基本原理の中でも、他国の憲法にはあまり例をみない平和主義が注目されている。第９条の規定(3)の解釈については、日本国憲法の制定当時からさまざまな議論が行われてきた。2014年に政府は［ A ］によって憲法解釈を変更して、限定的ながら集団的自衛権の行使を可能とした。

問１ ―――線(1)に関して、大日本帝国憲法に規定されている条文として、最も**不適当な**ものを、次の中から１つ選び、番号をマークしなさい。［ ア ］

① 天皇ハ内閣ノ助言ト承認ニヨリ国事行為ヲ行フ

② 天皇ハ帝国議会ノ協賛ヲ以テ立法権ヲ行フ

③ 国務各大臣ハ天皇ヲ輔弼シ其ノ責ニ任ス

④ 司法権ハ天皇ノ名ニ於テ法律ニ依リ裁判所之ヲ行フ

問2 ―― 線(2)に関して、大日本帝国憲法に規定されている臣民の義務と日本国憲法に規定されている国民の義務に共通して規定されている義務として、最も適当なものを、次の中から1つ選び、番号をマークしなさい。 イ

① 兵役の義務 ② 子どもに普通教育を受けさせる義務

③ 納税の義務 ④ 勤労の義務 ⑤ 憲法擁護の義務

問3 ―― 線(3)に関して、日本国憲法第9条をめぐる裁判についての説明として、最も適当なものを、次の中から1つ選び、番号をマークしなさい。 ウ

① 最高裁判所は、砂川事件で在日米軍は憲法第9条が禁止する戦力にあたるとした。

② 札幌地方裁判所は、恵庭事件で日米安全保障条約に対する憲法判断を回避した。

③ 札幌地方裁判所は、長沼ナイキ基地訴訟で自衛隊は違憲であるとの判断を示した。

④ 最高裁判所は、百里基地訴訟で自衛隊について合憲であるとの判断を下した。

問4 空欄 A に入れる語句として、最も適当なものを、次の中から1つ選び、番号をマークしなさい。 エ

① 憲法改正 ② 自衛隊法の改正 ③ 国会決議

④ 国民投票 ⑤ 閣議決定

〔2〕 第二次世界大戦後、長く続いてきたアメリカとソ連を頂点とする冷戦構造は、1980年代後半から急速に揺らぐようになった。そして、ついに1989年末に行われたマルタ会談(4)において、冷戦の終結が宣言されることになった。そこからすでに30年以上が経過したが、国際社会は、冷戦の終結によって当初期待された「平和の配当」を得るどころか、地域紛争の多発(5)など混迷状態のなかにある。

1990年代に入ると、ソ連の崩壊によって唯一の超大国となったアメリカは、「 B 」と言われるような単独行動主義を採るようになった。しだいにイスラーム世界との対立が激しくなり、2000年代に入るとアメリカ国内で同時多発テロが発生した。間もなくアメリカは「テロとの戦い」を開始して、アフガニスタンを攻撃した。さらに、2003年にはアメリカは、安全保障理事会の新たな決議を得ないままに、イラク戦争(6)へと突入することになった。

しかし、2009年にオバマ大統領が誕生すると、アメリカの国内外の事態は大きく変化することとなった。彼は就任後間もなく「核なき世界」をめざす演説(7)を行ってノーベル平和賞を受賞することとなった。さらに、アメリカ軍のイラクからの撤退も決断した。

2017年、トランプ大統領が誕生すると、アメリカの情勢はまたもや大きく転換することとなった。彼は「アメリカ第一主義」をとなえて、これまでアメリカの国内外で行われてきた政策を大きく転換するような大胆な政策(8)も採るようになった。

問 5 ——— 線 (4) に関して、マルタ会談を行ったソ連とアメリカの代表の組み合わせとして、最も適当なものを、次の選択肢の中から1つ選び、番号をマークしなさい。 **オ**

	ソ連	アメリカ
①	ゴルバチョフ	レーガン
②	ゴルバチョフ	ブッシュ(父)
③	ゴルバチョフ	クリントン
④	エリツィン	レーガン
⑤	エリツィン	ブッシュ(父)
⑥	エリツィン	クリントン

問 6 ——— 線 (5) に関して、地域紛争についての説明として、最も適当なものを、次の中から1つ選び、番号をマークしなさい。 **カ**

① パレスチナ問題では、イスラエルとパレスチナ解放機構（PLO）との間でルーブル合意が結ばれた。

② チェチェンでは、中国に対する分離独立を求めて紛争が生じるようになった。

③ カシミール紛争では、インドのイスラームとパキスタンのヒンドゥー教の宗教対立が要因となった。

④ スーダンのダルフール紛争では、政府軍やアラブ系民兵によるジェノサイドが発生した。

問 7 空欄 **B** に入れる語句として、最も適当なものを、次の中から1つ選び、番号をマークしなさい。 **キ**

① エスノセントリズム　② ナショナリズム　③ マルチカルチュラリズム
④ グローバリズム　⑤ ユニラテラリズム

問 8 ——— 線 (6) に関して、イラク戦争についての説明として、最も**不適当な**ものを、次の中から1つ選び、番号をマークしなさい。 **ク**

① 国際連合の安全保障理事会では、開戦派のアメリカ・イギリスなどと慎重派のフランス・ロシア・中国などが対立した。

② イギリスは、アメリカと有志連合を組んで、イラクに自国の軍隊を派遣してアメリカとともに戦った。

③ アメリカが開戦の理由としていた大量破壊兵器がイラク国内で発見され、アメリカの主張は正当化された。

④ 日本は、イラク復興支援特別措置法を制定して、自衛隊をイラクに派遣することになった。

問9 ―― 線(7)に関して、この演説を行った場所として、最も適当なものを、次の中から1つ選び、番号をマークしなさい。 ケ

① ニューヨーク　② ワシントン　③ ジュネーヴ
④ プラハ　⑤ 広島

問10 ―― 線(8)に関して、トランプ大統領が行った政策として、最も**不適当な**ものを、次の中から1つ選び、番号をマークしなさい。 コ

① 北米自由貿易協定（NAFTA）を見直し、アメリカ・メキシコ・カナダ協定（USMCA）とした。

② 環太平洋パートナーシップ協定（TPP）からの離脱を表明した。

③ 中距離核戦力全廃条約（INF全廃条約）からの離脱を表明した。

④ 医療保険制度の改革を進め、アメリカの全国民が医療保険に加入する国民皆保険を確立した。

III **次の文を読んで、あとの問いに答えなさい。**

第二次世界大戦後の日本経済は、まさに焼け野原からのスタートであった。まず、連合国軍総司令部（GHQ）からの指示によって、農地改革・財閥解体・労働の民主化からなる経済民主化政策(1)が進められることになった。その一方で、日本政府は、経済を立て直すために独自に傾斜生産方式(2)を採用して、当時の基幹産業に限られた資金や資材などを優先的に配分した。

これらの政策は日本銀行による資金供給によって行われたが、その結果、激しいインフレーション（インフレ）が発生することになった。インフレを抑制して日本経済を安定させるために、経済安定9原則がGHQによって発令された。そして、アメリカの銀行家ドッジが招聘されその指導によって、ドッジ・ライン(3)がとられ、さらにシャウプが来日して［ A ］制度に対する勧告が行われた。

間もなくインフレは収束することとなったが、日本経済は冷え込み、深刻な不況(4)となった。しかし、1950年に［ B ］戦争が勃発すると日本に特需がもたらされることとなり、日本経済は急速に回復した。そして、「もはや戦後ではない」と『経済白書』にも表現されるようになった。

やがて、1950年代の半ばから1970年代の初め(5)にかけて、日本の実質経済成長率が平均10％程度になり、日本経済は高度経済成長(6)の時代を迎えた。しかし1970年代前半に起こったニクソン・ショックとオイル・ショックの二度のショック(7)によって、日本の経済成長率は3～5％程度に低下することとなり、やがて日本経済は高度経済成長から安定成長の時代へと移行した。

1980年代後半から1990年代初めにかけて、日本経済は大きな転換点を迎えることとなった。1985年のプラザ合意を起点とするバブル経済の到来とその崩壊(8)である。1990年代から現在まで日本経済は低成長の時代が続いており、この間の世界経済の発展から取り残されたような状況にある。

問1　―――線(1)に関して、経済の民主化についての説明として、正しいものの組み合わせとして最も適当なものを、下の選択肢の中から1つ選び、番号をマークしなさい。［ ア ］

a　農地改革は、多くの自作農を創出することとなり、封建的な地主・小作関係を一掃した。

b　財閥解体は、戦前の日本経済を支配してきた三井・三菱・住友などの財閥を、持株会社に移行させた。

c　労働の民主化は、労働組合の運動を認めて、労働組合法や労働関係調整法などの労働三法を制定することになった。

①　aのみ　　②　bのみ　　③　cのみ
④　aとb　　⑤　aとc　　⑥　bとc

問2　―――線(2)に関して、当時重視された産業として、最も**不適当な**ものを、次の中から

1つ選び、番号をマークしなさい。 **イ**

① 石炭　② 肥料　③ 鉄鋼　④ 家庭電器　⑤ 電力

問3 ―― 線(3)に関して、ドッジ・ラインで実施された経済政策として、最も**不適当な**ものを、次の中から1つ選び、番号をマークしなさい。 **ウ**

① 国家予算において、財政支出と経常収入とを均衡させて、均衡財政を確立する。

② 従来の複数為替レートをやめて、1ドル＝360円の単一為替レートを設定する。

③ 資金調達の手段として用いられていた、復興金融金庫債の発行を禁止する。

④ 国内の産業を保護・育成するために、価格差補給金や輸出入への補助金を増額する。

問4 空欄 **A** に入れる語句として、最も適当なものを、次の中から1つ選び、番号をマークしなさい。 **エ**

① 為替　② 金融　③ 社会保障　④ 租税　⑤ 選挙

問5 ―― 線(4)に関して、この深刻な不況の名称として、最も適当なものを、次の中から1つ選び、番号をマークしなさい。 **オ**

① なべ底不況　② 安定恐慌　③ 40年不況

④ 世界恐慌　⑤ 失われた10年

問6 空欄 **B** に入れる語句として、最も適当なものを、次の中から1つ選び、番号をマークしなさい。 **カ**

① ベトナム　② カンボジア　③ インドシナ

④ 中東　⑤ 朝鮮

問7 ―― 線(5)に関して、この期間に見られた好景気の1つである「いざなぎ景気」にあたる循環として、最も適当なものを、次の選択肢の中から1つ選び、番号をマークしなさい。 **キ**

	循環	谷	山	谷	拡張	後退	全循環
①	第2循環	1951/10	1954/1	1954/11	27か月	10か月	37か月
②	第3循環	1954/11	1957/6	1958/6	31か月	12か月	43か月
③	第4循環	1958/6	1961/12	1962/10	42か月	10か月	52か月
④	第5循環	1962/10	1964/10	1965/10	24か月	12か月	36か月
⑤	第6循環	1965/10	1970/7	1971/12	57か月	17か月	74か月
⑥	第7循環	1971/12	1973/11	1975/3	23か月	16か月	39か月

問8　――― 線(6)に関して、日本の高度経済成長の主な要因についての説明として、最も適当なものを、次の中から1つ選び、番号をマークしなさい。　ク

① 安価で良質な労働力が豊富にあり、都市部から農村へと供給された。

② 民間企業において、新たな設備投資と技術革新が積極的に行われた。

③ 1ドル＝360円の円安水準の為替相場が、海外からの輸入に有利に働いた。

④ 国民の貯蓄率が国際的にも非常に低く、耐久消費財の購入へと費やされた。

問9　――― 線(7)に関して、ニクソン・ショックと第1次オイル・ショックについての説明として、最も**不適当な**ものを、次の中から1つ選び、番号をマークしなさい。　ケ

① ニクソン・ショックによって、金1オンスと35ドルとの交換が停止された。

② ニクソン・ショック後まもなく、スミソニアン協定が結ばれ固定相場制の再建がはかられた。

③ 第1次オイル・ショックの直接的な要因は、イランで起こった革命であった。

④ 第1次オイル・ショックによって、日本などの先進諸国はスタグフレーションに陥った。

問10　――― 線(8)に関する説明として、最も適当なものを、次の中から1つ選び、番号をマークしなさい。　コ

① プラザ合意後の急激な円高による円高不況に対して、日本銀行はマイナス金利政策を実施した。

② 金余り現象によって地価や株価などの資産価格だけではなく、消費者物価も大幅に上昇した。

③ バブル経済の崩壊は地価の下落から始まり、株価の下落は地価の下落よりもかなり遅れた。

④ バブル経済の崩壊によって多額の不良債権を抱えた銀行など、大手金融機関の破綻がその後相次ぐ事態となった。

Ⅳ　次の〔1〕・〔2〕の文を読んで、あとの問いに答えなさい。

〔1〕　商品を購入するとき、普通、紙幣や硬貨などの現金で対価を支払う。しかし、銀行預金をもっていれば、現金を用いなくても口座振替によって対価を支払うことができる。このように、一般に経済的な取り引きの仲立ちをするものを通貨(1)（貨幣）という。

日本では、日本銀行が、発券銀行・銀行の銀行・政府の銀行(2)として中央銀行の役割を果たしている。そして、景気の変動をできるだけ抑制して物価を安定させるために、さまざまな金融政策(3)を実施している。

バブル経済の崩壊によって、1990年代の後半には日本でも金融システム不安が発生することがあった。1990年代の終わりからは、ゼロ金利政策、量的緩和政策、量的・質的緩和政策などの非伝統的金融政策が実施されてきた。2013年には「物価安定の目標」として消費者物価の対前年比上昇率２%とする［ A ］が設定された。

問１　―――線(1)に関して、通貨についての説明として、最も**不適当な**ものを、次の中から１つ選び、番号をマークしなさい。［ ア ］

① 通貨には、価値尺度・交換手段・価値貯蔵手段などの機能がある。
② 通貨には現金通貨と預金通貨があり、預金通貨には当座預金や普通預金などがある。
③ 金本位制では、通貨の発行量が中央銀行が保有する金の量によって制限される。
④ 管理通貨制度では、金との交換が保証された兌換紙幣が発行される。

問２　―――線(2)に関して、日本銀行が有している機能の説明として、正しいものの組み合わせとして最も適当なものを、下の選択肢の中から１つ選び、番号をマークしなさい。［ イ ］

a　唯一の発券銀行として、日本銀行券と補助貨幣として硬貨を発行している。
b　銀行の銀行として、銀行などの市中の金融機関と資金のやりとりをしている。
c　政府の銀行として、政府が新たに発行した国債を直接引き受けている。

① aのみ　② bのみ　③ cのみ
④ aとb　⑤ aとc　⑥ bとc

問３　―――線(3)に関して、現在の日本銀行の金融政策の中心となっているものとして、最も適当なものを、次の中から１つ選び、番号をマークしなさい。［ ウ ］

① 公定歩合操作　② 預金準備率操作　③ 自己資本比率操作
④ 窓口指導　⑤ 公開市場操作

問4　空欄 A に入れる語句として、最も適当なものを、次の中から1つ選び、番号をマークしなさい。 エ

① デフレ・スパイラル　② ペイ・オフ　③ クラウドファンディング
④ マイクロクレジット　⑤ インフレ・ターゲット

〔2〕 急激にグローバル化が進んでいる現在の国際社会においては、各国間で活発に貿易が行われている。国際分業によって世界各地で生産されたモノが、国境を越えて取引されているのである。イギリスの経済学者リカードは、このような(4)国際分業による利益を B によって説明した。

国際分業による利益を最大化するためには、各国間での自由貿易を行うことが求められる。しかし、自国の未成熟な産業の保護育成や(5)食料安全保障の観点から自国の農業を守るために(6)保護貿易が求められることもある。

国家間の国際的な経済活動を表したものが、国際収支である。国際収支は、誤差脱漏を無視して大きく分けると、(7)経常収支・資本移転等収支・金融収支の3つの項目に分けられる。この3つは、経常収支＋資本移転等収支－金融収支＝0の関係にある。

国際貿易の分野においても、近年の経済発展が著しい中国の存在感は、非常に大きなものとなってきている。かつては低賃金を武器にして「世界の工場」と言われ、多国籍企業の生産拠点となったが、近年では「世界の市場」としても注目されており、(8)中国と世界各国との経済的な結びつきが強くなってきている。

問5　―――線(4)に関する説明として、最も適当なものを、次の中から1つ選び、番号をマークしなさい。 オ

① 主に先進国と発展途上国の間で行われる、工業製品と一次産品の貿易を水平貿易という。
② 日本とドイツの自動車メーカーが、それぞれ相手国に自社の自動車を輸出しているような貿易を垂直貿易という。
③ 一般的な国際分業では、先進国は労働集約的な製品を生産し、発展途上国は資本集約的な製品を生産することになる。
④ 近年では、グローバル化の進展にともない、原材料の調達・生産・販売が国境を越えた連鎖的な構造が構築されるようになった。

問6　空欄 B に入れる語句として、最も適当なものを、次の中から1つ選び、番号をマークしなさい。 カ

① 労働価値説　② 重商主義　③ 剰余価値説
④ 比較生産費説　⑤ 重農主義

問7　―――線(5)に関して、日本の食料安全保障についての説明として、最も適当なものを、次の中から1つ選び、番号をマークしなさい。　キ

① カロリーベースの食料自給率は低下してきたが、何とか50%を維持している。
② コメの輸入については、関税化ではなくミニマム・アクセスで対応している。
③ カロリーベースよりも生産額ベースの方が、食料自給率が高くなっている。
④ 輸入農産物に対してセーフガードを発動したことはなく、積極的に輸入している。

問8　―――線(6)に関して、保護貿易の必要性を主張したドイツの経済学者として、最も適当なものを、次の中から1つ選び、番号をマークしなさい。　ク

① マルクス　② エンゲルス　③ マックス・ウェーバー
④ ラッサール　⑤ リスト

問9　―――線(7)に関して、経常収支は、貿易収支、サービス収支、第一次所得収支、第二次所得収支によって構成されている。次の図は、近年の日本の経常収支と、貿易収支、サービス収支、第一次所得収支の推移を示したものである。グラフの棒グラフは経常収支を示している。a～cの折れ線グラフが示している収支の組み合わせとして、最も適当なものを、下の選択肢の中から1つ選び、番号をマークしなさい。　ケ

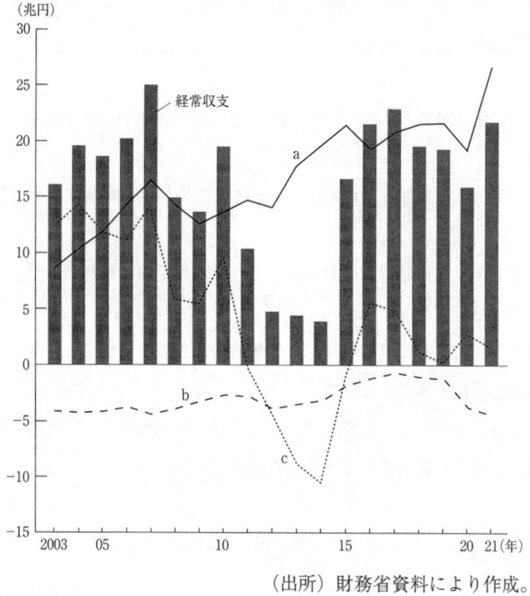

(出所) 財務省資料により作成。

① 貿易収支 ― a　サービス収支 ― b　第一次所得収支 ― c
② 貿易収支 ― a　サービス収支 ― c　第一次所得収支 ― b
③ 貿易収支 ― b　サービス収支 ― a　第一次所得収支 ― c
④ 貿易収支 ― b　サービス収支 ― c　第一次所得収支 ― a
⑤ 貿易収支 ― c　サービス収支 ― a　第一次所得収支 ― b
⑥ 貿易収支 ― c　サービス収支 ― b　第一次所得収支 ― a

問10 ――― 線(8)に関して、中国と国際経済とのかかわりについての説明として、最も適当なものを、次の中から1つ選び、番号をマークしなさい。　コ

① 中国は、1995年の世界貿易機関（WTO）の発足と同時にWTOに加盟した。
② 中国は、1997年の香港の返還時に「社会主義市場経済」を憲法に明記した。
③ 中国の現在の国内総生産（GDP）は、アメリカに次いで世界第2位となっている。
④ 中国の法定通貨である人民元は、ドルに対して固定為替相場が維持されている。

数　学

＜数学の記入例＞　**※「数学」を受験する場合、下記の記入例をよく読んでください。**

1．問題文中の [ア] 、[イウ] などには、0～9の数字または－（マイナス）符号が入ります。**ア**、**イ**、**ウ**、…等のカタカナ1文字は、これらのいずれかひとつに対応します。それらを解答用紙の解答記号**ア**、**イ**、**ウ**、…で示された解答欄にマークして解答しなさい。

例 [カキク] に－15と答えたいとき

カ	①	②	③	④	⑤	⑥	⑦	⑧	⑨	⓪	●
キ	●	②	③	④	⑤	⑥	⑦	⑧	⑨	⓪	⊖
ク	①	②	③	④	●	⑥	⑦	⑧	⑨	⓪	⊖

なお、同一の問題文中に、[ア] 、[イウ] などが2度以上現れる場合、2度目以降は、[ア] 、[イウ] のように明朝体で表記します。

2．[サ.シ] のように解答欄中の文字の間に「.」がある場合、この「.」は小数点を表します。

例　正解が3.14となる場合の解答欄とマーク

[タ.チツ]

タ	①	②	●	④	⑤	⑥	⑦	⑧	⑨	⓪	⊖
チ	●	②	③	④	⑤	⑥	⑦	⑧	⑨	⓪	⊖
ツ	①	②	③	●	⑤	⑥	⑦	⑧	⑨	⓪	⊖

3．分数の形で解答するときには、それ以上約分できない形で解答しなさい。また、分数にマイナス符号がつく場合には、分子につけて解答しなさい。

例 $\dfrac{\boxed{ナニ}}{\boxed{ヌ}}$ の正解が $-\dfrac{2}{3}$ である場合　　○ $\dfrac{-2}{3}$　　× $\dfrac{-4}{6}$

4．比の形で解答するときには、最も簡単な整数比の形で解答しなさい。

例 [ハ] : [ヒ] の正解が2：3である場合　　○　2：3　　×　4：6

5．根号（$\sqrt{}$）を含む形で解答するときには、根号の中に現れる自然数が最小となる形で解答しなさい。

例 $\boxed{マ}\sqrt{\boxed{ミ}}$ の正解が $4\sqrt{2}$ である場合　　○　$4\sqrt{2}$　　×　$2\sqrt{8}$

◀数学Ⅰ・A・Ⅱ・B▶

（60 分）

Ⅰ　次の空欄に当てはまる数値または符号をマークしなさい。

〔1〕 ある数を30で割って，小数第1位を四捨五入すると15になる。そのような整数のうち，最小のものは [アイウ] であり，最大のものは [エオカ] である。

〔2〕 大中小3個のさいころを投げるとき，出た目の和が5以下になる場合は [キク] 通りある。また，出た目が3個とも異なる場合は [ケコサ] 通りある。

〔3〕 a，bは互いに異なる実数とする。数列2，a，bが等差数列で，数列a，2，bが等比数列であるとき，$a=$ [シス]，$b=$ [セソ] である。また，等差数列の公差は [タチ] であり，等比数列の公比は [ツテ] である。

〔4〕 関数$f(x)=-2x^3+4x^2+6x-3$を微分すると

$f'(x)=$ [トナ] x^2+ [ニ] $x+$ [ヌ] となる。また，この関数の$x=-2$における微分係数は [ネノハ] である。

〔5〕 $x^{\frac{1}{2}}+x^{-\frac{1}{2}}=3$のとき，$x+x^{-1}$の値は [ヒ] であり，$x^3+x^{-3}$の値は [フヘホ] である。

Ⅱ　次の空欄に当てはまる数値または符号をマークしなさい。

〔1〕　次の空欄に当てはまるものを，下の①～④から1つ選びなさい。ただし，x，yは実数とする。

(1)　$xy>1$は，$x>1$であるための $\boxed{\text{ア}}$ 。

(2)　$x=3$は，$x^2-2x-3=0$であるための $\boxed{\text{イ}}$ 。

(3)　$xy<0$は，$|x+y|>x+y$であるための $\boxed{\text{ウ}}$ 。

(4)　$x+y$が有理数であることは，xとyがともに有理数であるための $\boxed{\text{エ}}$ 。

①必要十分条件である
②必要条件であるが十分条件ではない
③十分条件であるが必要条件ではない
④必要条件でも十分条件でもない

〔2〕　$\sin\theta+\cos\theta=\dfrac{1}{3}$のとき，次の式の値を求めなさい。

(1)　$\sin\theta\cos\theta=\dfrac{\boxed{\text{オカ}}}{\boxed{\text{キ}}}$

(2)　$\tan\theta+\dfrac{1}{\tan\theta}=\dfrac{\boxed{\text{クケ}}}{\boxed{\text{コ}}}$

(3)　$\sin^3\theta+\cos^3\theta=\dfrac{\boxed{\text{サシ}}}{\boxed{\text{スセ}}}$

(4)　$\sin\theta-\cos\theta=\dfrac{\sqrt{\boxed{\text{ソタ}}}}{\boxed{\text{チ}}}$　$\left(\dfrac{\pi}{2}<\theta<\pi\right)$

Ⅲ　次の空欄に当てはまる数値または符号をマークしなさい。

aは実数の定数とする。2次関数$f(x)=2x^2-4ax+a+1$（$0 \leqq x \leqq 4$）について，次の問いに答えなさい。

〔1〕　$a=-1$のとき，$f(x)$は$x=\boxed{\text{ア}}$で最小値$\boxed{\text{イ}}$をとる。

〔2〕　$a=1$のとき，$f(x)$は$x=\boxed{\text{ウ}}$で最小値$\boxed{\text{エ}}$をとる。

〔3〕　$a=5$のとき，$f(x)$は$x=\boxed{\text{オ}}$で最小値$\boxed{\text{カキク}}$をとる。

〔4〕　$0 \leqq x \leqq 4$において，つねに$f(x)>0$が成り立つとき，aの値の範囲は
$\boxed{\text{ケコ}}<a<\boxed{\text{サ}}$である。

Ⅳ　次の空欄に当てはまる数値または符号をマークしなさい。

OA $=2$，OB $=3$，$\angle$AOB $=60°$の△OABがあり，$\vec{a}=\overrightarrow{OA}$，$\vec{b}=\overrightarrow{OB}$とおく。

〔1〕　$\vec{a}\cdot\vec{b}=\boxed{\text{ア}}$であり，$|\vec{a}-\vec{b}|=\sqrt{\boxed{\text{イ}}}$
である。

〔2〕　辺OAを$1:2$に内分する点をC，辺OBを$2:1$に内分する点をDとし，線分CDの中点をMとする。
さらに，直線OMと辺ABの交点をEとする。

$\overrightarrow{OM}=\dfrac{\boxed{\text{ウ}}}{\boxed{\text{エ}}}\vec{a}+\dfrac{\boxed{\text{オ}}}{\boxed{\text{カ}}}\vec{b}$，$\overrightarrow{OE}=\dfrac{\boxed{\text{キ}}}{\boxed{\text{ク}}}\vec{a}+\dfrac{\boxed{\text{ケ}}}{\boxed{\text{コ}}}\vec{b}$であり，

$\cos\angle \text{AOE}=\dfrac{\boxed{\text{サ}}\sqrt{\boxed{\text{シス}}}}{\boxed{\text{セソ}}}$である。また，点Oから直線CDに垂線を引き，直線CDとの交点をHとする。実数sを用いて，$\overrightarrow{OH}=(1-s)\overrightarrow{OC}+s\overrightarrow{OD}$と表すとき，

$s=-\dfrac{\boxed{\text{タ}}}{\boxed{\text{チツ}}}$である。

◀数学Ⅰ・A▶

(60分)

Ⅰ **次の空欄に当てはまる数値または符号をマークしなさい。**

〔1〕 $x=\dfrac{\sqrt{7}-\sqrt{3}}{\sqrt{7}+\sqrt{3}}$, $y=\dfrac{\sqrt{7}+\sqrt{3}}{\sqrt{7}-\sqrt{3}}$ のとき，$x+y=$ [ア] であり，$x^2+y^2=$ [イウ] である。

〔2〕 a が $a>-\dfrac{9}{2}$ を満たす定数であるとき，不等式 $7x-10<5x+1\leqq 6x+a$ を満たす x の範囲は [エ] $-a\leqq x<\dfrac{[オカ]}{[キ]}$ である。また，この不等式を満たす x の範囲に含まれる整数が 5 のみであるとき，a の範囲は [クケ] $\leqq a<$ [コサ] である。

〔3〕 全体集合 U に含まれる部分集合 A, B を考える。集合 X の要素の個数を $n(X)$ と表す。
$n(U)=100$, $n(A)=38$, $n(B)=66$ であるとすると，
$n(A\cap B)$ の最小値は [シ]，最大値は [スセ] である。また，
$n(\overline{A}\cap B)$ の最小値は [ソタ]，最大値は [チツ] である。

〔4〕 下の図の△ABCにおいて，ADとCIはそれぞれ∠Aと∠Cの二等分線である。このとき，BD : DC = [テ] : [ト] であり，面積比△ABC : △AICは [ナ] : [ニ] である。

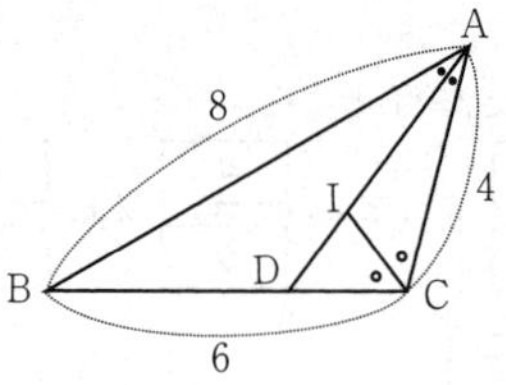

〔5〕 ∠A = 45°，AB $=\sqrt{2}$，AC $=\sqrt{3}+1$ である△ABCにおいて，BC = [ヌ]，
∠C = [ネノ]° であり，△ABCの面積は $\dfrac{\sqrt{[ハ]}+[ヒ]}{[フ]}$ である。

Ⅱ 次の空欄に当てはまる数値または符号をマークしなさい。

〔1〕 1辺の長さが6の立方体について，各面の対角線の交点を頂点とし，隣り合った面どうしの頂点を結ぶことによって，立方体の中に正八面体をつくる。このとき，次の問いに答えなさい。

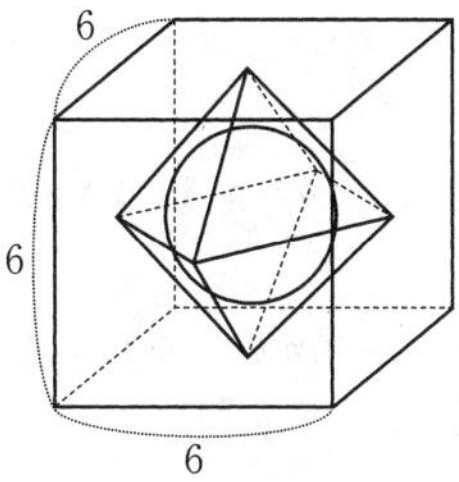

(1) 正八面体の1辺の長さは $\boxed{\text{ア}}\sqrt{\boxed{\text{イ}}}$ である。

(2) 正八面体の体積は $\boxed{\text{ウエ}}$ である。

(3) 正八面体に内接する球の半径は $\sqrt{\boxed{\text{オ}}}$ である。

〔2〕 次のそれぞれの問いに答えなさい。

(1) 濃度が4％であった食塩水200 gの濃度を10％にするためには，食塩を $\dfrac{\boxed{\text{カキ}}}{\boxed{\text{ク}}}$ g追加する必要がある。また，濃度が4％であった食塩水200 gに，ある食塩水を600 g加えたところ，濃度が10％になっていたとすると，加えた食塩水の濃度は $\boxed{\text{ケコ}}$ ％である。

(2) ミニカーをケースに入れて飾りたい。1つのケースに4台ずつ入れて飾るとミニカーが19台余り，7台ずつ入れて飾ると最後のケースには7台未満しか入らない。このとき，ケースの個数は $\boxed{\text{サ}}$ 個または $\boxed{\text{シ}}$ 個であり，ミニカーの台数は，ケースが $\boxed{\text{サ}}$ 個のとき $\boxed{\text{スセ}}$ 台であり，ケースが $\boxed{\text{シ}}$ 個のとき $\boxed{\text{ソタ}}$ 台である。ただし，$\boxed{\text{サ}} < \boxed{\text{シ}}$ である。

Ⅲ　次の空欄に当てはまる数値または符号をマークしなさい。

2つの2次関数 $f(x)=x^2-2x-8$，$g(x)=x^2+ax+a-8$ について考える。ただし，a は実数の定数である。

〔1〕 $f(3)=$ [アイ] である。また，$f(x)=7$ のとき，$x=$ [ウエ]，[オ] である。

〔2〕 すべての実数 x に対して $f(x)>b$ が成り立つような b の値の範囲は，$b<$ [カキ] である。

〔3〕 すべての実数 x に対して $g(x)>-10$ が成り立つような a の値の範囲は，

[ク] $-$ [ケ] $\sqrt{[コ]}$ $<a<$ [ク] $+$ [ケ] $\sqrt{[コ]}$ である。

〔4〕 $g(x)>0$ を満たす x がつねに $f(x)>0$ を満たすような a の値の範囲は，

[サシ] $\leqq a \leqq \dfrac{[スセ]}{[ソ]}$ である。

Ⅳ　次の空欄に当てはまる数値または符号をマークしなさい。

袋Aには赤玉3個，白玉2個，袋Bには赤玉1個，白玉3個が入っている。

〔1〕 袋Aから同時に2個の玉を取り出すとき，異なる色の玉が取り出される確率は $\dfrac{[ア]}{[イ]}$ である。また，袋A，Bから1個ずつ玉を取り出すとき，同じ色の玉が取り出される確率は $\dfrac{[ウ]}{[エオ]}$ である。

〔2〕 袋Aから2個，袋Bから1個の玉を取り出すとき，少なくとも1個が赤玉である確率は $\dfrac{[カキ]}{[クケ]}$ である。

〔3〕 袋Aから玉を1個取り出して袋Bに入れ，よくかき混ぜて，袋Bから玉を1個取り出すとき，この玉が白玉である確率は $\dfrac{[コサ]}{[シス]}$ である。

〔4〕 袋Aから玉を2個取り出して袋Bに入れ，よくかき混ぜて，袋Bから玉を2個取り出す。このとき，袋Bから取り出された2個の玉がどちらも赤玉である確率は $\dfrac{\boxed{\text{セ}}}{\boxed{\text{ソタ}}}$ である。また，袋Bから取り出された2個の玉がどちらも赤玉であったとき，袋Aから取り出された2個の玉がともに赤玉である条件付き確率は $\dfrac{\boxed{\text{チ}}}{\boxed{\text{ツ}}}$ である。

物　理

(60分)

I 次の問いに答えなさい。

問1　図1のように，質量mの物体に鉛直上向きに力を加えたところ，大きさ$4g$の加速度で鉛直に上昇した。ただし，gは重力加速度の大きさを表し，空気抵抗は無視できるものとする。物体に鉛直上向きに加えている力の大きさを表す式として最も適当なものを，下の選択肢の中から1つ選び，番号をマークしなさい。　ア

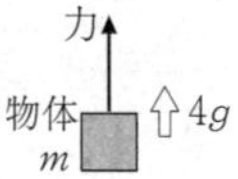

図1

① mg　② $2mg$　③ $3mg$
④ $4mg$　⑤ $5mg$　⑥ $6mg$

問2　図2のように，ある質量の物体を水平であらい床面上に置き，水平右向きに大きさFの力を加える。Fを0から少しずつ大きくしていくとき，物体が床面から受ける摩擦力の大きさをfとする。fとFの関係を表すグラフとして最も適当なものを，下の選択肢の中から1つ選び，番号をマークしなさい。ただし，物体と床面の間の動摩擦係数は，静止摩擦係数より小さく，その値は一定であるものとする。　イ

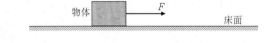

①
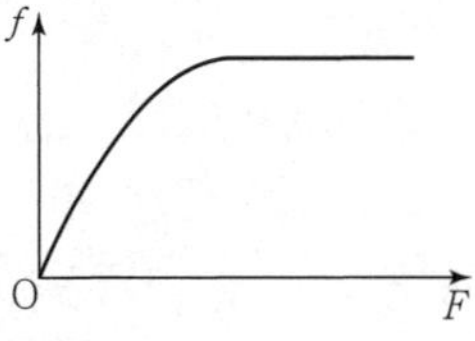

②
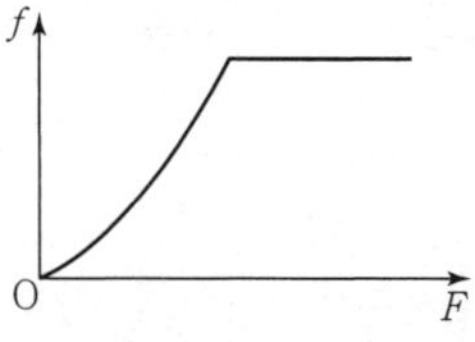

③
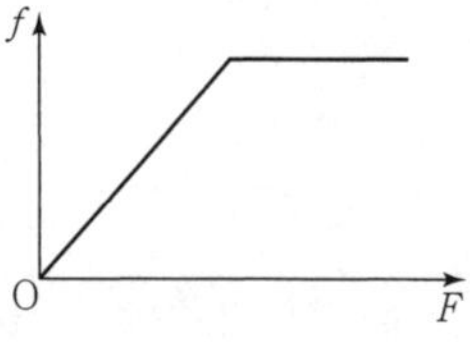

④

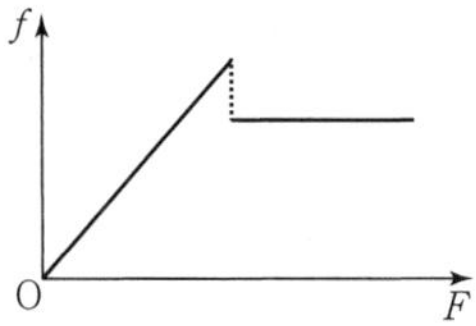

⑤

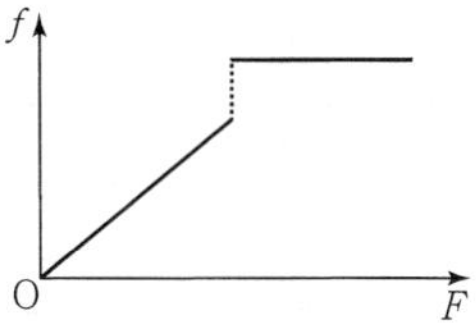

⑥

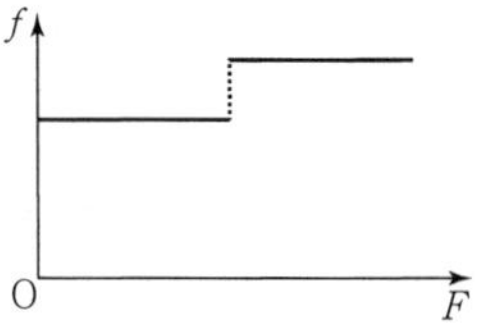

問3　図3のように，コマとコマの間隔をそれぞれ l，L にして2本の弦を張る。両方の弦の中央部を同時に弾くと，それぞれの弦から基本振動の音が出て，うなりが観測された。観測されたうなりの単位時間あたりの回数として最も適当なものを，下の選択肢の中から1つ選び，番号をマークしなさい。ただし，L は l よりわずかに長く，2本の弦を伝わる波の速さは等しく，その速さを v とする。　ウ

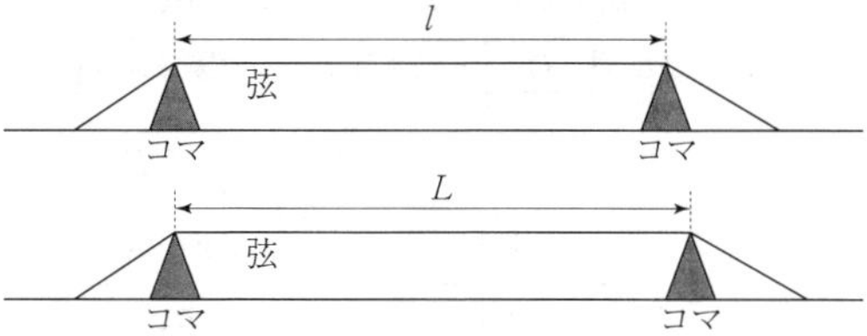

図3

① $\dfrac{v}{2}\left(\dfrac{1}{l}-\dfrac{1}{L}\right)$　② $v\left(\dfrac{1}{l}-\dfrac{1}{L}\right)$　③ $2v\left(\dfrac{1}{l}-\dfrac{1}{L}\right)$

④ $\dfrac{L-l}{2v}$　⑤ $\dfrac{L-l}{v}$　⑥ $\dfrac{2(L-l)}{v}$

問4　次の文章中の空欄 A ・ B に入れる語句と数値の組合せとして，最も適当なものを，下の選択肢の中から1つ選び，番号をマークしなさい。　エ

帯電体aと帯電体bを近づけると互いに引力を及ぼし合い，帯電体aと帯電体cを近づけると互いに斥力を及ぼし合った。このとき，帯電体bと帯電体cを近づけると，互いに A を及ぼし合う。

帯電していない塩化ビニール管を毛皮で擦ったところ，塩化ビニール管は負に帯電した。その帯電量が -8.0×10^{-7}C であるとき，毛皮から塩化ビニール管に移動した電子の数は B 個である。ただし，電子の電気量の大きさを 1.6×10^{-19}C とする。

	A	B
①	引力	2.0×10^{11}
②	引力	2.0×10^{12}
③	引力	5.0×10^{12}
④	斥力	2.0×10^{11}
⑤	斥力	2.0×10^{12}
⑥	斥力	5.0×10^{12}

問5　次の文章中の空欄 C ・ D に入れる式と語句の組合せとして，最も適当なものを，下の選択肢の中から1つ選び，番号をマークしなさい。　オ

気体が外部から吸収した熱量をQ，外部からされた仕事をWとすると，気体の内部エネルギーの変化ΔUは，$\Delta U=$ C と表される。この関係式は D を表す。

	C	D
①	$Q+W$	熱力学第1法則
②	$Q+W$	熱量の保存の法則
③	$Q-W$	熱力学第1法則
④	$Q-W$	熱量の保存の法則
⑤	$W-Q$	熱力学第1法則
⑥	$W-Q$	熱量の保存の法則

問6　放射線に関する記述として最も適当なものを，次の中から1つ選び，番号をマークしなさい。　カ

① γ線は電磁波ではなく，原子核を構成する粒子の一種である。

② 放射線の人体への影響は，放射線の種類によらず，ベクレルという単位で表される放射能の強さで決まる。

③ α線，β線，γ線の中では，α線が最も透過力が強い。

④ 放射線は，その電離作用によって生物の細胞や遺伝子に影響を及ぼす。

⑤ β線は，エネルギーの大きいヘリウムの原子核である。

II **速度と時間のグラフ，抵抗の回路に関する次の文〔1〕,〔2〕を読んで，あとの問いに答えなさい。**

〔1〕 図1のように，水平でなめらかな床面に沿ってx軸をとり，$x = 0$ mの位置に質量1.0kgの物体を置き，時刻$t = 0$ sから水平方向に力を加えたところ，物体はx軸に沿って運動をはじめた。図2は，物体の速度v〔m/s〕と時刻t〔s〕の関係を表したグラフである。x軸の正の向きを速度や加速度の正の向きとする。

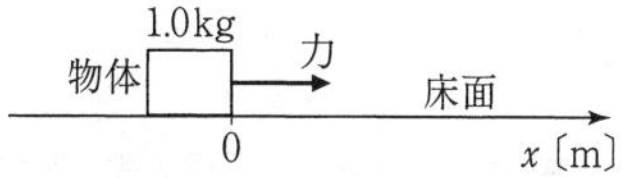

図1

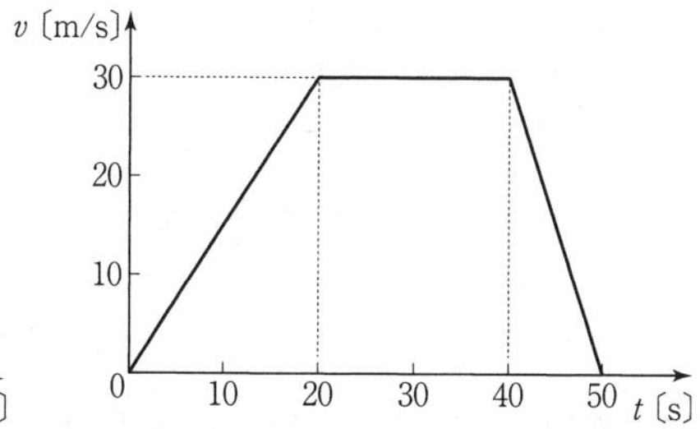

図2

問1 時刻$t = 10$s，30s，45sでの物体の加速度をそれぞれa_1，a_2，a_3とする。これらの加速度の数値の組（a_1，a_2，a_3）として最も適当なものを，次の中から1つ選び，番号をマークしなさい。　ア

① $(1.5\,\mathrm{m/s^2},\quad 0\,\mathrm{m/s^2},\quad -0.67\,\mathrm{m/s^2})$
② $(1.5\,\mathrm{m/s^2},\quad 0\,\mathrm{m/s^2},\quad -3.0\,\mathrm{m/s^2})$
③ $(1.5\,\mathrm{m/s^2},\quad 1.0\,\mathrm{m/s^2},\quad -3.0\,\mathrm{m/s^2})$
④ $(3.0\,\mathrm{m/s^2},\quad 0\,\mathrm{m/s^2},\quad -0.67\,\mathrm{m/s^2})$
⑤ $(3.0\,\mathrm{m/s^2},\quad 0\,\mathrm{m/s^2},\quad -3.0\,\mathrm{m/s^2})$
⑥ $(3.0\,\mathrm{m/s^2},\quad 1.0\,\mathrm{m/s^2},\quad -0.67\,\mathrm{m/s^2})$

問2 時刻$t = 40$sでの物体の位置xとして最も適当なものを，次の中から1つ選び，番号をマークしなさい。　イ

① $x = 800$ m　② $x = 850$ m　③ $x = 900$ m
④ $x = 950$ m　⑤ $x = 1000$ m　⑥ $x = 1050$ m

問3 時刻$t = 0$ sから$t = 40$sまでに，物体に対して水平方向に加えた力がした仕事として最も適当なものを，次の中から1つ選び，番号をマークしなさい。ただし，空気抵抗は無視できるものとする。　ウ

① 450 J　　② 650 J　　③ 900 J
④ 1200 J　　⑤ 1350 J　　⑥ 1500 J

〔2〕 図3のように，抵抗値がそれぞれr，$2r$，$3r$の抵抗R_1，R_2，R_3と，電圧Eの直流電源を接続した電気回路がある。抵抗R_1，R_2，R_3以外の電気抵抗は無視できるものとする。

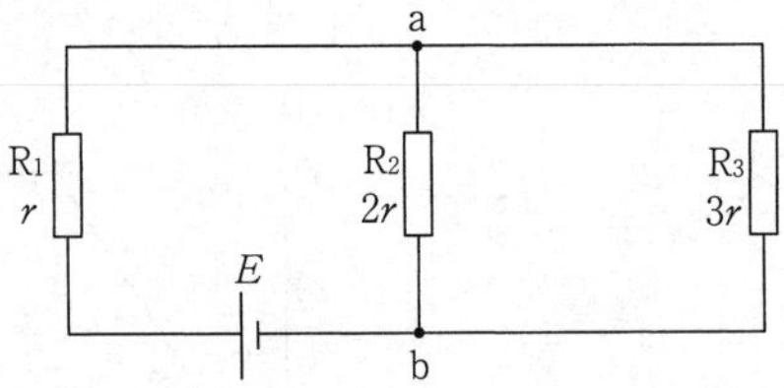

図3

問4 図3のab間に並列に接続されている抵抗R_2とR_3による合成抵抗を表す式として最も適当なものを，次の中から1つ選び，番号をマークしなさい。 エ

① $\frac{2}{3}r$　　② $\frac{5}{6}r$　　③ $\frac{6}{5}r$
④ $\frac{3}{2}r$　　⑤ $\frac{5}{2}r$　　⑥ $5r$

問5 抵抗R_1を流れる電流を表す式として最も適当なものを，次の中から1つ選び，番号をマークしなさい。 オ

① $\frac{2E}{7r}$　　② $\frac{2E}{5r}$　　③ $\frac{5E}{11r}$
④ $\frac{6E}{11r}$　　⑤ $\frac{3E}{5r}$　　⑥ $\frac{6E}{5r}$

問6 抵抗R_1，R_2，R_3で消費される電力をそれぞれP_1，P_2，P_3とする。P_1，P_2，P_3の大小関係を表す式として最も適当なものを，次の中から1つ選び，番号をマークしなさい。 カ

① $P_1 < P_2 < P_3$　　② $P_1 < P_3 < P_2$　　③ $P_2 < P_1 < P_3$
④ $P_2 < P_3 < P_1$　　⑤ $P_3 < P_1 < P_2$　　⑥ $P_3 < P_2 < P_1$

III **水平投射，気体の状態変化に関する次の文〔1〕，〔2〕を読んで，あとの問いに答えなさい。**

〔1〕 図1のように，水平でなめらかな床面からの高さがHの台の右端の点Pから，小球が水平右向きに速さv_0で飛び出した。小球は点Qで床面と1回目の衝突をしてはね返り，点Rで床面と2回目の衝突をした。点Pの真下の床面の点をOとする。また，小球と床面の間の反発係数（はね返り係数）をeとし，重力加速度の大きさをgとする。なめらかな床面と衝突するときに小球の速度の水平成分は変化せず，空気抵抗は無視できるものとする。

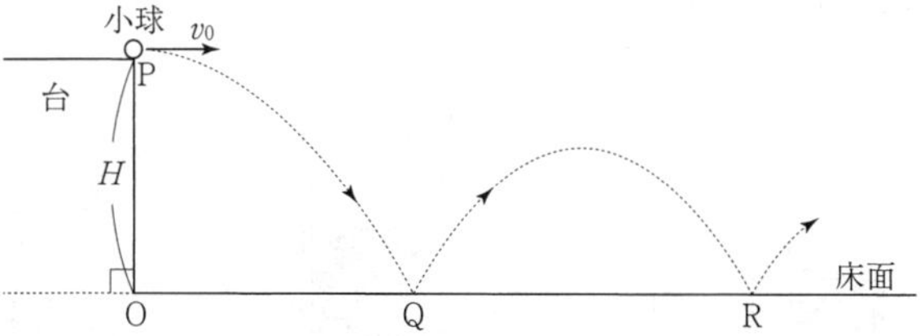

図1

問1 小球が点Pを飛び出してから点Qで床面に衝突するまでの時間t_Qを表す式として最も適当なものを，次の中から1つ選び，番号をマークしなさい。 **ア**

① $t_Q=\dfrac{H}{2g}$　② $t_Q=\dfrac{H}{g}$　③ $t_Q=\dfrac{2H}{g}$

④ $t_Q=\sqrt{\dfrac{H}{2g}}$　⑤ $t_Q=\sqrt{\dfrac{H}{g}}$　⑥ $t_Q=\sqrt{\dfrac{2H}{g}}$

問2 点Qで床面に衝突した直後の，小球の速度の鉛直成分の大きさを表す式として最も適当なものを，次の中から1つ選び，番号をマークしなさい。 **イ**

① $\dfrac{1}{2}gt_Q$　② gt_Q　③ $2gt_Q$

④ $\dfrac{1}{2}egt_Q$　⑤ egt_Q　⑥ $2egt_Q$

問3 QR間の距離はOQ間の距離の何倍か。最も適当なものを，次の中から1つ選び，番号をマークしなさい。 **ウ**

① $\sqrt{e}$倍　② $2\sqrt{e}$倍　③ e倍

④ $2e$倍　⑤ e^2倍　⑥ $2e^2$倍

〔2〕 図2のように，水平な床面上に，なめらかに動くピストンで理想気体を封入した断面積Sの円筒形シリンダーを置く。大気圧をp_0，ピストンの質量をmとする。はじめシリンダーを寝かせて置き，シリンダー内の気体の絶対温度は外部と同じT，圧力も外部と同じp_0であり，シリンダーの底面からピストンまでの距離はLであった。このときを状態Ⅰとする。次に，シリンダーをゆっくりと起こし，鉛直に立てると，ピストンはある位置で静止し，シリンダー内の気体の絶対温度はTのままであった。このときを状態Ⅱとする。続いて，シリンダー内の気体をゆっくりと加熱すると，気体の絶対温度が上昇し，ピストンはシリンダーの底面からの距離がLに戻って静止した。このときを状態Ⅲとする。重力加速度の大きさをgとする。

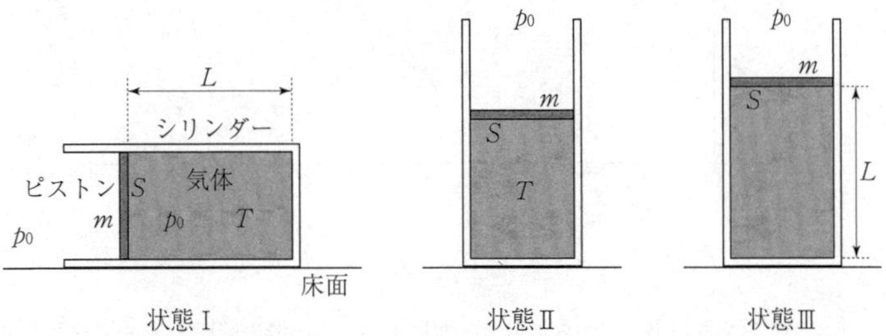

図2

問4　気体定数をRとすると，シリンダー内の気体の物質量を表す式として最も適当なものを，次の中から1つ選び，番号をマークしなさい。　**エ**

① $\dfrac{RTSL}{p_0}$　② $\dfrac{RSL}{p_0T}$　③ $\dfrac{Rp_0SL}{T}$

④ $\dfrac{p_0}{RTSL}$　⑤ $\dfrac{p_0SL}{RT}$　⑥ $\dfrac{p_0T}{RSL}$

問5　状態Ⅱにおいて，シリンダーの底面からピストンまでの距離はいくらか。最も適当なものを，次の中から1つ選び，番号をマークしなさい。　**オ**

① $\dfrac{mg}{p_0}L$　② $\dfrac{mg}{p_0S}L$　③ $\dfrac{p_0}{p_0+mg}L$

④ $\dfrac{p_0S}{p_0S+mg}L$　⑤ $\dfrac{p_0-mg}{p_0}L$　⑥ $\dfrac{p_0S-mg}{p_0S}L$

問6　状態Ⅱから状態Ⅲまでの過程で，気体が外部にした仕事はいくらか。最も適当なものを，次の中から1つ選び，番号をマークしなさい。　**カ**

① mgL　② p_0SL　③ $(p_0S-mg)L$

④ $(p_0S+mg)L$　⑤ $\dfrac{p_0Smg}{p_0S-mg}L$　⑥ $\dfrac{p_0Smg}{p_0S+mg}L$

Ⅳ　**光の干渉，コンデンサーの回路に関する次の文〔1〕，〔2〕を読んで，あとの問いに答えなさい。**

〔1〕　図1は，屈折率n，厚さdの薄膜の上面に，入射角iで入射した光の道すじを拡大して表したものである。薄膜は空気ではさまれており，空気の屈折率を1とし，空気中での光の波長をλとする。光線1は点Aで屈折角rで屈折した後，薄膜の下面の点Bで反射し，上面の点Cで屈折して空気中に出る。光線2は薄膜の上面の点Cで反射する。破線AA′は入射光の波面，CC′は屈折光の波面を表す。

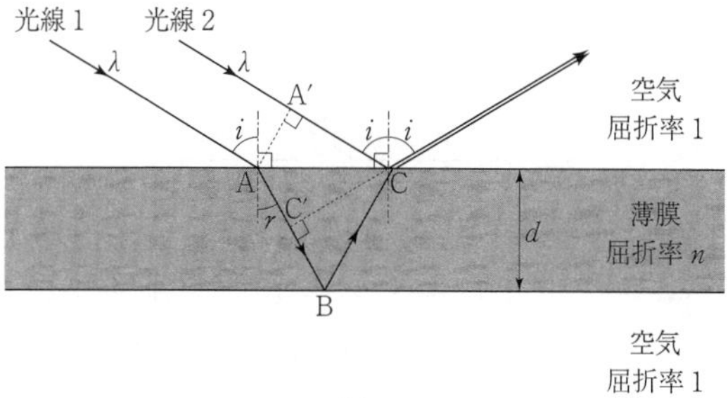

図1

問1　nを表す式として最も適当なものを，次の中から1つ選び，番号をマークしなさい。

ア

①　$n=\dfrac{\sin i}{\sin r}$　②　$n=\dfrac{\sin r}{\sin i}$　③　$n=\dfrac{\cos i}{\cos r}$

④　$n=\dfrac{\cos r}{\cos i}$　⑤　$n=\dfrac{\tan i}{\tan r}$　⑥　$n=\dfrac{\tan r}{\tan i}$

問2　波面AA′から波面CC′までの光学距離（光路長）は等しいので，光線1と光線2に光路差を生じさせる道のりの距離の差（経路差）はC′B＋BCとなる。この距離C′B＋BCをdとrを用いて表す式として最も適当なものを，次の中から1つ選び，番号をマークしなさい。

イ

①　$C'B + BC = 2d\sin r$　②　$C'B + BC = 2d\cos r$　③　$C'B + BC = 2d\tan r$

④　$C'B + BC = \dfrac{2d}{\sin r}$　⑤　$C'B + BC = \dfrac{2d}{\cos r}$　⑥　$C'B + BC = \dfrac{2d}{\tan r}$

問3　$n > 1$なので，点Cでの光の反射では位相がπずれ，点Bでの光の反射では位相はずれない。このことを考慮すると，光線1，光線2の反射光が強め合うために，距離C′B＋BCが満たすべき条件は，0以上の整数m（m＝0，1，2，…）などを用いてどのように表されるか。最も適当なものを，次の中から1つ選び，番号をマークしなさい。　ウ

① $C'B + BC = \frac{1}{2}mn\lambda$　　② $C'B + BC = \frac{1}{2}m \cdot \frac{\lambda}{n}$

③ $C'B + BC = mn\lambda$　　④ $C'B + BC = m \cdot \frac{\lambda}{n}$

⑤ $C'B + BC = \left(m + \frac{1}{2}\right)n\lambda$　　⑥ $C'B + BC = \left(m + \frac{1}{2}\right)\frac{\lambda}{n}$

〔2〕 図2のように，電圧Vの直流電源に，極板間隔d，電気容量Cの平行板コンデンサー，抵抗R，スイッチSを接続する。はじめ，スイッチSは開かれており，コンデンサーに電気量は蓄えられていない。

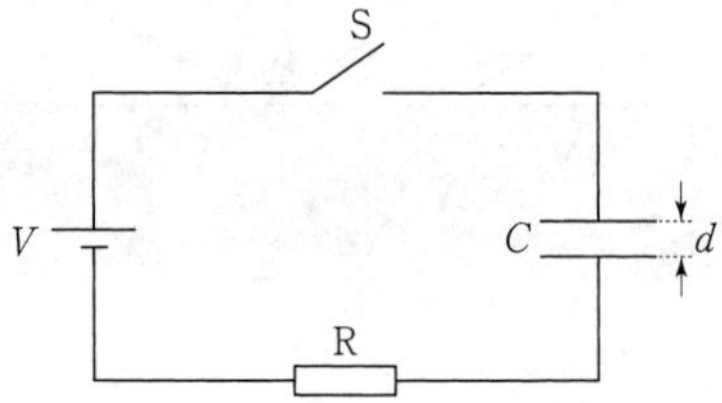

図2

問4 スイッチSを閉じて十分に時間が経過した後，スイッチSを開いた。このとき，コンデンサーに蓄えられている静電エネルギーを表す式として最も適当なものを，次の中から1つ選び，番号をマークしなさい。 **エ**

① $\frac{1}{2}CV$　　② CV　　③ $\frac{V}{2C}$

④ $\frac{1}{2}C^2V$　　⑤ $\frac{1}{2}CV^2$　　⑥ $\frac{V^2}{2C}$

問5 問4に続いて，スイッチSを開いたまま，コンデンサーの極板間隔をゆっくりと広げて$d+x$にした。ただし，$0 < x < d$とする。このときのコンデンサーの極板間の電圧を表す式として最も適当なものを，次の中から1つ選び，番号をマークしなさい。 **オ**

① $\sqrt{\frac{d+x}{d}}V$　　② $\sqrt{\frac{d}{d+x}}V$　　③ $\frac{d+x}{d}V$

④ $\frac{d}{d+x}V$　　⑤ $\left(\frac{d+x}{d}\right)^2V$　　⑥ $\left(\frac{d}{d+x}\right)^2V$

問6 問5に続いて，スイッチSを再び閉じて十分に時間が経過した。スイッチSを再び閉じてから十分に時間が経過するまでの間に，スイッチSを流れた電気量の大きさを表す式として最も適当なものを，次の中から1つ選び，番号をマークしなさい。 **カ**

① 0　　② $\frac{d}{d+x}CV$　　③ $\frac{x}{d+x}CV$

④ $\frac{x}{d}CV$　　⑤ $\frac{d+x}{d}CV$　　⑥ $\frac{d+x}{x}CV$

化 学

(60 分)

必要があれば，次の数値を使いなさい。
原子量　H = 1.0，C = 12，N = 14，O = 16，K = 39，Ca = 40
0℃，1.01×10^5Pa（標準状態）で 1 mol の気体が占める体積　22.4L
問題文中の体積の単位記号Lは，リットルを表す。

I 次の問いに答えなさい。

問 1　次の図は，大気圧下で，－20℃の氷に一定の熱量を加えながら加熱したときの温度と加熱時間の関係を表している。この図に関する記述として最も**不適当な**ものを，下の選択肢の中から1つ選び，番号をマークしなさい。 ア

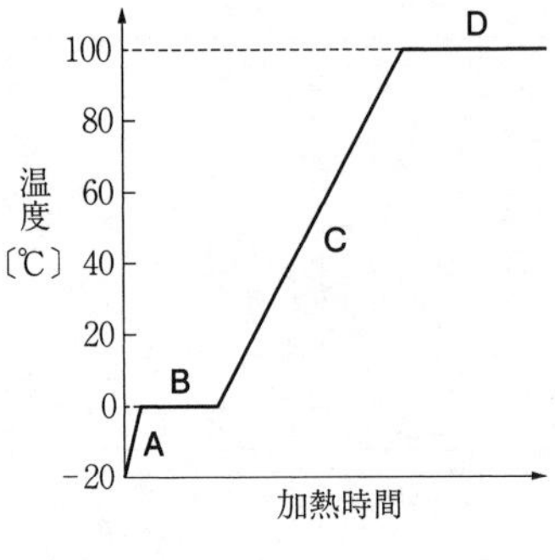

① Aでは，水（液体）は存在していない。
② Bでは，融解が起こっている。
③ Cでは，氷と水（液体）が存在している。
④ Dでは，沸騰が起こっている。
⑤ 大気圧が一定であれば，最初の氷の温度を変えても，B，Dの温度は変わらない。

問 2　次の表は，元素の周期表の一部である。この表に関する下の記述 a ～ c のうち，正しい記述のみを選んだものとして最も適当なものを，下の選択肢の中から1つ選び，番号をマー

クしなさい。　**イ**

<table>
<tr><th></th><th>1</th><th>2</th><th>3</th><th>4</th><th>5</th><th>6</th><th>7</th><th>8</th><th>9</th><th>10</th><th>11</th><th>12</th><th>13</th><th>14</th><th>15</th><th>16</th><th>17</th><th>18</th></tr>
<tr><td>1</td><td>H</td><td colspan="16"></td><td>He</td></tr>
<tr><td>2</td><td rowspan="3">A</td><td rowspan="3">B</td><td colspan="10" rowspan="2"></td><td colspan="5">D</td><td rowspan="3">G</td></tr>
<tr><td>3</td><td colspan="5">E</td></tr>
<tr><td>4</td><td colspan="10">C</td><td colspan="5">F</td></tr>
</table>

a　同一周期で比較した場合，**A**に属する元素の原子より**G**に属する元素の原子のほうがイオン化エネルギーは大きい。

b　**A**，**B**，**C**に属する元素はすべて金属元素である。

c　**D**，**E**，**F**，**G**に属する元素はすべて非金属元素である。

①　aのみ　②　bのみ　③　cのみ
④　aとb　⑤　aとc　⑥　bとc

問3　身のまわりの物質に関する記述として最も**不適当な**ものを，次の中から1つ選び，番号をマークしなさい。　**ウ**

①　炭酸ナトリウムを加熱すると二酸化炭素を発生するのでベーキングパウダーとして調理に用いられる。

②　アンモニアは肥料の原料として用いられる。

③　ステンレス鋼は鉄にクロムやニッケルを加えた合金であり，台所の流し台などに用いられる。

④　ポリエチレンテレフタラートは飲料などの容器として用いられる。

⑤　窒素は油が酸化されるのを防ぐため，スナック菓子などの袋に充填されている。

問4　化学結合に関する次の記述a～cのうち，正しい記述のみを選んだものとして最も適当なものを，下の選択肢の中から1つ選び，番号をマークしなさい。　**エ**

a　ケイ素はダイヤモンドと同様に正四面体形を基本構造とする共有結合の結晶である

b　アンモニウムイオン$NH_4{}^+$の4つのN−H結合の性質は配位結合と共有結合で性質が異なる。

c　ナフタレンは，多数の分子が分子間力で引き合ってできた分子結晶である。

①　aのみ　②　bのみ　③　cのみ
④　aとb　⑤　aとc　⑥　bとc

問5　マグネシウムには^{24}Mg，^{25}Mg，^{26}Mgの3種類の同位体が存在する。これらの存在割合をそれぞれ80.0%，10.0%，10.0%とした場合，マグネシウムの原子量として最も適当な

ものを，次の中から1つ選び，番号をマークしなさい。なお，各同位体の相対質量は質量数に等しいとする。 オ

① 23.5　② 23.8　③ 24.0　④ 24.3　⑤ 24.5　⑥ 24.8

問6　石灰石（主成分は炭酸カルシウム$CaCO_3$）5.00gに，十分な量の希塩酸を加えたところ0℃，1.01×10^5Pa（標準状態）で0.896Lの二酸化炭素が発生した。石灰石中の不純物は希塩酸と反応しない場合，石灰石中に含まれる炭酸カルシウムの質量の割合として最も適当なものを，次の中から1つ選び，番号をマークしなさい。 カ

① 76.0%　② 80.0%　③ 84.0%
④ 88.0%　⑤ 92.0%　⑥ 96.0%

Ⅱ　中和反応，酸化還元反応に関する次の文〔1〕，〔2〕を読んで，あとの問いに答えなさい。

〔1〕 (1)酸と塩基が反応して，互いにその性質を打ち消し合う反応を中和反応という。例えば，(2)酢酸水溶液に水酸化ナトリウム水溶液を滴下していくと中和反応が起こり，酢酸ナトリウムと水を生じる。中和反応では，指示薬を加えて色の変化を調べることで中和がちょうど終了した中和点を確認する。酢酸と水酸化ナトリウムの中和反応で生じた酢酸ナトリウムは正塩であるが，水溶液は塩基性を示す。このように，(3)中和反応で生じる塩の種類とその水溶液の液性は必ずしも一致するとは限らない。

問1　―― 線(1)の酸・塩基に関する次の記述a～cのうち，正しい記述のみを選んだものとして最も適当なものを，下の選択肢の中から1つ選び，番号をマークしなさい。 ア

a　酢酸水溶液はマグネシウムと反応して水素を発生する。

b　塩基の水溶液の水素イオン濃度は1.0×10^{-7}mol/Lよりも小さくなる。

c　ブレンステッド・ローリーの定義によると，次の反応のH_2Oは酸と定義される。

$HSO_4^- + \underline{H_2O} \leftrightarrows SO_4^{2-} + H_3O^+$

① aのみ　② bのみ　③ cのみ
④ aとb　⑤ aとc　⑥ bとc

問2　―― 線(2)の中和反応に関する次の記述a～cのうち，正しい記述のみを選んだものとして最も適当なものを，下の選択肢の中から1つ選び，番号をマークしなさい。 イ

a　メチルオレンジを加えて黄色に変わった点を中和点とする。

b　水酸化ナトリウム水溶液を滴下する際はホールピペットを用いる。

c　酢酸水溶液と水酸化ナトリウム水溶液のモル濃度が等しいとき，この中和反応における滴定曲線は，次の**A**～**D**のうち，**C**である。

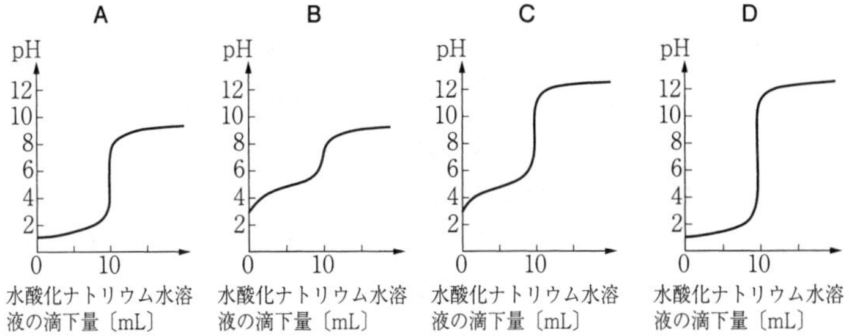

①　aのみ　②　bのみ　③　cのみ

④　aとb　⑤　aとc　⑥　bとc

問3　―― 線(**2**)の中和反応で，5.00×10^{-4} molの酢酸を含む酢酸水溶液200 mLに1.00×10^{-2} mol/Lの水酸化ナトリウム水溶液を滴下した。中和点に到達するまでに加えた水酸化ナトリウム水溶液の体積は何mLか。最も適当なものを，次の中から1つ選び，番号をマークしなさい。　**ウ**

①　10.0 mL　②　20.0 mL　③　50.0 mL

④　100 mL　⑤　200 mL　⑥　500 mL

問4　―― 線(**3**)の塩の種類と液性に関する次の記述a～cのうち，正しい記述のみを選んだものとして最も適当なものを，下の選択肢の中から1つ選び，番号をマークしなさい。　**エ**

a　$NaHSO_4$ は酸性塩で，水に溶かすと酸性を示す。

b　Na_2SO_4 は正塩で，水に溶かすと中性を示す。

c　$NaHCO_3$ は酸性塩で，水に溶かすと酸性を示す。

①　aのみ　②　bのみ　③　cのみ

④　aとb　⑤　aとc　⑥　bとc

〔**2**〕　0.050 mol/Lの硫酸鉄(Ⅱ)水溶液20 mLを三角フラスコに入れ，硫酸を加えて酸性条件にした。この溶液を約60℃に温め，0.020 mol/Lの過マンガン酸カリウム水溶液を少しずつ加えたところ，x〔mL〕加えたところで反応が完了した。このとき，硫酸鉄(Ⅱ)と過マンガン酸カリウムはe^-を含む次のイオン反応式のように変化した。

硫酸鉄(Ⅱ)：$Fe^{2+} \rightarrow Fe^{3+} + e^{-}$

過マンガン酸カリウム：$MnO_4^{-} + 8H^{+} + 5e^{-} \rightarrow Mn^{2+} + 4H_2O$

問5　この実験に関する次の記述a～cのうち，正しい記述のみを選んだものとして最も適当なものを，下の選択肢の中から1つ選び，番号をマークしなさい。　**オ**

a　硫酸鉄(Ⅱ)は還元剤としてはたらいている。

b　過マンガン酸イオンは酸化されている。

c　反応が完了する終点は，滴下した過マンガン酸カリウム水溶液の赤紫色が消えた点である。

①　aのみ　　②　bのみ　　③　cのみ

④　aとb　　⑤　aとc　　⑥　bとc

問6　この酸化還元滴定は次の化学反応式で表される。空欄 **A** ， **B** にあてはまる化学式の組合せとして最も適当なものを，下の選択肢から1つ選び，番号をマークしなさい。　**カ**

$$2KMnO_4 + \boxed{A} + 8H_2SO_4 \rightarrow \boxed{B} + 5Fe_2(SO_4)_3 + 8H_2O + K_2SO_4$$

	A	B
①	$5FeSO_4$	$2MnO_2$
②	$5FeSO_4$	$MnSO_4$
③	$5FeSO_4$	$2MnSO_4$
④	$10FeSO_4$	$2MnO_2$
⑤	$10FeSO_4$	$MnSO_4$
⑥	$10FeSO_4$	$2MnSO_4$

問7　この滴定で加えた過マンガン酸カリウム水溶液の体積 x〔mL〕として最も適当なものを，次の中から1つ選び，番号をマークしなさい。　**キ**

①　4.0 mL　　②　10 mL　　③　20 mL

④　30 mL　　⑤　40 mL　　⑥　50 mL

III　**窒素を含む化合物，金属イオンの分離に関する次の文〔1〕，〔2〕を読んで，あとの問いに答えなさい。**

〔1〕 窒素は周期表15族に属する典型元素で，原子は5個の価電子をもち，ほかの原子と共有結合をつくる。窒素の化合物として，アンモニア，硝酸などがある。硝酸は次の反応の過程を経て工業的に合成される。

反応Ⅰ　アンモニアに触媒を加え一酸化窒素をつくる。

$$4NH_3 + 5O_2 \rightarrow 4NO + 6H_2O$$

反応Ⅱ　一酸化窒素を空気中の酸素と反応させて二酸化窒素とする。

$$2NO + O_2 \rightarrow 2NO_2$$

反応Ⅲ　二酸化窒素を温水に吸収させ硝酸を得る。

$$3NO_2 + H_2O \rightarrow 2HNO_3 + NO$$

問1　アンモニアの製法に関する次の文章中の空欄 A ～ C に当てはまる語句の組合せとして最も適当なものを，下の選択肢の中から1つ選び，番号をマークしなさい。 ア

> アンモニアは，実験室では塩化アンモニウムと A の混合物を加熱すると発生する。工業的には B で合成される。アンモニアの乾燥剤には， C を用いる。

	A	B	C
①	水酸化カルシウム	アンモニアソーダ法	塩化カルシウム
②	水酸化カルシウム	アンモニアソーダ法	ソーダ石灰
③	水酸化カルシウム	ハーバー・ボッシュ法	塩化カルシウム
④	水酸化カルシウム	ハーバー・ボッシュ法	ソーダ石灰
⑤	濃塩酸	アンモニアソーダ法	塩化カルシウム
⑥	濃塩酸	アンモニアソーダ法	ソーダ石灰
⑦	濃塩酸	ハーバー・ボッシュ法	塩化カルシウム
⑧	濃塩酸	ハーバー・ボッシュ法	ソーダ石灰

問2　反応Ⅰ～Ⅲに関する次の記述a～cのうち，正しい記述のみを選んだものとして最も適当なものを，下の選択肢の中から1つ選び，番号をマークしなさい。 イ

a　反応Ⅰでは，白金を触媒として用いる。

b　反応Ⅱの一酸化窒素は赤褐色，二酸化窒素は無色の気体である。

c　反応Ⅲでは，二酸化窒素には酸化と還元が両方起こっている。

① aのみ　② bのみ　③ cのみ
④ aとb　⑤ aとc　⑥ bとc

問3　反応Ⅰ～Ⅲで，0℃，1.01×10^5Pa（標準状態）のアンモニア44.8Lから質量パーセント濃度が63%の硝酸は何kg得られるか。最も適当なものを，次の中から１つ選び，番号をマークしなさい。　ウ

① 0.20kg　② 0.30kg　③ 0.40kg
④ 0.50kg　⑤ 0.60kg　⑥ 0.70kg

問4　硝酸に関する次の記述a～cのうち，正しい記述のみを選んだものとして最も適当なものを，下の選択肢の中から１つ選び，番号をマークしなさい。　エ

a　濃硝酸，希硝酸いずれも強い酸性を示す。

b　濃硝酸，希硝酸いずれも強い酸化力がある。

c　硝酸は，透明な容器で保存する。

① aのみ　② bのみ　③ cのみ
④ aとb　⑤ aとc　⑥ bとc

〔2〕 6種類の陽イオンFe^{3+}，Ag^{+}，Cu^{2+}，K^{+}，Zn^{2+}，Al^{3+}を含む混合水溶液がある。これらのイオンを分離するために次の図のような操作を行った。

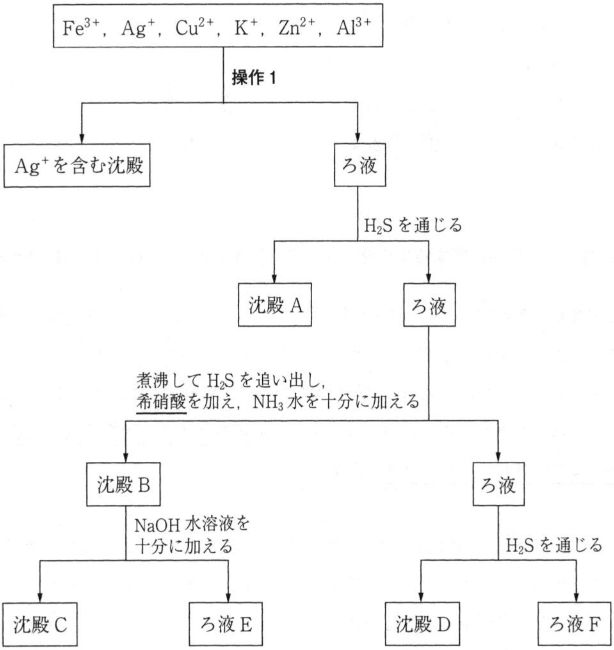

問5 **操作1**に関する次の記述a～cのうち，正しい記述のみを選んだものとして最も適当なものを，下の選択肢の中から1つ選び，番号をマークしなさい。 **オ**

a **操作1**では，希塩酸を加える。

b **操作1**で生じるAg^{+}を含む沈殿は熱水に溶ける。

c **操作1**で生じるAg^{+}を含む沈殿に光を当てるとAgが遊離する。

① aのみ　② bのみ　③ cのみ

④ aとb　⑤ aとc　⑥ bとc

問6 図中の ―― 線部で加える希硝酸の役割として最も適当なものを，次の中から1つ選び，番号をマークしなさい。 **カ**

① 還元剤　② 酸化剤　③ 乾燥剤　④ 触媒

⑤ 液性を酸性にするため

問7　沈殿A〜D, ろ液E, Fに関する次の記述a〜cのうち, 正しい記述のみを選んだもの
　　として最も適当なものを, 下の選択肢の中から1つ選び, 番号をマークしなさい。　キ

　　　a　沈殿A〜Dのうち, 沈殿物の色が黒色のものは1つのみである。

　　　b　ろ液Eには, Fe^{3+}の錯イオンが存在する。

　　　c　ろ液FにはK^+が存在する。

①　aのみ　　　　　②　bのみ　　　　　③　cのみ

④　aとb　　　　　⑤　aとc　　　　　⑥　bとc

IV　アルコール, 油脂に関する次の文〔1〕,〔2〕を読んで, あとの問いに答えなさい。

〔1〕　炭化水素の水素原子をヒドロキシ基に置換した構造をもつ化合物をアルコールという。ア
　　　ルコールはヒドロキシ基のついた炭素に炭化水素基がいくつ結合しているかで第一級アル
　　　コール, 第二級アルコール, 第三級アルコールに分類され, それぞれ特有の反応を示す。エ
　　　タノールは炭素数が2のアルコールである。濃硫酸とエタノールの混合溶液を約170℃に
　　　加熱して反応させると化合物Aが生成する。

問1　次の(1)〜(3)は, 化学式が$C_5H_{11}OH$で表されるアルコールの構造式である。(1)〜(3)
　　のうち, 第三級アルコールとその性質の組合せとして最も適当なものを, 下の選択肢の中
　　から1つ選び, 番号をマークしなさい。　ア

$$\text{(1)} \quad CH_3-\underset{\underset{CH_3}{|}}{CH}-\underset{\underset{OH}{|}}{CH}-CH_3 \qquad \text{(2)} \quad CH_3-\underset{\underset{OH}{|}}{\overset{\overset{CH_3}{|}}{C}}-CH_2-CH_3 \qquad \text{(3)} \quad CH_3-\underset{\underset{CH_3}{|}}{\overset{\overset{CH_3}{|}}{C}}-CH_2-OH$$

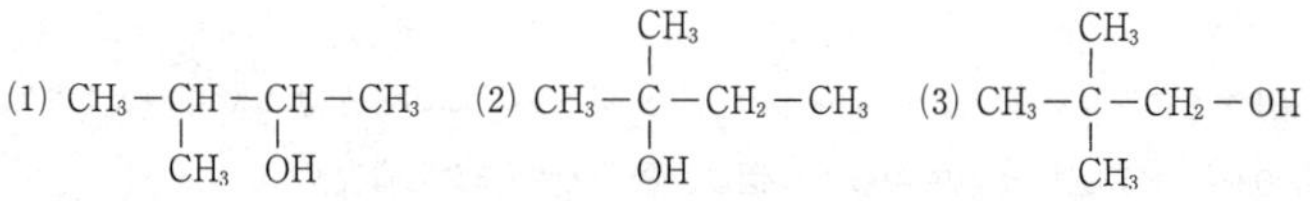

	構造式	性質
①	(1)	酸化されてケトンになる。
②	(1)	酸化されてカルボン酸になる。
③	(1)	酸化されにくい。
④	(2)	酸化されてケトンになる。
⑤	(2)	酸化されてカルボン酸になる。
⑥	(2)	酸化されにくい。
⑦	(3)	酸化されてケトンになる。
⑧	(3)	酸化されてカルボン酸になる。
⑨	(3)	酸化されにくい。

問2　エタノールに関する次の記述 a ～ c のうち，正しい記述のみを選んだものとして最も適当なものを，下の選択肢の中から1つ選び，番号をマークしなさい。 [イ]

a　デンプンなどを発酵させることでつくられる。

b　工業的には触媒を用いて，一酸化炭素と水素から高温・高圧で合成される。

c　金属ナトリウムと反応して，酸素が発生する。

① aのみ　② bのみ　③ cのみ
④ aとb　⑤ aとc　⑥ bとc

問3　化合物Aに関する次の記述 a ～ c のうち，正しい記述のみを選んだものとして最も適当なものを，下の選択肢の中から1つ選び，番号をマークしなさい。 [ウ]

a　化合物Aは水上置換法で捕集する。

b　化合物Aを臭素水に加えると水溶液は赤褐色に変化する。

c　化合物Aを赤熱した鉄に触れさせると3分子が結合してベンゼンになる。

① aのみ　② bのみ　③ cのみ
④ aとb　⑤ aとc　⑥ bとc

問4　―――線部の反応温度を約130℃にしたときの反応に関する次の文章中の空欄 [あ]，[い] に当てはまる語句の組合せとして最も適当なものを，下の選択肢の中から1つ選び，番号をマークしなさい。 [エ]

> 反応温度を約130℃にすると，[あ] 脱水反応が起こり，[い] が生成する。

	あ	い
①	分子内	エチレン
②	分子内	エチレングリコール
③	分子内	ジエチルエーテル
④	分子間	エチレン
⑤	分子間	エチレングリコール
⑥	分子間	ジエチルエーテル

〔2〕 高級脂肪酸とグリセリンがエステル結合したものを油脂という。油脂Aは炭素，水素，酸素だけからなり，同じ高級脂肪酸Bだけから構成されている。この油脂A 150 gを完全にけん化するのに必要な水酸化カリウムは28.7 gであった。また，油脂A 150 gに水素を完全に付加したところ，付加した水素の質量は2.05 gであった。

問5 油脂Aの分子量として最も適当なものを，次の中から1つ選び，番号をマークしなさい。 オ

① 9.8×10　② 1.5×10^2　③ 2.9×10^2
④ 5.9×10^2　⑤ 8.8×10^2　⑥ 1.8×10^3

問6 油脂A 1分子中に存在するC＝C結合は何個か。最も適当なものを，次の中から1つ選び，番号をマークしなさい。 カ

① 0　② 3　③ 6　④ 9　⑤ 12　⑥ 15

問7 油脂，高級脂肪酸に関する次の記述a～cのうち，正しい記述のみを選んだものとして最も適当なものを，下の選択肢の中から1つ選び，番号をマークしなさい。 キ

a　油脂Aに水酸化ナトリウム水溶液を加えて加熱するとセッケンが得られる。
b　高級脂肪酸Bは，パルミチン酸である。
c　C＝C結合を多く含む高級脂肪酸からなる油脂は常温で固体である。

① aのみ　② bのみ　③ cのみ
④ aとb　⑤ aとc　⑥ bとc

生 物

（60分）

I 次の問いに答えなさい。

問1 細胞の構造に関する次の文中の空欄 A ， B に入る語の組合せとして，最も適当なものを，下の選択肢の中から1つ選び，番号をマークしなさい。 ア

細胞小器官のうちの A は，有機物を分解して生命活動に必要なエネルギーを取り出すはたらきをもち，細胞小器官の間は， B という液状の成分が満たしている。

	A	B
①	ミトコンドリア	細胞質
②	ミトコンドリア	細胞質基質
③	ミトコンドリア	液胞
④	葉緑体	細胞質
⑤	葉緑体	細胞質基質
⑥	葉緑体	液胞

問2 カタラーゼに関する記述として，最も適当なものを，次の中から1つ選び，番号をマークしなさい。 イ

① 水を水素と酸素に分解する酵素であり，おもに消化液に含まれる。

② 水を水素と酸素に分解する酵素であり，おもに細胞内に存在する。

③ デンプンを糖に分解する酵素であり，おもに消化液に含まれる。

④ デンプンを糖に分解する酵素であり，おもに細胞内に存在する。

⑤ 過酸化水素を酸素と水に分解する酵素であり，おもに消化液に含まれる。

⑥ 過酸化水素を酸素と水に分解する酵素であり，おもに細胞内に存在する。

問3　遺伝子の発現に関する次の文中の空欄 C ， D に入る記号や記述の組合せとして，最も適当なものを，下の選択肢の中から1つ選び，番号をマークしなさい。 ウ

mRNAのうち，CUCUCUの塩基配列をもつ領域は，DNAの鋳型鎖のうち， C の塩基配列をもつ領域から転写される。この領域のmRNAにおいて，左端の塩基からアミノ酸が指定され，異なる塩基配列であれば異なるアミノ酸が指定されるとすると，この領域からは， D 指定される。

	C	D
①	CTCTCT	同じ種類のアミノ酸が2個
②	CTCTCT	異なる種類のアミノ酸が2個
③	CTCTCT	同じ種類のアミノ酸が3個
④	GAGAGA	同じ種類のアミノ酸が2個
⑤	GAGAGA	異なる種類のアミノ酸が2個
⑥	GAGAGA	同じ種類のアミノ酸が3個

問4　ヒトの循環系に関する記述として，最も適当なものを，次の中から1つ選び，番号をマークしなさい。 エ

① 肺静脈には，静脈血が流れる。
② 心臓の右心室には，動脈血が流れ込む。
③ 肝臓につながる肝門脈には，静脈血が流れる。
④ 毛細血管とリンパ管は，それぞれの先端でつながっている。
⑤ リンパ管に入ったリンパ液は，血液と混ざることはない。

問5　内分泌腺の名称と，そこから分泌されるホルモンのはたらきの組合せとして，最も適当なものを，次の中から1つ選び，番号をマークしなさい。 オ

	内分泌腺の名称	ホルモンのはたらき
①	脳下垂体前葉	グルカゴンの分泌を促進する
②	脳下垂体前葉	腎臓においてNa^+の再吸収を促進する
③	甲状腺	グルカゴンの分泌を促進する
④	甲状腺	腎臓においてNa^+の再吸収を促進する
⑤	副腎皮質	グルカゴンの分泌を促進する
⑥	副腎皮質	腎臓においてNa^+の再吸収を促進する

問6　免疫に関して，次の **(あ)**～**(う)** の文を，体内に病原体が侵入してから起こる順に並べたものとして，最も適当なものを，下の選択肢の中から1つ選び，番号をマークしなさい　カ

(あ) 樹状細胞が感染部位からリンパ節に移動する。
(い) 活性化したヘルパーT細胞が感染部位に移動する。
(う) 樹状細胞が感染部位で病原体を取り込む。

① (あ) → (い) → (う)　② (あ) → (う) → (い)　③ (い) → (あ) → (う)
④ (い) → (う) → (あ)　⑤ (う) → (あ) → (い)　⑥ (う) → (い) → (あ)

問7　窒素循環の一部分を模式的に示す次の図1中の空欄 E ～ H に入る語の組合せとして，最も適当なものを，下の選択肢の中から1つ選び，番号をマークしなさい。ただし，分解者のはたらきをもつ生物は消費者と分けて表記されている。　キ

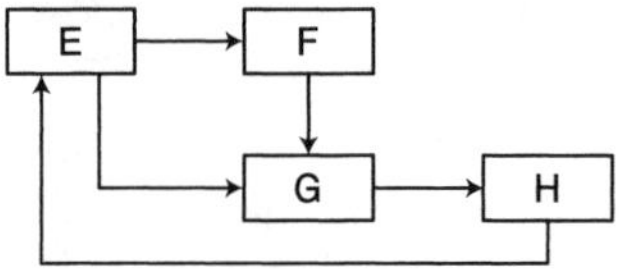

図1

	E	F	G	H
①	生産者	消費者	分解者	硝化菌
②	生産者	消費者	分解者	脱窒素細菌
③	生産者	分解者	消費者	硝化菌
④	分解者	生産者	消費者	脱窒素細菌
⑤	分解者	生産者	消費者	硝化菌
⑥	分解者	消費者	生産者	脱窒素細菌

II　**細胞分裂と分化，および植生に関する次の文〔1〕，〔2〕を読んで，あとの問いに答えなさい。**

〔1〕　ヒトのからだは約37兆個の細胞からなり，(1)老化などで死滅した細胞を細胞分裂によって補うことで細胞数がほぼ一定に保たれている。次の図1は，染色体数が $2n = 4$ の動物細胞が細胞分裂を行っているときの前期，中期，後期，および分裂直後の G_1 期を示した模式図であるが，染色体については，存在している部位を灰色の領域として示してあり，染色体の本数や形状は示されていない。

(2)細胞周期の間期には三つの段階があり，各段階では次の段階に向けて準備または作業が行われ，それを完了した細胞だけが次の段階に進む。また，(3)G_1 期では一部の細胞が細胞周期から外れ，G_0 期の状態を経て特定のはたらきをもつ細胞へと分化する。

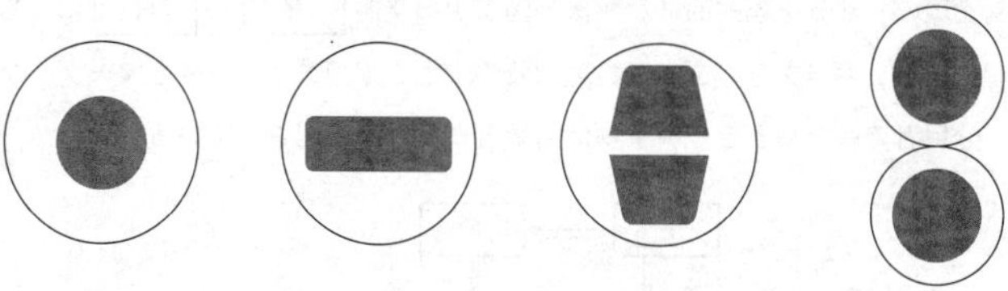

前期　　中期　　後期　　分裂直後の G_1 期

図1

問1　―― 線(1)に関連して，ヒトの赤血球をつくる細胞は，1回分裂すると，生じた細胞のうち，一方は赤血球をつくる細胞となり，もう一方は赤血球に分化するとする。ヒトの赤血球が短時間で1000個死滅したとき，赤血球をつくる細胞が合わせて何回分裂すれば，赤血球の数を元の細胞数に戻すことが可能となるか。分裂した細胞も分化した細胞も死滅しないものとして，最も適当なものを，次の中から1つ選び，番号をマークしなさい。　ア

①　10回　　②　20回　　③　100回　　④　200回
⑤　1000回　　⑥　2000回

問2　図1の灰色の領域に含まれる染色体の形状は，次のⓐまたはⓑのいずれかである。体細胞分裂の前期・中期・後期のそれぞれの細胞1個について，ⓐ，ⓑどちらの形状の染色体が何個観察されるか。最も適当なものを，下の選択肢の中から1つ選び，番号をマークしなさい。ただし，染色体の長さ・太さ・折れ曲がりなどは考えなくてよい。　イ

	前期	中期	後期
①	ⓐが2個	ⓐが2個	ⓑが2個
②	ⓐが2個	ⓐが2個	ⓑが4個
③	ⓐが2個	ⓑが4個	ⓑが4個
④	ⓐが4個	ⓐが4個	ⓑが4個
⑤	ⓐが4個	ⓐが4個	ⓑが8個
⑥	ⓐが4個	ⓑが8個	ⓑが8個

問3　――― 線(2)に関して，24時間の細胞周期で分裂をくり返す多数の細胞すべてに対して，DNAの複製の準備だけが行えない処理を施してから24時間後に，間期の細胞数にみられることとして，最も適当なものを，次の中から1つ選び，番号をマークしなさい。ただし，この処理によってDNAの複製の準備以外の細胞活動には影響がないものとする。 ウ

① G_1期とS期の細胞数が0になる。

② S期とG_2期の細胞数が0になる。

③ G_1期とG_2期の細胞数が0になる。

④ どの時期の細胞数も0にはならない。

問4　――― 線(3)に関して，次の(a)，(b)に答えなさい。

(a) G_0期の細胞とG_1期の細胞に関する次の文中の空欄 A ， B に入る語句の組合せとして，最も適当なものを，下の選択肢の中から1つ選び，番号をマークしなさい。

エ

G_0期の細胞は，分化までの間にDNAの合成を A 細胞である。また，G_0期の細胞がもつゲノムの大きさは，G_1期の細胞がもつゲノムの大きさと比べると， B 。

	A	B
①	行う	同じである
②	行う	半分になる
③	行わない	同じである
④	行わない	半分になる

(b) 分化した肝細胞に関する次の文中の空欄［C］，［D］に入る語の組合せとして，最も適当なものを，下の選択肢の中から1つ選び，番号をマークしなさい。［オ］

肝細胞では，血しょう中に含まれるタンパク質である［C］の遺伝子が特異的に発現する。また，グリコーゲンをグルコースに変える酵素の遺伝子が発現し，［D］の調節が行われる。

	C	D
①	ヘモグロビン	塩類濃度
②	ヘモグロビン	血糖濃度
③	アルブミン	塩類濃度
④	アルブミン	血糖濃度

〔2〕 裸地から始まり極相林に至るまでの植生の変化を(4)一次遷移という。(5)ブナ・ミズナラが優占する極相林で，高木層に高さ20mの植物Ⅰが存在し，草本層に高さ1.5mの植物Ⅱが存在した。植物の二酸化炭素吸収速度は，光合成速度から呼吸速度を引いたものであり，見かけの光合成速度とよばれる。それぞれの植物の葉の見かけの光合成速度（相対値）を，光の強さを変えて測定したところ，次の図2の光−光合成曲線X，Yのようになった。呼吸速度は，光の強さによって変化しなかった。一方，この極相林において，夏季の晴天日の正午に，高さを変えて光の強さを測定したところ，高さ20mから地表までの光の強さは，下の図3のようになった。図3の光の強さは，植物Ⅰの最上部の葉の位置の光の強さを100とした相対値で示している。

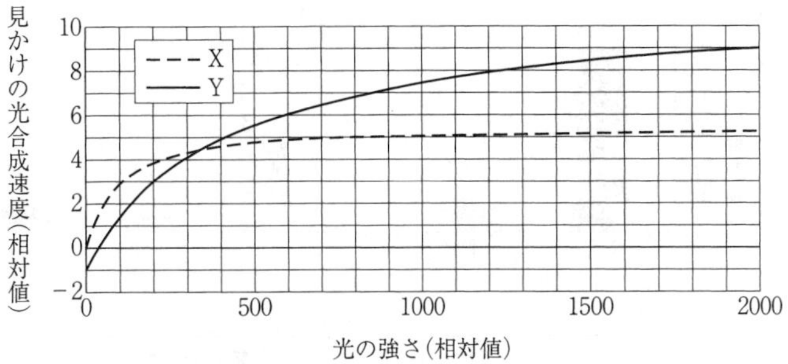

図2

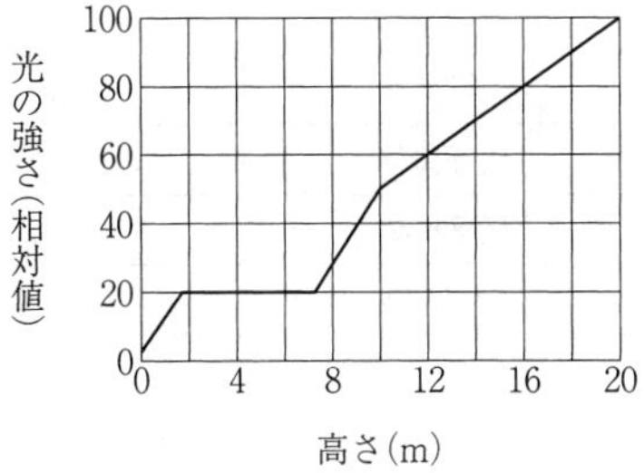

図3

問5　―――線(4)に関する記述として，最も適当なものを，次の中から1つ選び，番号をマークしなさい。　**カ**

① 先駆植物の多くは，ススキやヤブツバキなどの草本植物である。

② 先駆植物の中には，窒素固定細菌と共生しているものがある。

③ 一次遷移に比べて，二次遷移は極相に到達するまでに時間がかかることが多い。

④ 日本には，極相林が針葉樹林になる地域はない。

⑤ 極相林が形成されると，その後，植生が多様になることはない。

問6　―――線(5)に関して，ブナやミズナラが優占するバイオームの名称と，この極相林の3月と8月の地表面の光の強さを測定したグラフの組合せとして，最も適当なものを，下の選択肢の中から1つ選び，番号をマークしなさい。　**キ**

(あ)

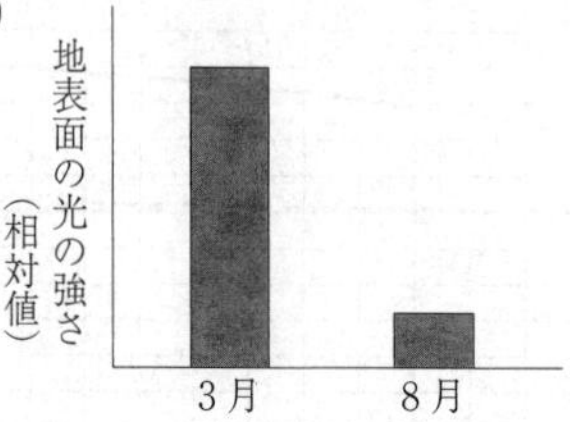

(い)

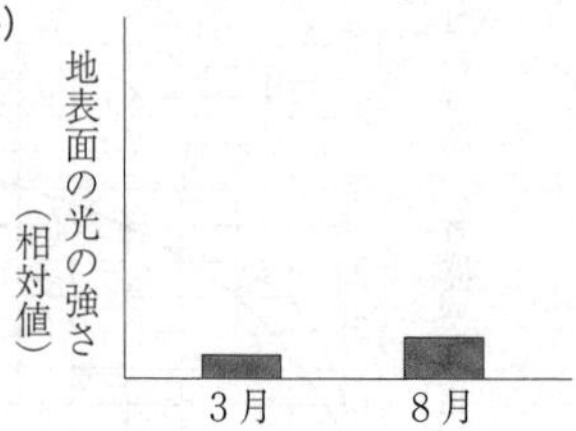

	バイオーム	測定したグラフ
①	夏緑樹林	(あ)
②	夏緑樹林	(い)
③	雨緑樹林	(あ)
④	雨緑樹林	(い)
⑤	硬葉樹林	(あ)
⑥	硬葉樹林	(い)

問7　図2，図3の測定結果について，次の(a)，(b)に答えなさい。

(a)　植物Ⅰの葉の光−光合成曲線は，X，Yのどちらの曲線に相当するか。また，植物Ⅱの葉の性質と比べたときの植物Ⅰの葉の性質は，陽生植物，陰生植物のどちらであるといえるか。その組合せとして，最も適当なものを，次の中から1つ選び，番号をマークしなさい。

ク

	光−光合成曲線	性質
①	X	陽生植物
②	X	陰生植物
③	Y	陽生植物
④	Y	陰生植物

(b)　夏季の晴天日の正午に高さ20mの光の強さ（相対値）が2000であったとき，12mの高さにある植物Ⅰの葉における見かけの光合成速度（相対値）を求める手順を示した次の文中の空欄 E ， F に入る数値の組合せとして，最も適当なものを，下の選択肢の中から1つ選び，番号をマークしなさい。ただし，植物Ⅰの葉の光−光合成曲線は，どの葉においても同じであるものとする。

ケ

図3から，高さ12mにおける光の強さは，最上部の葉の位置の光の強さの［ E ］%であることがわかるので，図2の植物Ⅰを示すグラフで，その光の強さにおける見かけの光合成速度（相対値）は［ F ］であることがわかる。

	E	F
①	40	5
②	40	7
③	60	5
④	60	8

Ⅲ　光合成の反応過程，および発生のしくみに関する次の文〔1〕，〔2〕を読んで，あとの問いに答えなさい。

〔1〕 光合成の反応過程に関しては，古くからさまざまな実験が行われてきた。ヒルは，光合成で生じる酸素が二酸化炭素からつくられたものではないことを実験的に確かめた(1)。光合成は，クロロフィルの活性化，電子伝達系(2)，ATP合成，カルビン・ベンソン回路などの複数の反応過程からなる。光合成反応の特徴を調べるため，次のような**実験1～3**を行った。

実験1　二酸化炭素濃度を高濃度（0.1%）にした条件で，温度を固定して光の強さと光合成速度との関係を測定した。測定は10℃，20℃，30℃，40℃のそれぞれで行い，次の図1の結果を得た。

実験2　温度を最適（30℃）にした条件で，図1の強い光と弱い光のそれぞれの条件で二酸化炭素濃度と光合成速度との関係を測定し，次の図2の結果を得た。

実験3　二酸化炭素濃度を高濃度（0.1%）にした条件で，図1の強い光と弱い光のそれぞれの条件で温度と光合成速度との関係を測定した。

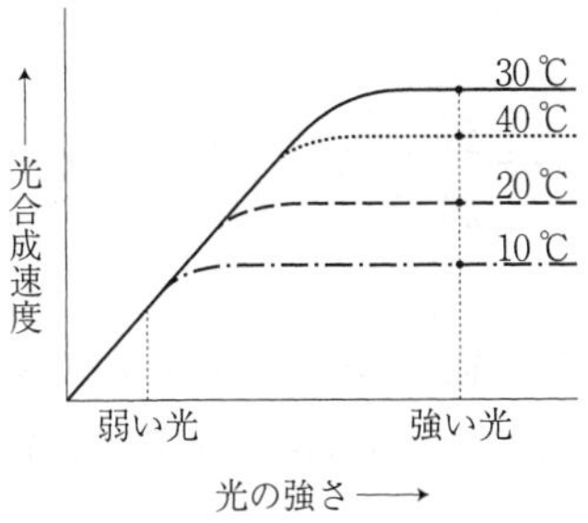

図1

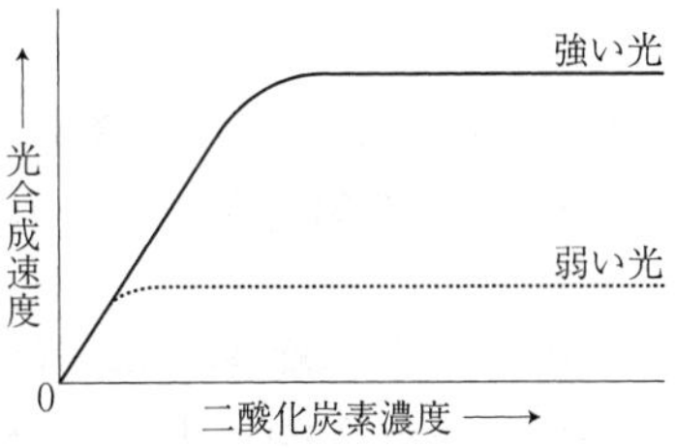

図2

問1 ——— 線(1)に関して，ヒルが行った実験の記述として，最も適当なものを，次の中から1つ選び，番号をマークしなさい。 ア

① 光合成の過程で消費された二酸化炭素の分子数と発生した酸素の分子数が常に同じになることを確かめた。

② 密閉した容器内に植物体を入れ，光を当てないと酸素が消費されるが，光を与えると酸素が消費されないことを確かめた。

③ 植物体に水だけを与えて育てると，土の成分はほとんど減らないのに植物体は大きく成長することを確かめた。

④ カルビン・ベンソン回路を停止させる薬剤を与えると，酸素の発生も停止することを確かめた。

⑤ 葉緑体を含む溶液から二酸化炭素を除去し，還元されやすい物質を与えて光を当てると，酸素が発生することを確かめた。

問2 ——— 線(2)に関して，光合成の電子伝達系（光化学系を含む）に電子を供給する物質と，光合成の電子伝達系から電子を受容する物質の組合せとして，最も適当なものを，次の中から1つ選び，番号をマークしなさい。 イ

	電子を供給する物質	電子を受容する物質
①	NADPH	H_2O
②	NADPH	O_2
③	H_2O	$NADP^+$
④	H_2O	NADPH
⑤	O_2	$NADP^+$
⑥	O_2	NADPH

問3 **実験1〜3**について，次の(a)，(b)に答えなさい。

(a) 次の **(あ)**〜**(う)** のうち，**実験1**，**2**の結果から導ける考察の組合せとして，最も適当なものを，下の選択肢の中から1つ選び，番号をマークしなさい。 ウ

(あ) 光合成の反応過程には，光の強さの影響を受け，温度の影響を受けない過程がある。

(い) 光合成の反応過程には，二酸化炭素濃度の影響を受け，光の強さの影響を受けない過程がある。

(う) 光合成の反応過程には，温度の影響を受け，二酸化炭素濃度の影響を受けない過程がある。

① **(あ)** のみ　② **(い)** のみ　③ **(う)** のみ
④ **(あ)** と **(い)**　⑤ **(あ)** と **(う)**　⑥ **(い)** と **(う)**

(b) **実験 3** の結果を示すグラフ（実線が強い光，点線が弱い光）の形状として，最も適当なものを，次の中から 1 つ選び，番号をマークしなさい。　**エ**

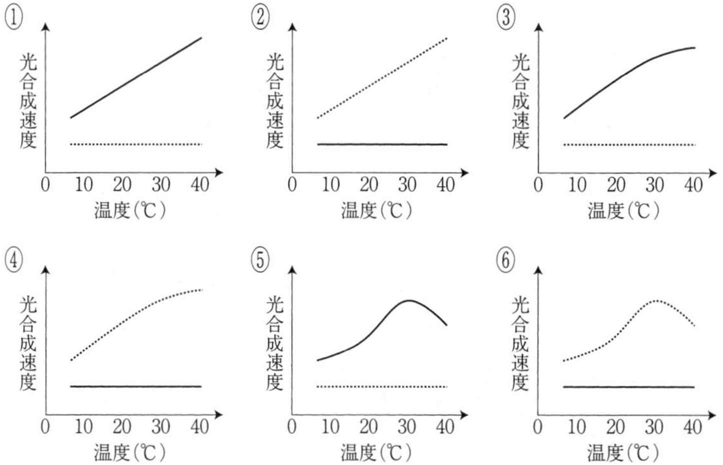

〔2〕 19世紀の後半，発生のしくみに関して二つの説が議論された。一つは卵や精子の中に個体の原型が入っていて発生はその個体の成長であるという前成説，もう一つは卵や精子の中に個体の原型は存在せず，発生の過程で個体が新たに形成されるという後成説である。ルーはカエルの 2 細胞期胚の片方を熱した針で焼くと，半分だけが発生した胚ができること（図 3 左）を発見して **A** を支持し，シュペーマンは受精直後のイモリ卵を糸で縛ると片方が発生し，しばらくするともう片方も正常に発生を始めること（図 3 右）を発見して **B** を支持した。また，クシクラゲの正常幼生は 8 列のくし板をもつが，4 細胞期に割球を分離すると，1 個の割球から発生した幼生のくし板は 2 列となる。この現象は **C** の方を支持する。

フォークトは，イモリ胞胚を用いて胚の各部が何に分化するかを調べ，下の図 4 左の原基分布図を作成した。図 4 右は，左の胚が発生を続けて神経板が生じたときの胚を，胚の向きを変えずに示した模式図である。

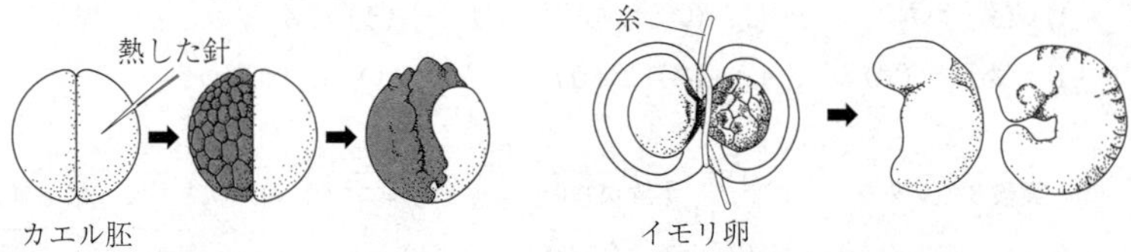

図3

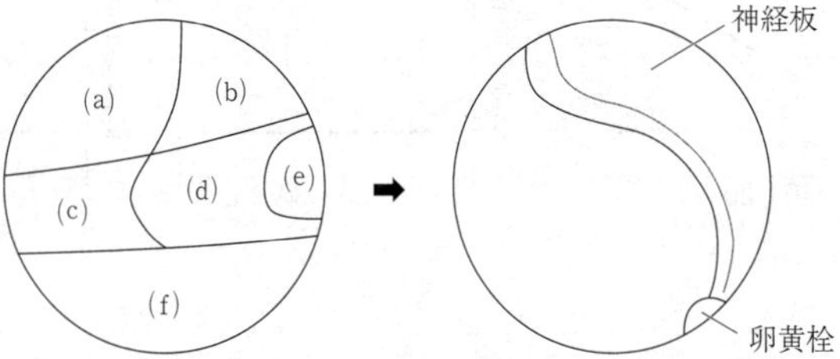

図4

問4 空欄 A ～ C に入る語の組合せとして，最も適当なものを，次の中から1つ選び，番号をマークしなさい。 オ

	A	B	C
①	前成説	前成説	後成説
②	前成説	後成説	前成説
③	前成説	後成説	後成説
④	後成説	前成説	前成説
⑤	後成説	前成説	後成説
⑥	後成説	後成説	前成説

問5 図4右の胚では，図4左のどの領域が胚の表面に見えているか。その組合せとして，最も適当なものを，次の中から1つ選び，番号をマークしなさい。ただし，卵黄栓の領域は胚の内部に入っているとみなす。 カ

① (a)，(b)　② (a)，(b)，(c)　③ (a)，(b)，(c)，(d)，(e)
④ (a)，(c)　⑤ (b)，(d)，(e)　⑥ (c)，(d)，(e)

問6 網膜と角膜は，それぞれ図4左のどの領域から形成されるか。その組合せとして，最も適当なものを，次の中から1つ選び，番号をマークしなさい。 キ

	網膜	角膜
①	(a)	(b)
②	(a)	(c)
③	(b)	(a)
④	(b)	(d)
⑤	(c)	(a)
⑥	(c)	(d)

問7　脊椎動物の発生が進むと，それぞれの領域に独特の特徴があらわれる。鳥類の場合，背の表皮からは羽毛が，肢の表皮からはうろこが生じる。この違いが生じるしくみを調べる目的で，ニワトリ胚の背と肢の皮膚を取り出して表皮と真皮に分け，それらを再び結合して培養する実験を行った。5日目胚～9日目胚から取り出した背の表皮を，9日目胚～13日目胚から取り出した肢の真皮と組み合わせて結合して培養した結果は次の表1のようになった。この実験結果に関する下の文中の空欄 D ， E に入る語句の組合せとして，最も適当なものを，下の選択肢の中から1つ選び，番号をマークしなさい。 ク

表1

<table>
<tr><td colspan="2" rowspan="2"></td><td colspan="5">背の表皮</td></tr>
<tr><td>5日目胚</td><td>6日目胚</td><td>7日目胚</td><td>8日目胚</td><td>9日目胚</td></tr>
<tr><td rowspan="5">肢の真皮</td><td>9日目胚</td><td colspan="5" rowspan="3">正常な羽毛</td></tr>
<tr><td>10日目胚</td></tr>
<tr><td>11日目胚</td></tr>
<tr><td>12日目胚</td><td colspan="4">正常な羽毛と異常な羽毛</td><td rowspan="2"></td></tr>
<tr><td>13日目胚</td><td colspan="3">異常な羽毛とうろこ</td><td>異常な羽毛</td></tr>
</table>

表1の結果から，正常発生において，肢におけるうろこの誘導は D に始まると推測され，背の表皮は E において正常な羽毛への分化が決定すると推測される。

	D	E
①	11日目胚以前	7日目胚
②	11日目胚以前	9日目胚
③	13日目胚以後	7日目胚
④	13日目胚以後	9日目胚

Ⅳ **動物の反応，および植物の応答に関する次の文〔1〕，〔2〕を読んで，あとの問いに答えなさい。**

〔1〕 ヒトの感覚は，受容器が受け取った［ A ］の情報が［ B ］に伝えられたときに生じる。回転感覚を生じる受容器は［ C ］，嗅覚を生じる受容器は嗅上皮(1)である。

聴覚はコルチ器で振動が受容されることで生じる。次の図1に示すように，基底膜が振動すると聴細胞から突き出た感覚毛が折れ曲がる。聴細胞が刺激を受容して神経に伝えるしくみを調べるため，次のような**実験**を行った。

実験　次のページの図2に示すように，聴細胞に電極を差し込んで膜電位が測定できるようにし，また，聴神経に電極を当てて活動電位が測定できるようにした。次に，感覚毛を右に傾けていき，傾けた角度（θ）に対する聴細胞の膜電位と，聴神経に発生する活動電位の発生頻度を測定し，次のページの図3の結果を得た。

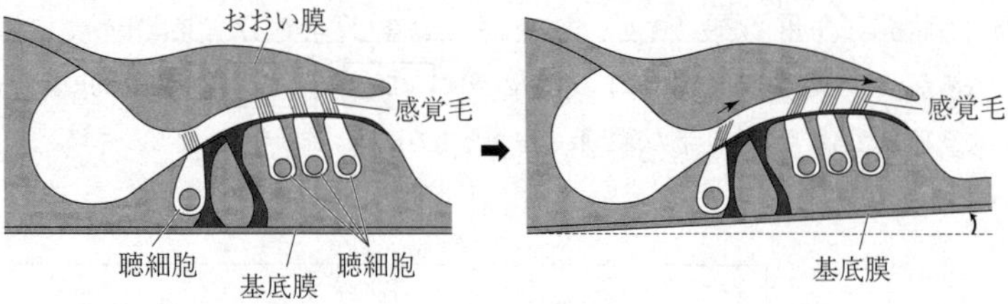

図1

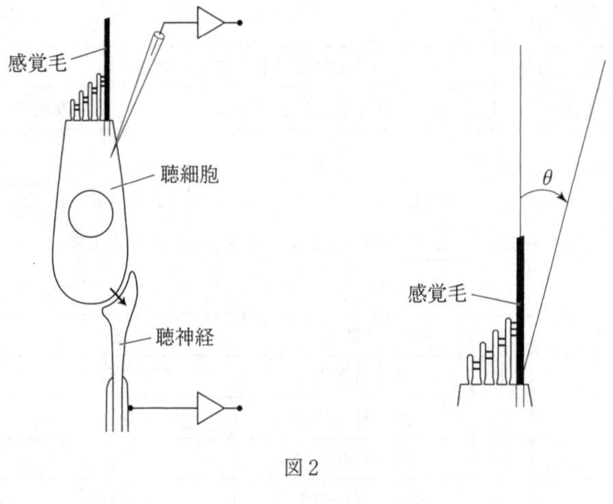

図2

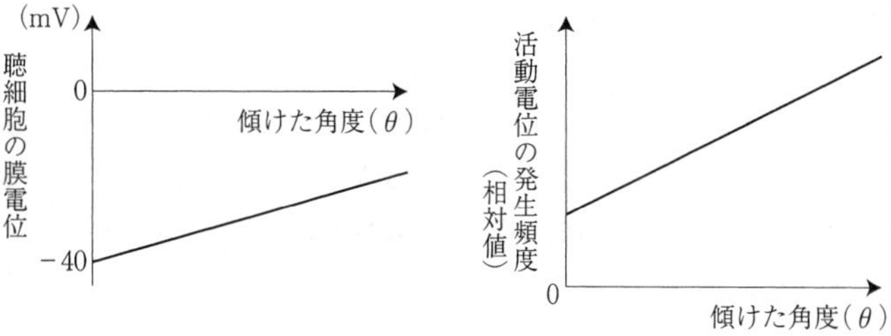

図3

問1　空欄 [A] ～ [C] に入る語の組合せとして，最も適当なものを，次の中から1つ選び，番号をマークしなさい。 [ア]

	A	B	C
①	条件刺激	大脳皮質	前庭
②	条件刺激	大脳皮質	半規管
③	条件刺激	視床下部	前庭
④	条件刺激	視床下部	半規管
⑤	適刺激	大脳皮質	前庭
⑥	適刺激	大脳皮質	半規管
⑦	適刺激	視床下部	前庭
⑧	適刺激	視床下部	半規管

問2　――線(1)に関して，ヒトの嗅上皮にある嗅細胞は，それぞれ1種類の受容体だけをもっており，この受容体の種類は約400種類である。したがって，嗅細胞の種類は約400種類であるが，ヒトは非常に多種類のにおいを判別することができる。このしくみに関する記述のうち，最も多種類のにおいを判別できるしくみとして，最も適当なものを，次の中から1つ選び，番号をマークしなさい。 [イ]

① 1種類のにおい物質が1種類のみの受容体と結合し，興奮する嗅細胞の数によって，においを感知している。

② 1種類のにおい物質が1種類のみの受容体と結合し，興奮する嗅細胞の組合せによって，においを感知している。

③ 1種類のにおい物質が複数種類の受容体と結合し，興奮する嗅細胞の数によって，においを感知している。

④ 1種類のにおい物質が複数種類の受容体と結合し，興奮する嗅細胞の組合せによって，においを感知している。

問3　実験の結果について，次の(a)，(b)に答えなさい。

(a)　図3で得られた結果から，刺激に対する聴細胞と聴神経の反応が「全か無かの法則」に従っているかどうかを考察した記述として，最も適当なものを，次の中から1つ選び，番号をマークしなさい。ただし，図3右において聴神経に発生するそれぞれの活動電位の最大値は，いずれも100mVである。　［ウ］

①　聴細胞は従っており，聴神経も従っている。
②　聴細胞は従っており，聴神経は従っていない。
③　聴細胞は従っておらず，聴神経は従っている。
④　聴細胞は従っておらず，聴神経も従っていない。

(b)　図3で得られた結果には，感覚毛にある陽イオンチャネルが関与することがわかっているものとして，次の文中の空欄［D］，［E］に入る語句の組合せとして，最も適当なものを，下の選択肢の中から1つ選び，番号をマークしなさい。　［エ］

聴細胞の感覚毛がθの方向に傾くと，傾いた角度が大きくなるにつれて多くの陽イオンが［D］に移動し，その電位変化により，聴細胞における伝達物質の［E］と考察される。

	D	E
①	細胞外から細胞内	放出量が増加する
②	細胞外から細胞内	放出量が減少する
③	細胞外から細胞内	吸収量が増加する
④	細胞内から細胞外	放出量が増加する
⑤	細胞内から細胞外	吸収量が増加する
⑥	細胞内から細胞外	吸収量が減少する

〔2〕　植物の生育を妨げる要因を，(2)ストレスという。植物体から水分が失われることを水ストレスといい，(3)水ストレスを与えると光合成速度は大きく低下した。

水ストレスは植物細胞の成長にも影響を与える。十分な水を与えて生育させたヒマワリの葉において，発生した膨圧に対する葉の成長速度を測定し，結果を次の図4の(S)に示した。植物細胞には成長を妨げる細胞壁があるので，吸水によって発生した膨圧がある値Pよりも大きくならないと細胞は成長しない。膨圧をx，葉の成長速度をyとおくと，葉の成長速度は，y = a （x − P）の式で表される。ただし，x＜Pのときはy = 0である。次に，ゆるやかな水ストレスを一定期間与えて生育させたのちに十分な水を与えたヒマワリの葉の細胞において，発生した膨圧に対する葉の成長速度を同様に測定し，結果を図4の(T)に示した。

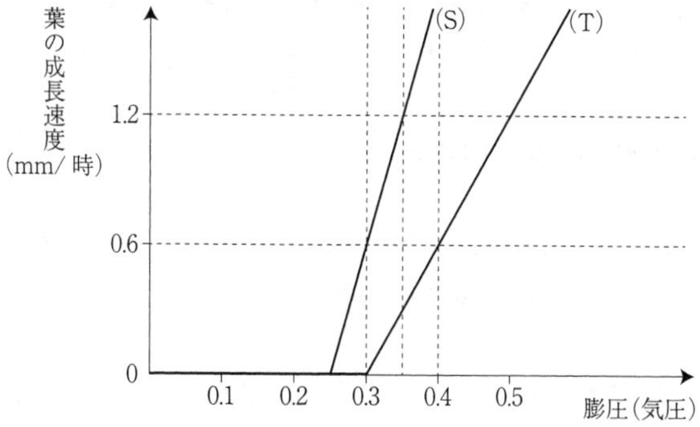

図4

問4　――― 線(2)に関して，次の **(あ)**～**(う)** に示すストレスをもたらす刺激に対する防御反応に大きく関与している植物ホルモンの組合せとして，最も適当なものを，下の選択肢の中から1つ選び，番号をマークしなさい。　**オ**

(あ) 接触刺激に対して，茎の横方向への肥大を大きくして倒れにくくする。
(い) 低温刺激などに対して，葉柄の基部に離層を形成して落葉する。
(う) 昆虫の食害刺激に対して，昆虫のタンパク質消化を阻害する物質を合成する。

	(あ)	(い)	(う)
①	エチレン	エチレン	エチレン
②	エチレン	エチレン	ジャスモン酸
③	エチレン	ジャスモン酸	ジャスモン酸
④	ブラシノステロイド	エチレン	エチレン
⑤	ブラシノステロイド	エチレン	ジャスモン酸
⑥	ブラシノステロイド	ジャスモン酸	ジャスモン酸

問5 ―― 線(3)の理由として，最も適当なものを，次の中から1つ選び，番号をマークしなさい。 カ

① アブシシン酸の合成量が増加して，気孔が閉じたから。
② オーキシンの合成量が増加して，側芽の成長が抑制されたから。
③ ジベレリンの合成量が減少して，茎や葉の成長が抑制されたから。
④ サイトカイニンの合成量が減少して，クロロフィルの分解が進んだから。

問6 図4について，次の(a)，(b)に答えなさい。

(a) 水ストレスを経験していないヒマワリの葉のaとPの値の組合せとして，最も適当なものを，次の中から1つ選び，番号をマークしなさい。 キ

① a = 12，P = 0.25　② a = 12，P = 0.3
③ a = 24，P = 0.25　④ a = 24，P = 0.3

(b) ゆるやかな水ストレスを一定期間与えて生育させたときにヒマワリの葉の細胞に起こった変化を考察した次の文中の空欄 F ～ H に入る語句の組合せとして，最も適当なものを，下の選択肢の中から1つ選び，番号をマークしなさい。 ク

水ストレスによってPの値は F し，aの値は G する。Pの値は細胞が成長を始めるのに必要な膨圧を意味し，aの値は膨圧の上昇に対する細胞の膨らみやすさを意味するので，水ストレスによって細胞壁はより H なると考えられる。

	F	G	H
①	上昇	上昇	固く
②	上昇	上昇	柔らかく
③	上昇	低下	固く
④	上昇	低下	柔らかく
⑤	低下	上昇	固く
⑥	低下	上昇	柔らかく
⑦	低下	低下	固く
⑧	低下	低下	柔らかく

③　考えや行動を同じにすること。
④　すぐれた人や物を集めること。

5　①〜④の中で、傍線部の慣用表現が適切に用いられているものは［オ］である。
①　彼は自分に都合の良いことしか言わないので、気が置けない。
②　取り引きに失敗した彼は自腹を切って会社を辞めた。
③　大勢の前で恥をかかされたので、彼は顔から火がでるほど怒り狂った。
④　何度教えても生徒が同じ間違いをするので、先生は匙を投げてしまった。

4　[エ] は小林秀雄の代表的な評論である。

① 『吉田松陰』　② 『渋江抽斎』　③ 『田沼意次』　④ 『本居宣長』

5　三島由紀夫 [オ] は戦後を代表する純愛小説の一つである。

① 『潮騒』　② 『金閣寺』　③ 『宴のあと』　④ 『午後の曳航』

Ⅳ

次の空欄 [ア] ～ [オ] に入れるのに最も適当なものを、それぞれの選択肢の中から一つ選び、番号をマークしなさい。

1　①～④の中で、読み方が誤っているものは [ア] である。

① 継嗣（けいし）　② 漸次（ざんじ）　③ 謁見（えっけん）　④ 廉価（れんか）

2　①～④の中で、空欄に他とは異なる漢字が入る四字熟語は [イ] である。

① [　]余曲折　② [　]無相生　③ [　]頂天外　④ [　]為転変

3　大きな団体の下役になるより、小さな組織の長になるほうがよいことを [ウ] と言う。

① 虎穴虎子　② 竜頭蛇尾　③ 鶏口牛後　④ 羊頭狗肉

4　「耳をそろえる」とは [エ] という意味である。

① 全員で真剣に話を聞くこと。
② 金額を不足なく用意すること。

問5　本文の内容に合うものを、次の中から二つ選び、番号をマークしなさい。ただし、解答の順序は問わない。［サ］［シ］

① レジリエンスは抽象的な概念であり、また、多様な人に対して起こる現象であるため、研究対象や調査方法にばらつきがある。
② レジリエンスとは、逆境に適応して、ポジティブな能力を発揮する人のことを指すと定義されていることが多い。
③ アメリカのヒスパニック系住民は、そうではない住民と同程度以上に健康な状態であることが多いが、それにはレジリエンスが関わる。
④ 困難に直面した人がレジリエンスによって能力を発揮するためには、挫折したり悲嘆したりしないことが重要である。
⑤ アフリカ系アメリカ人青年を対象とした調査では、レジリエンスによってリスク要因を排除することができると報告されている。
⑥ 成績不振や留年を経験した学生の中にも、アカデミック・レジリエンスが高い者はいる。

Ⅲ

次の空欄［ア］～［オ］に入れるのに最も適当なものを、それぞれの選択肢の中から一つ選び、番号をマークしなさい。

1　東海散士『佳人之奇遇』は一般的に文学史上、［ア］と言われる。
① 社会小説　② 政治小説　③ 探偵小説　④ 恋愛小説

2　［イ］は一般的に文学史上、擬古典主義に属すると言われる。
① 岸辺露伴　② 鈴木露伴　③ 高田露伴　④ 幸田露伴

3　［ウ］は森鷗外によって執筆された現代小説である。
① 『幼年時代』　② 『青年』　③ 『老人と海』　④ 『晩年』

B　① 所属する場のルール　② 持っている期待値　カ
③ 適応能力の高低　④ 本質的な資質

C　① 後ろ向きな記憶　② 高すぎる希望　キ
③ ネガティブな障壁　④ 社会的な規範

D　① 歴史的事実が蓄積される　② 研究が積み重ねられる　ク
③ 調査が交互に進められる　④ 調査が子どもらに対して行われる

問3　本文中、次の一文が省略されている。（①）～（⑥）のどこに入れるのが最も適当か、番号をマークしなさい。　ケ

同じレジリエンスという言葉を使っていても、そこで表現されている力は微妙に異なるわけです。

問4　――線「リウマチのような身体疾患を抱える患者において、長期的な身体的・心理的機能をレジリエンス要因が予測することも明らかにされています」とあるが、何が明らかにされているか。最も適当なものを、次の中から一つ選び、番号をマークしなさい。　コ

① 身体疾患を抱える患者の現状でのレジリエンスが低くても、長期間のレジリエンス増強によって症状の回復が見込まれること。
② 身体疾患を抱える患者の現状でのレジリエンスの高低によって、患者の今後の状態を見通せること。
③ 身体疾患を抱える患者のレジリエンスの有無によって、その機能を伸ばせるかどうかが変化すること。
④ 身体疾患を抱える患者のレジリエンスが低くても、症状の回復が長期にわたって期待できること。
⑤ 身体疾患を抱える患者が今後、レジリエンスを取得するかどうかが、今後の機能回復に強く相関すること。

えば、ビジネスの起業家に対して行われた縦断調査では、レジリエンスが五年後の成功を予測することが示唆されました。また高齢者を対象とした調査では、レジリエンスの高さが年齢に対する否定的な認識やステレオタイプへの影響を緩和し、高齢者の仕事や社会活動への参加を促進することが報告されています。すなわちレジリエンスは、人生に対する肯定的な意味づけや、新たな肯定的体験を得るにあたっての［C］を取り除くことで、人生における幸福を予測する可能性があるということです。さらにレジリエンスの高い者は、ホープ（あることを成就させたいという願望が達成されるという信念に基づく目標指向的思考）を抱くことによって、目標達成に向かって具体的に計画を立てて成し遂げ、成功や幸福を手に入れやすいことを示す研究もあります。こうした［D］ことにより、もともとは深刻な環境にいる子どもや大きなトラウマ体験を抱えた人のための概念であったレジリエンスは、そうした経験をもたない人にとっても生きるうえで重要な力として認識されるようになり、誰もが身につけるべき力として、教育の文脈で語られるようになっていきました。

（出典　平野真理「レジリエンス」小塩真司編『非認知能力』　なお、問題作成上、一部改変してある。）

注　縦断研究＝日を分けて、同一対象を複数回調査する手法を用いた研究。

問1　空欄［あ］～［え］に入れるのに最も適当なものを、それぞれ次の中から一つ選び、番号をマークしなさい。

あ　①特別に　②うってかわって　③まさに　④いずれにせよ　［ア］

い　①例えば　②というよりも　③そればかりか　④予測通り　［イ］

う　①しかしながら　②なかんずく　③とはいえ　④このように　［ウ］

え　①それから　②まず　③このため　④ただし　［エ］

問2　空欄［A］～［D］に入れるのに最も適当なものを、それぞれ次の中から一つ選び、番号をマークしなさい。

A　①レジリエンスを発揮した　②レジリエンスを求めた　③レジリエンスに成功した　④レジリエンスを愛好した　［オ］

いうことを意識する必要があります。

個人のレジリエンス能力は、逆境に直面した際の適応のすべてを決定するわけではありませんが、適応のしやすさを予測することは確かです。それに加えて、レジリエンス能力の高さは、その後の人生にさまざまな良い帰結をもたらす可能性も明らかにされています。[え]、子ども時代のレジリエンスの高さは、メンタルヘルスの不調を予防し、健やかな発達を導きやすいとされています。たとえば、レジリエンスの高い子どもは、就学前の抑うつや不安が起こりにくいことや、若年でのアルコール摂取の可能性が低くなることなどが報告されています。（⑤）また、喫煙や飲酒、薬物使用などのリスク要因を抱えているアフリカ系アメリカ人の青少年を対象とした縦断研究[注]では、本人たちのもつレジリエンス要因が、そうしたリスク要因のネガティブな影響を打ち消すわけではないものの、それとは別にポジティブな適応を導くことが示されました。

学業適応についても多くの研究があります。アカデミック・レジリエンスとは、教育的発達にとって大きな脅威となる逆境状況を克服する力のことで、自信（confidence）、調整（coordination）、制御（control）、落ち着き（composure）、コミットメント（commitment）という五つのCから構成されます。アカデミック・レジリエンスが高い学生は、学校生活を楽しみ、授業によく参加し、自尊心が高くなりやすいことが報告されています。その一方で、レジリエンスと学業成績の間には、直接的な関連はみられにくいようです。たとえば、留年を経験した学生とそうでない学生の比較調査では、留年や成績とレジリエンスには関連がなかったという結果が示されています。

また、大人のメンタルヘルスにおいても、レジリエンスは重要な役割を果たします。カナダの病院において看護師を対象に行われた研究では、レジリエンスの高さが、ストレスやバーンアウトを減少させることが示されました。（⑥）また、オーストラリアで成人を対象に実施された調査では、中年期の人々において、レジリエンスが低い場合に自殺傾向のリスクが上昇する可能性が報告されています。リウマチのような身体疾患を抱える患者において、長期的な身体的・心理的機能をレジリエンス要因が予測することも明らかにされています。

さらに、リスク状況での適応や、メンタルヘルスの予防を超えて、よりポジティブな未来を予測することを示す研究もあります。たと

ました。（③）

さらには逆境下で生きる人々が、そうでない人々よりも高い力を発揮する現象も確認されるようになりました。たとえばその一つにヒスパニック・パラドックスがあります。これは、アメリカに住むヒスパニック系住民を対象とした研究によって示されたものです。彼らは差別、所得の低さ、教育・医療の得られにくさなどさまざまな逆境下で生活していますが、非ヒスパニック系の人々と比べて同じくらい、あるいはそれ以上に良好な健康を示すことが多いとされています。

［う］レジリエンスは、さまざまな逆境の中でも適応し、場合によってはさらにポジティブな機能を発揮することのできる力です。ただし、近年の研究や、非認知能力の研究文脈でレジリエンス概念が用いられる場合、「長期的にさらされる過酷な環境における適応力」はあまり扱われず、「それまで普通に過ごしていた中で何らかの困難に直面した際に立ち直る力」、すなわちV字のグラフで表されるような回復力に焦点が当てられることが多いようです。

また、レジリエンス概念を理解するうえで重要な点として、個人のレジリエンスが社会文化的文脈と切り離せないということがあります。レジリエンスは、何らかの逆境下において回復・適応できる力であるわけですが、ここでいう逆境（adversity）と適応（adaptation）とはいったい何であるのかというのは、実は国や文化によって異なり、もっと言えばその個人の所属する地域コミュニティや集団によって異なります。どの程度のストレスフルイベントが逆境として想定されるのか、また、どのような状態になれば適応したとみなされるのかは、その個人の［B］や、人々の価値観に依存しているのです。たとえば子どもであれば、逆境としては受験戦争やいじめなどが想定されるかもしれません。そしてそこで求められている適応というのは、「勉強によく取り組めている」ことや、「毎日休まずに通学できている」「良好な友人関係を築けている」ということが期待されています。一方で、戦地に赴く軍人であればどうでしょうか。逆境としては、生死を脅かす強烈なストレスの中での職務が想定されます。そしてそこでは、「たとえ死の危険があっても冷静さを失わず、精神の安定を保ち任務を遂行する」ことが求められます。（④）したがって、レジリエンスという言葉を用いる際には、その個人に対してどのような逆境と適応が想定されているのか、さらにはその背景に、社会が暗黙に期待する「あるべき姿」がどのように反映されているかと

Ⅱ　次の文章を読んで、あとの問いに答えなさい。

　レジリエンス（resilience）とは、過酷な環境やストレスフルな状況、あるいはトラウマ体験といった逆境に直面した際に、そのショックから回復し、状況に適応していく力を指す概念です。日本語の訳は弾力性、回復力など定まっておらず、「心のしなやかさ」など抽象的な言葉が使われることもあることから、どのような力を指す概念なのかイメージしにくいのではないでしょうか。はじめにいくつかの具体的な例を挙げてみましょう。日本で二〇一一年に起こった大震災のように、災害に見舞われて住む場所を失ったり、日常生活がままならない状況になったりしても、悲嘆に暮れ続けることなく、新しい環境の中で少しずつ生活を立て直していくことができる力は、代表的なレジリエンスといえます。ここでレジリエンスとして重視されるべきポイントは、「悲嘆しない」ことではなく、「立て直していくこと」のできる力です。（①）また、災害のような急なライフイベントではなく、もともと経済的に苦しい家庭状況にあるなど不自由な環境に置かれていても、日々の生活に豊かな楽しみや喜びを見いだすことのできる力もレジリエンスに相当します。さらには、死に物狂いで勉強をしてきたにもかかわらず、受験に失敗してしまったといった挫折を経験しても、自暴自棄になることなく、別の進路を見いだすことができる力もレジリエンスです。二〇二〇年以降、世界中を席巻した新型コロナウイルスの感染は、[あ]レジリエンスが求められる状況であったといえます。経済的な困窮や、外出や対人交流が大きく制限されたことによって、精神的な不調に陥ってしまった人が多くいた一方で、転職や事業方針の変更、オンラインを活用した交流など、働き方や余暇の楽しみ方を柔軟に変えて状況に適応していけた人、すなわち[A]人々もいました。

　心のレジリエンスの研究は、リスクのある環境下で育った子どもの発達を観察する中で発展しました。ここでいうリスクとは、虐待や、親の病気、戦争、貧困などのことです。（②）たとえば虐待を受けた子どもは、そうでない子どもに比べて、本来持っている能力が育ちにくい傾向が指摘されています。しかしながら、虐待を受けた子どものすべてが低い能力を示すわけではもちろんありません。[い]、とても高い能力を示す子どもが存在することがわかってきました。そうした研究が報告される中で、リスク下に置かれた子どもたちの負の側面ばかりを懸念するのではなく、逆境を跳ね返すかのような逞しさをレジリエンスと呼び注目していこうという流れが生まれていきここで書き手は話のテーマについて自分がどのような意見を述べようとしているのかを、明示する。

問4　――線(1)「裏目に出る」の説明として、最も適当なものを、次の中から一つ選び、番号をマークしなさい。　コ

① 日本人の丁寧さだけが伝わって、「起承転結」といった規範をもつ日本人の思考パターンが理解されない。
② 相手の心理的負担を考慮するといった日本文化の良さが、逆に不親切な書き方と捉えられてしまう。
③ 日本の言語文化的な良さではなく、間違いがない文章を書くといった表面的な良さだけが目立ってしまう。
④ 相手をおもんぱかった丁寧な文章であるがゆえに、最後まで読んでもらえなくなってしまう。

問5　――線(2)「発言者自身がそれをわきまえることしかない」の説明として、最も適当なものを、次の中から一つ選び、番号をマークしなさい。　サ

① 日本語話者が、英語的思考に従って論理構成を行い、話したり書いたりするしかない。
② 日本語話者が、日本語の話をあえて英語の論理構成に直して英語に翻訳するしかない。
③ 日本語話者が、自分たちの母語の論理構成の特徴を生かしつつ、話したり書いたりするしかない。
④ 日本語話者も英語話者も、お互いの思考方法にこだわらず、相手の論理構成を尊重して話したり書いたりするしかない。

問6　本文の内容に合うものを、次の中から一つ選び、番号をマークしなさい。　シ

① 翻訳者は、翻訳元の言語の文章構成の方法を尊重しながら翻訳する必要がある。
② 「起承転結型」の思考パターンをもつ日本人は、英語話者との言語文化上の衝突を避けることはできない。
③ 言語によって文章構成の方法に差があるが、その差は各言語の話者の文化的な思考パターンの違いが関係する。
④ 英語は論理的に段落を重ねていくが、日本語は論理性に配慮しつつ、感情に訴えることを重視する。

通常は、訳に携わる人間がそこまで立ち入ることはむずかしい。

結局、(2)発言者自身がそれをわきまえることしかないのだが、理屈では理解していても、なかなかそうはいかないのが現実である。どうしても母語の論理構成で書いたり話したりすることになり、それ自体は当然であるにしても、外国人を相手にしてのコミュニケーションとなると、少なからず混乱をきたす。

（出典　鳥飼玖美子『歴史をかえた誤訳』　なお、問題作成上、一部省略してある。）

問1　空欄 あ ～ え に入れるのに最も適当なものを、それぞれ次の中から一つ選び、番号をマークしなさい。

あ　①　それはさておき　②　くわえて　③　ちなみに　④　ひるがえって　ア

い　①　いやしくも　②　それはそうと　③　すぐれて　④　いわゆる　イ

う　①　すらすら　②　つらつら　③　ざっと　④　ばらばら　ウ

え　①　しかし　②　ときに　③　とりわけ　④　それゆえ　エ

問2　空欄 A ～ D に入れるのに最も適当なものを、それぞれ次の中から一つ選び、番号をマークしなさい。

A　①　要約　②　敷衍　③　提示　④　転換　オ

B　①　戦略　②　情緒　③　直線　④　網羅　カ

C　①　利害　②　倫理観　③　丁寧さ　④　善し悪し　キ

D　①　以心伝心　②　明鏡止水　③　慇懃無礼　④　隔靴掻痒　ク

問3　本文中、次の一文が省略されている。（①）～（⑤）のどこに入れるのが最も適当か、番号をマークしなさい。　ケ語力の問題ではない。

これは［い］文化の問題である。［C］の問題ではなく、言語文化の違いである。しかしながら実際問題としては、国際的な場面における対外折衝などで日本人が損をする結果になりがちである。［う］述べたあげくにあとの方で大事なことをいい出しても、相手が英語話者の場合には、効果が薄い。

文書のやりとりでも、そういうケースがよくある。日本人が書いた手紙は英語自体は間違いがなく立派な英文なのだが、「日本は春となりました」式の時候のあいさつから始まるていねいな手紙が多く、肝心の用件は終わりころにようやく書かれていたりする。この丁重さは、なるほど日本ではこういう手紙の書き方をするのか、と異文化理解への突破口となればよいが、忙しかったり気の短い英語話者だったりすると、(1)裏目に出る。［D］の思いにさせるか、この手紙はいったい何だ、と途中で放り出されてしまう。

インターネットや電子メールになると、それでなくても情報が多いので、受け手はつねに読むかどうかの決断を迫られ、一見してつまらなそうなもの、自分に関係なさそうなものは、読まないで飛ばすか、ゴミ箱に捨てることになる。そこで、読んでもらえるかどうかの決め手は、最初にどれだけインパクトのあることを書くかにかかってくる。そうなるとどうしても、冒頭で重要メッセージを簡潔に提示する［B］型構成が強くなる。いいたいことがあとで登場する起承転結型あるいは渦巻き型構成は、分が悪い。

［え］、そのことがわかっていても、訳す場合にはどうしようもないことが多い。

同時通訳は、聞いているそばから同時に訳すのであるから、構成を変えることは不可能である。少々時間のある逐次通訳なら、場合によっては「これは肝心」と思われる部分を先に持ってくることが可能かもしれないが、そういう「編集作業」が通訳者に許されるかどうかは別問題である。

翻訳の場合も、構成を根こそぎ変更して英語式に直す、ということがどこまでできるかは疑問であるし、するべきか否かという問題は残る。

つまり、英語でよりよくコミュニケーションをはかろうと思ったら、話全体を英語の論理構成で進めないと効果的ではないが、しかしをおき、ここで全体的な主題を提示する。次に、いくつかのサポートするパラグラフ（supporting paragraphs, discussion, body）で、主題について［ A ］する。例証や解説をしたり、分類や比較対照したり、因果関係を示したり、理由や定義を述べたりと、さまざまな形式をとるが、つまり具体的な各論である。最後に、主題を要約した結論のパラグラフ（concluding paragraph）がくる。（④）

このうちもっとも大切なのはいちばんはじめの、主題を紹介するパラグラフである。この導入パラグラフ内の結論文はとくに重要で“thesis statement”と呼ばれる。「テーマ・センテンス」とでもいうほかないが、要は全体のテーマを凝縮した文章で、第一番目のパラグラフの最後にくる。（⑤）

つまり英語の論理構成では、ともかく肝心なこと、自分がもっとも主張したいことを最初に述べておき、あとは細部にわたり説明をし、説得するのである。英語の論理構成が［ B ］的だとされるゆえんである。換言すると、冒頭のパラグラフさえ読めば、全部を読まなくても、問題の所在がどこにあり、筆者はそれに対しどのような立場をとるのか、という要点が把握できる。

これは書く際だけでなく、話をするときにもあてはまる。いちばんいいたいことは最初にいうのが英語である。結論を先に出す、といってもよい。

［ あ ］日本人の思考方法であるが、英語的な論理構成とは明らかに異なる。文章作法における「起承転結」の影響もあるのかもしれないが、［ B ］的な思考方法をとる英語話者にとっては、何がいいたいのかよくわからない。

日本人は、たとえいいたいことを明確に持っていたとしても、いきなり結論から入るのではあまりに素っ気ない、という感じを持つ。この傾向は、断りや拒否などの意志表示が必要で心理的負担が大きくなる場合には、さらに顕著になる。そこで、すぐさま主張したり、直接答えたりする代わりに、状況説明や理由づけなど周辺から、そろそろとやんわり入っていく。

それを英語的思考の人間が聞くと、「いいわけはあとでいい。答えはイエスなのか、ノーなのか、いったいどっちなんだ?」ということになる。語学研修や留学などでホームステイをした日本人学生が、「質問に答えているのに、アメリカ人はすぐ“Yes or No!?”ってイライラする」と困惑することがあるのは、聞かれた質問に直接答えず、まず理由から入る日本的答え方が理解してもらえないことからくる。英

国語

（六〇分）

I

次の文章を読んで、あとの問いに答えなさい。

英文の構成上、もっとも重要な要素は「パラグラフ」である。これを「段落」といってしまうと、日本文の「段落」とあまりに似て非であるので、「パラグラフ」という英語をそのまま使用した方が正確である。（①）

ひとつのパラグラフの中には主題が必ずひとつあり、主題が別にある場合は、新たなパラグラフを作る。ひとつのパラグラフにはひとつの主題が鉄則である。ひとつのパラグラフはいくつかの文章から成立するが、個々の文章はそれぞれが相互的な関連を持ち、パラグラフの主題を［ A ］するために連結している。

パラグラフがいくつか集まると、まとまったパッセージを成す。これらのパラグラフはそれぞれが意味的に密接な関連を保って連結しており、同一パラグラフ内の内部機能と同じような機能を果たす。（②）

各パラグラフ内でもっとも重要な文章は、主題文（topic sentence）と呼ばれ、この中に当該パラグラフの大意が含まれている。「トピック・センテンス」は通常、パラグラフの最初に登場する。むろん、二番目にきたり、あとにくることもありえるが、おおむね、いちばんはじめの文章がそのパラグラフ全体の主題を表す文章である。あとに続く文章は、そのトピック・センテンスをサポートする支持文（supporting sentence）である。パラグラフの最後にくるのは結論（conclusion）である。（③）

この基本的なパラグラフの内部構成は、パラグラフ同士の連結にかんしても同じである。まず冒頭で導入のパラグラフ（introduction）

一

(B)「高野切第一種」

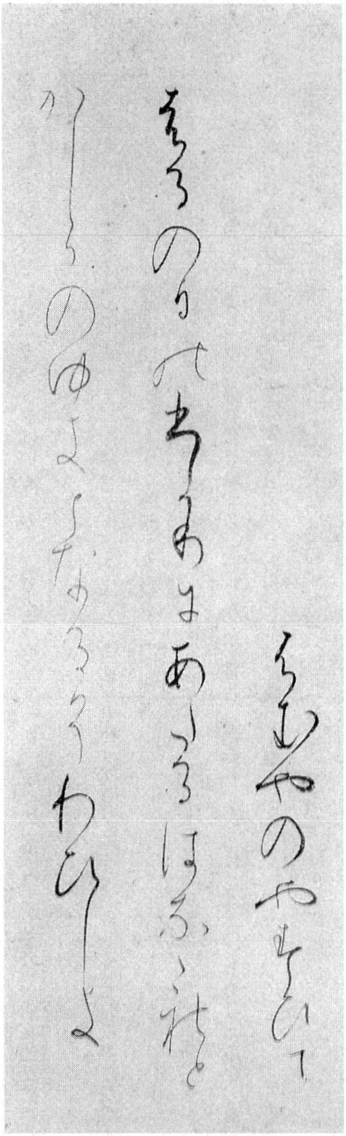

三

次の文を半紙に読みやすく書きなさい。

「学びて時に之を習う。亦説ばしからずや。朋、遠方自り来たる有り。亦楽しからずや。」

（漢字、かな変換不可、変体がな使用不可、句読点省略）

一

(A)「九成宮醴泉銘」

書道実技

（七〇分　解答例省略）

一

(A) 別紙の「九成宮醴泉銘」の指定部分を半紙に臨書しなさい。

「並地列州縣人」

(B) 別紙の「高野切第一種」を半紙中央に原本と同形式で原寸臨書しなさい。

「歌一首（作者名を含む）」

二

次の(A)、(B)の内、いずれかを選択して半紙に創作しなさい。

(A) 「餘事作詩人」（行書体による）

(B) 「久方《ひさかた》のひかりのどけき春《はる》の日《ひ》にしづ心《ごころ》なく花《はな》のちるらむ」

（漢字かな変換可、変体がな使用可、ちらし自由）

解答編

英 語

I 解答 問1．A―④ B―③ C―② D―③ E―①
問2．(1)―② (2)―④ (3)―③ (4)―④ (5)―④
問3．(1)―① (2)―② (3)―② (4)―② (5)―①

解説

《アフリカの電気輸送》

問1．A.「しかし汚染の減少に対するより多くの公的（　　　）とより良い政府の計画が業界をさらに推進させる」の空所補充。よって，「支援」という意味の④ support が適切。① offense「攻撃」 ② opposition「反対」 ③ resistance「抵抗」

B.「企業は，電動バイクを数時間充電する（　　　），バッテリースワップシステムを使用することが，費用の節約につながるので顧客にとって重要なセールスポイントであると言う」の空所補充。よって，「～の代わりに」という意味の③ instead of が適切。① as proof of「～の証拠として」 ② by means of「～によって」 ④ thanks to「～のおかげで」

C.「電動バイク製造会社 Ecobodaa Mobility の創設者である Kim Chepkoit は，『電気コストをより容易に予測できるようになり，燃料（　　　）の変動に関して心配する必要はなくなるだろう』と付け加えた」の空所補充。よって，「価格」という意味をもつ② prices が適切。① cells「細胞」 ③ remarks「感想」 ④ senses「感覚」

D.「電気輸送への移行は，『アフリカ政府がどのように（　　　）そして手頃な価格の電力などの現在のサービスを提供するのかを改めて考えると同時に，電気廃棄物を扱い処分するための措置を講じる必要がある』と Mungo は付け加えた」の空所補充。よって，「信頼性のある」という意味をもつ③reliableが適切。①expensive「高価な」 ②miserable「惨めな」 ④tragic「悲劇的な」

E.「いくつかの（　　　）インセンティブが進行中である」の空所補充。よって，「財政的な」という意味をもつ①financialが適切。②medical「医療の」 ③present「現在の」 ④rural「田舎の」

問2．⑴ currentlyは「現在は」という意味なので，②のnow「現在」を選ぶ。①directly「直接」 ③once「かつて」 ④rarely「めったに～ない」

⑵ incentivesは「動機」という意味なので，④のmotivators「動機づけ」を選ぶ。①errors「誤り」 ②failures「失敗」 ③limits「制限」

⑶ guaranteesは「～を保証する」という意味なので，③ensures「～を保証する」を選ぶ。①adapts「～を順応させる」 ②elevates「～を高める」 ④rejects「～を拒絶する」

⑷ deliverは「～を配達する，～を提供する」という意味なので，④supply「～を供給する」を選ぶ。①decline「～を拒否する」 ②pay「～を払う」 ③prove「～を証明する」

⑸ annuallyは「毎年」という意味なので，④every year「毎年」を選ぶ。①every decade「10年ごと」 ②every month「毎月」 ③every week「毎週」

問3．⑴「ケニアのより多くの人々は電動バイクを使用している」

第1段第1文（Electric motorcycles are…）に，電動バイクはケニアで人気を集めているとあるので，一致。

⑵「Ian Mboteによると，電気輸送は政府の援助なしでルワンダで急速に人気になった」

第2段第4文（"We need friendly…）に，ルワンダの政府が低額の税金を電気輸送の輸入に課したことで急速に広がったとあるので，不一致。

⑶「人々はEcobodaaのバイクを，2つのバッテリーを含んで1,400ドルで購入できる」

第4段最終文（The motorcycle costs…）に，バイクはバッテリーなしで1,400ドルの値段であるとあるため，不一致。

⑷「アフリカの電気モビリティの未来は，電気輸送への移行に時間とお金がかかるため望みがない」

第５段第３文（“Electric mobility has …）に，時間はかかるが電気モビリティは大陸で有望な未来をもっているとあるので，不一致。

(5)「気候と大気浄化連合は，存在時間が短い気候汚染物質を減らすことが地球温暖化を改善すると言っている」

最終段最終文（Studies by the …）に，短命の気候汚染物質の減少は，大気汚染による早期死亡を回避しながら温暖化の量を削減できるとあるので，一致。

Ⅱ　解答

問１． A－①　B－④　C－③　D－④

問２． (1)－②　(2)－③　(3)－③　(4)－③

問３． ④

問４． (1)－②　(2)－①　(3)－①　(4)－②　(5)－①

解説

《国際的な協力の重要性》

問１．A．「世界が小さくなっていく主な（　　　）のひとつは，国際的な協力が現在はるかに容易になっていることである」の空所補充。後続の文で，国単体では解決できない問題を解決することができるという利点が述べられている。よって，「利益」という意味の①benefits が適切。②decisions「決定」　③problems「問題」　④standards「標準」

B．「(　　　)，今日地球全体に影響を与える多くの環境問題がある」の空所補充。よって，「残念なことに」という意味の④unfortunately が適切。①carefully「注意深く」　②conveniently「好都合に」　③luckily「幸運にも」

C．「欧州共同市場の（　　　）はより多くの国々が参加するのを促進し，1973 年には，イギリスを含む計９カ国となった」の空所補充。よって，「成功」という意味をもつ③success が適切。①disappointment「落胆」②payment「支払い」　④tragedy「悲劇」

D．「その協力は 2002 年のユーロの導入とともに，この新しい通貨（　　　）12 カ国で続いた」の空所補充。よって，「～を使用する」という意味をもつ④using が適切。①cancelling「～を取り消す」　②losing「～を失う」　③stopping「～を止める」

問２．(1)　resulted in は「～という結果になった」という意味なので，

②の brought「～を引き起こした」を選ぶ。①appeared「現れた」 ③denied「～を否定した」 ④stopped「～を止めた」

(2) vital は「不可欠な」という意味なので，③の indispensable「不可欠な」を選ぶ。①dramatic「劇的な」 ②empty「空の」 ④moral「道徳の」

(3) fostered は「～を助長した」という意味なので，③encouraged「～を促進した」を選ぶ。①afforded「余裕があった」 ②confused「～を困惑させた」 ④founded「～を設立した」

(4) demonstrate は「～を明らかにする」という意味なので，③show「～を示す」を選ぶ。①judge「～を判断する」 ②refuse「～を拒絶する」 ④suspect「～を疑う」

問3. 下線部(a)が指し示すのは，第2段第7・8文（At a more … on air quality.）「より地域的なレベルでは，アメリカとカナダが酸性雨につながる大気汚染と闘おうと協力している。これら2カ国は，大気の質の改善に取り組むことに同意した国際共同委員会のメンバーである」の部分である。よって，④「アメリカとカナダは大気の質に関してともに取り組んでいる」が正解。

①「国際連合の192カ国は陸，海，大気に影響する国際的な努力を調整している」

②「国連環境計画は環境の持続可能性を増進している」

③「カナダとアメリカは他の国々に支払いをして大気汚染問題に取り組ませている」

問4. (1)「グローバル化は以前より増して世界規模での情報共有と貿易を困難にしている」

第1段第1文（Because of globalization, …）に，これまで以上に世界規模での情報共有と貿易が容易になったとあるので，不一致。

(2)「カナダの環境省は，アメリカとカナダが1990年以降二酸化硫黄の排出を50%以上削減していると言っている」

第2段終わりから二文目（For example, according …）で，1990年以降カナダは57%，アメリカは67%二酸化硫黄の排出を削減したとあるので，一致。

(3)「国際的な協力は環境保全につながるだけでなく，平和の促進にもつながる」

第3段第1・2文（Global cooperation does…among different countries.）で，国際的な協力が環境保全だけでなく，異なる国の間の平和を促すとあるので，一致。

(4)「今日，欧州連合では，第二次世界大戦中に敵だった多くの国々が今なお互いに協力するのを拒絶している」

第3段最終文（Today, people and…）に，かつての第二次世界大戦の敵は比較的平和な関係にあるとあるので，不一致。

(5)「本文によると，大気汚染や酸性雨のような大きな問題は，世界がともに取り組めば解決することができる」

最終段第1文（Major world problems…）に，「大気汚染や酸性雨のような主要な世界的問題は，国際的な協力を通して最も良く解決される」とあるので，一致。

III　解答

A. (1)—②　(2)—③　(3)—③　(4)—①　(5)—②

B. (1)—②　(2)—⑦　(3)—⑤　(4)—③　(5)—⑥

解説

A. (1)「私が駅に到着するとすぐに電車は出発した」

no sooner ～ than …「～するとすぐに…」 文頭に否定語があるため，倒置が起こる。時制は文末の left より前なので過去完了。

(2)「その会議は来週まで延期された」

put off ～「～を延期する」

(3)「彼らのことは信頼できるよ。必ず君を助けるだろう」

never not fail to *do*「必ず～する」

(4)「彼が事故以降どうなったかを知っている者は誰もいない」

what becomes of ～「～はどうなるのか」

(5)「大雪のせいで運転できなかった」

目的語の it は形式目的語であり，to drive の部分が真目的語である。

B. (1) belief は「信念」という意味なので，②が適切。

(2) consensus は「総意」という意味なので，⑦が適切。

(3) diversity は「多様性」という意味なので，⑤が適切。

(4) entertainment は「娯楽」という意味なので，③が適切。

(5) tool は「道具」という意味なので，⑥が適切。

Ⅳ 解答 **問1.** (1)—① (2)—② (3)—③ (4)—② (5)—④ (6)—③

問2. キ—④ ク—② ケ—③ コ—① サ—⑤

問3. シ—⑤ ス—② セ—⑦ ソ—③ タ—⑥ チ—① ツ—④

解説

問1. (1) ①の celebrate「～を祝う」が適切。② distribute「～を分配する」 ③ explain「～を説明する」 ④ order「～を注文する」

(2) ②の custom「習慣」が適切。① application「申請」 ③ measure「測定」 ④ preparation「準備」

(3) ③の exceptions「例外」が適切。① appeals「訴え」 ② decisions「決定」 ④ findings「発見」

(4) ②の gather「集まる」が適切。① follow「～に従う」 ③ involve「～を巻き込む」 ④ oppose「～に反対する」

(5) ④の drive を入れて drive away「～を追い払う」とするのが適切。① adopt「～を採用する」 ② bind「～を縛る」 ③ cut「～を切る」，cut away で「逃げ出す，切り取る」。

(6) ③の healthy「健康な」が適切。① correct「正しい」 ② due「当然の」 ④ right「正しい」

問2. 並べ替えた英文は they must also be burnt in order to send off (the gods)

in order to *do*「～するために」 send off ～「～を送り出す」

問3. 並べ替えた英文は the person who wrote it will be able to write (more skillfully)

skillfully「上手に」

日本史

Ⅰ　解答　《古代～中世の政治・外交・社会・文化》

問1. ①　**問2.** ④　**問3.** ③　**問4.** ④　**問5.** ②　**問6.** ③
問7. ②　**問8.** ④　**問9.** ③　**問10.** ②　**問11.** ③　**問12.** ②
問13. ④

Ⅱ　解答　《近世の政治・経済・外交・文化》

問1. ⑤　**問2.** ⑤　**問3.** ③　**問4.** ①　**問5.** ④　**問6.** ②
問7. ①　**問8.** ②　**問9.** ④　**問10.** ①　**問11.** ⑤　**問12.** ③
問13. ④　**問14.** ④

Ⅲ　解答　《近現代の政治・外交・経済・社会・文化》

問1. ②　**問2.** ③　**問3.** ①　**問4.** ④　**問5.** ⑤　**問6.** ③
問7. ④　**問8.** ②　**問9.** ④　**問10.** ①　**問11.** ②　**問12.** ③
問13. ②

世界史

Ⅰ　解答　《神聖ローマ帝国の歴史》

問1．④　問2．②　問3．②　問4．③　問5．②　問6．①
問7．③　問8．④　問9．①　問10．①

Ⅱ　解答　《帝国主義の時代》

問1．④　問2．②　問3．⑤　問4．①　問5．③　問6．①
問7．②　問8．④　問9．③　問10．⑤

Ⅲ　解答　《パレスチナの歴史》

問1．③　問2．①　問3．④　問4．②　問5．④　問6．⑤
問7．③　問8．①　問9．⑤　問10．②

Ⅳ　解答　《中国の周辺で興亡した異民族》

問1．②　問2．②　問3．④　問4．①　問5．③　問6．①
問7．⑤　問8．④　問9．④　問10．③

政治・経済

Ⅰ 解答 《政党政治》

問1．③　問2．④　問3．③　問4．⑥　問5．④
問6．②　問7．④　問8．①　問9．③　問10．②

Ⅱ 解答 《日本国憲法と国際政治》

問1．①　問2．③　問3．③　問4．⑤　問5．②
問6．④　問7．⑤　問8．③　問9．④　問10．④

Ⅲ 解答 《戦後の日本経済》

問1．⑤　問2．④　問3．④　問4．④　問5．②
問6．⑤　問7．⑤　問8．②　問9．③　問10．④

Ⅳ 解答 《金融と貿易》

問1．④　問2．②　問3．⑤　問4．⑤　問5．④
問6．④　問7．③　問8．⑤　問9．⑥　問10．③

数　学

◀数学Ⅰ・A・Ⅱ・B▶

Ⅰ　解答　《小問5問》

〔1〕**アイウ.** 435　**エオカ.** 464

〔2〕**キク.** 10　**ケコサ.** 120

〔3〕**シス.** −1　**セソ.** −4　**タチ.** −3　**ツテ.** −2

〔4〕**トナ.** −6　**ニ.** 8　**ヌ.** 6　**ネノハ.** −34

〔5〕**ヒ.** 7　**フヘホ.** 322

Ⅱ　解答　《小問2問》

〔1〕(1)**ア**—④　(2)**イ**—③　(3)**ウ**—④　(4)**エ**—②

〔2〕(1)**オカ.** −4　**キ.** 9　(2)**クケ.** −9　**コ.** 4

(3)**サシ.** 13　**スセ.** 27　(4)**ソタ.** 17　**チ.** 3

Ⅲ　解答　《2次関数の最小値》

〔1〕**ア.** 0　**イ.** 0

〔2〕**ウ.** 1　**エ.** 0

〔3〕**オ.** 4　**カキク.** −42

〔4〕**ケコ.** −1　**サ.** 1

Ⅳ　解答　《位置ベクトル》

〔1〕**ア.** 3　**イ.** 7

〔2〕**ウ.** 1　**エ.** 6　**オ.** 1　**カ.** 3　**キ.** 1　**ク.** 3　**ケ.** 2

コ. 3　**サ.** 5　**シス.** 13　**セソ.** 26　**タ.** 1　**チツ.** 14

◀数学Ⅰ・A▶

Ⅰ 解答 《小問5問》

〔1〕ア．5　イウ．23
〔2〕エ．1　オカ．11　キ．2　クケ．−4　コサ．−3
〔3〕シ．4　スセ．38　ソタ．28　チツ．62
〔4〕テ．2　ト．1　ナ．9　ニ．2
〔5〕ヌ．2　ネノ．30　ハ．3　ヒ．1　フ．2

Ⅱ 解答 《小問2問》

〔1〕(1)ア．3　イ．2　(2)ウエ．36　(3)オ．3
〔2〕(1)カキ．40　ク．3　ケコ．12
(2)サ．7　シ．8　スセ．47　ソタ．51

Ⅲ 解答 《絶対不等式，2次方程式の解の存在範囲》

〔1〕アイ．−5　ウエ．−3　オ．5
〔2〕カキ．−9
〔3〕ク．2　ケ．2　コ．3
〔4〕サシ．−4　スセ．−8　ソ．5

Ⅳ 解答 《条件付き確率》

〔1〕ア．3　イ．5　ウ．9　エオ．20
〔2〕カキ．37　クケ．40
〔3〕コサ．17　シス．25
〔4〕セ．1　ソタ．10　チ．3　ツ．5

物 理

I 解答 《総 合》

問1．⑤ 問2．④ 問3．① 問4．③ 問5．① 問6．④

II 解答 《v-t グラフと仕事，直流回路》

〔1〕問1．② 問2．③ 問3．①

〔2〕問4．③ 問5．③ 問6．⑥

III 解答 《水平投射，シリンダー内の気体の状態変化》

〔1〕問1．⑥ 問2．⑤ 問3．④

〔2〕問4．⑤ 問5．④ 問6．①

IV 解答 《薄膜干渉，コンデンサーを含む回路》

〔1〕問1．① 問2．② 問3．⑥

〔2〕問4．⑤ 問5．③ 問6．③

化　学

Ⅰ　解答　《総　合》

問1．③　問2．④　問3．①　問4．⑤　問5．④　問6．②

Ⅱ　解答　《酸と塩基の定義，中和滴定，塩の性質，酸化還元滴定》

〔1〕問1．④　問2．③　問3．③　問4．④

〔2〕問5．①　問6．⑥　問7．②

Ⅲ　解答　《窒素を含む化合物の工業的製法，金属イオンの分離》

〔1〕問1．④　問2．⑤　問3．①　問4．④

〔2〕問5．⑤　問6．②　問7．⑤

Ⅳ　解答　《アルコールの異性体と性質，油脂のけん化価とヨウ素価》

〔1〕問1．⑥　問2．①　問3．①　問4．⑥

〔2〕問5．⑤　問6．③　問7．①

生　物

Ⅰ　解答　《総　合》

問1. ②　**問2.** ⑥　**問3.** ⑤　**問4.** ③　**問5.** ⑥　**問6.** ⑤
問7. ①

Ⅱ　解答　《体細胞分裂，細胞周期，植生の遷移，陽生植物と陰生植物，森林の階層構造，バイオーム》

〔1〕問1. ⑤　**問2.** ⑤　**問3.** ②　**問4.** (a)―③　(b)―④
〔2〕問5. ②　**問6.** ①　**問7.** (a)―③　(b)―④

Ⅲ　解答　《光合成と外的条件，光合成のしくみ，前成説と後成説，原基分布図，誘導と反応能》

〔1〕問1. ⑤　**問2.** ③　**問3.** (a)―④　(b)―⑤
〔2〕問4. ②　**問5.** ①　**問6.** ③　**問7.** ④

Ⅳ　解答　《刺激の受容，嗅覚，聴覚と平衡覚，植物ホルモンのはたらき，水ストレスと光合成速度》

〔1〕問1. ⑥　**問2.** ④　**問3.** (a)―③　(b)―①
〔2〕問4. ②　**問5.** ①　**問6.** (a)―①　(b)―③

問4 傍線の直前の二例、「レジリエンスの高さが、ストレスやバーンアウトを減少させること」、「レジリエンスが低い場合に自殺傾向のリスクが上昇する可能性が報告」されていることから、〈レジリエンスの高低が身体的・心理的機能に影響する〉ことを示すような選択肢を選べばよい。「レジリエンスの高低によって、患者の今後の状態を見通せる」とする②が正解。

問5 ①はレジリエンスを「抽象的な概念」としている点が、第一段落の〈抽象的な言葉が使われるとイメージしにくいから具体例を挙げる〉という文脈と合わない。②は、レジリエンスを「人のことを指す」としているのが不適。レジリエンスは第一段落冒頭で「逆境に直面した際に……適応していく力を指す」と説明されている。③は第三段落の「ヒスパニック系住民を対象とした研究」内容で、前段落の「逆境を跳ね返すかのような逞しさをレジリエンスと呼び注目」の例として挙げられていて、合致している。④の「挫折したり悲嘆したりしないことが重要」が、第一段落の「悲嘆に暮れ続けることなく……立て直していくことができる力」と合わない。⑤は第七段落の最後の文に「リスク要因のネガティブな影響を打ち消すわけではない」とあるので、合わない。⑥は第八段落の最後から二つ目の文に「レジリエンスと学業成績の間には、直接的な関連はみられにくい」とあるのに合致する。

Ⅲ 解答

1—②　**2**—④　**3**—②　**4**—④　**5**—①

Ⅳ 解答

1—②　**2**—①　**3**—③　**4**—②　**5**—④

Ⅱ

出典　平野真理「レジリエンス―逆境をしなやかに生き延びる力」（小塩真司編『非認知能力―概念・測定と教育の可能性』北大路書房）

解答

問1　**あ**―③　**い**―③　**う**―④　**え**―②

問2　**A**―①　**B**―①　**C**―③　**D**―②

問3　④

問4　②

問5　③・⑥

解説

問1　空欄［え］は、前段落の「レジリエンス能力の高さ」が「人生に……良い帰結をもたらす」を受けて、当該段落で「子ども時代のレジリエンスの高さ」が「健やかな発達」につながるという報告を記している。次の第八段落では「学業適応について」の研究の結果を示している。したがって、②「まず」を選ぶ。

問2　空欄［A］直後の「人々」は、空欄直前が「すなわち」となっていることから、さらにその前の「働き方や……状況に適応していけた人」を指していることがわかる。「レジリエンス」とは、同段落に「立て直していくこと」や「別の進路を見いだすことができる力」とあるので、①「レジリエンスを発揮した」を選ぶ。空欄［B］を含む文は、後の「子ども」と「戦地に赴く軍人」では「逆境」の内容が全く異なることをまとめたものである。これは、同段落冒頭の「個人のレジリエンスが社会文化的文脈と切り離せない」ことであり、「個人のレジリエンス」が①「所属する場のルール」に拘束されることを示したものである。

問3　挿入文は「同じレジリエンス」という言葉でも「微妙に異なる」としているので、直前にはレジリエンスの具体的な事例が対比的に置かれていることがわかる。④の直前には、問2の［B］で示したとおり、「子ども」と「軍人」で「個人のレジリエンス」が異なることを示している。したがって④が正解。

二つ目の空欄がある第九段落で対比されている「日本人の思考方法」が「結論から入るのではあまりに素っ気ない」と次の段落で記されており、また、三つ目の空欄がある第十四段落の日本人の「起承転結型あるいは渦巻き型」との対比として考えると③「直線」がふさわしい。

問3　挿入文は、「自分がどのような意見を述べようとしているのか」（すなわち、主題ともいえる結論）について記された文のことを表している。これは第六段落に「テーマ・センテンス」と記されていることに着目する。そして、挿入文の「ここで」が受けているのは、⑤直前の「第一番目のパラグラフの最後に」だとわかるので、⑤が正解。

問4　傍線⑴「裏目に出る」とは、現象としては「文書のやりとり」において「肝心の用件」を理解してもらえないことを示している。直接的には傍線直後の「この手紙はいったい何だ、と途中で放り出されてしまう」を論拠に④を選ぶ。他の選択肢を見ていくと、①「日本人の丁寧さだけが伝わって」の部分が不可。②「相手の心理的負担を考慮する」が文脈上外れており、不可。③「間違いがない文章を書く」ことを「表面的な良さ」と解釈している記述はない。

問5　傍線⑵「それ」の指す内容は、二行前の「話全体を英語の論理構成で進めないと効果的ではない」ことである。これと合致するのは①である。

問6　①は「翻訳元の言語の文章構成の方法を尊重」が第十七段落の記述と相容れない。②は「言語文化上の衝突を避けることはできない」とあるが、第十二段落の「日本人が損をする結果になりがち」と合わない。③は第九〜十二段落の内容に合致している。④は「感情に訴えることを重視」が第十段落の内容と合わない。

国語

Ⅰ

出典　鳥飼玖美子『歴史をかえた誤訳』〈第五章　文化はどこまで訳せるか〉（新潮文庫）

解答

問1　**あ**—④　**い**—③　**う**—②　**え**—①

問2　**A**—②　**B**—③　**C**—④　**D**—④

問3　⑤

問4　④

問5　①

問6　③

解説

問1　空欄 う は、直後の「述べたあげくに」を根拠に〃たくさん話す様子〃のオノマトペを選べばよいので、②「つらつら」が入る。

問2　一つ目の空欄 A の文脈は、「個々の文章」が主語で、「相互的な関連を持ち」「連結して」「パラグラフの主題」を A している、という流れである。二つ目の空欄がある第五段落を見ると、主題について〈例証や解説、分類や比較対照、因果関係を示す、など具体的な各論を提示〉と述べている。これは、言い換えると「パラグラフの主題」を〃おしひろげる〃ことであり、あてはまる語は②「敷衍」。空欄 B は、一つ目の空欄直後に「換言すると、冒頭のパラグラフさえ読めば、……要点が把握できる」とあり、①「戦略」と、③「直線」の二つに絞られる。

/////////////////// ·memo· ///////////////////

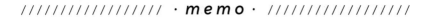

· memo ·

2023年度

問題と解答

■学校推薦型選抜

問題編

▶試験科目・配点

選考区分		学部・学科	教　科	科　　目	配　点
公募推薦〔併願制〕	スタンダード方式	書道コースをのぞく	基　礎 テスト	英語・国語・「数学Ⅰ・A」・「数学Ⅰ・A・Ⅱ・B」の4科目から2科目選択 ※「数学Ⅰ・A」と「数学Ⅰ・A・Ⅱ・B」の両方を選択することは不可。 ※国際英語学科は英語，日本語日本文学科は国語，情報工学科は「数学Ⅰ・A・Ⅱ・B」を必須とする。	200点 （各100点）
	英語特化方式	国際英語	基　礎 テスト	英語	300点*
				「数学Ⅰ・A」・「数学Ⅰ・A・Ⅱ・B」・国語の3科目から1科目選択	100点
	数学特化方式	工（情報工）	基　礎 テスト	数学Ⅰ・A・Ⅱ・B	300点*
				英語・国語の2科目から1科目選択	100点
公募推薦〔専願制〕		発達教育・看護・健康科（理学療法・作業療法・臨床検査）	基　礎 テスト	英語・国語・「数学Ⅰ・A」・「数学Ⅰ・A・Ⅱ・B」の4科目から2科目選択 ※「数学Ⅰ・A」と「数学Ⅰ・A・Ⅱ・B」の両方を選択することは不可。	200点 （各100点）
特技推薦（書道部門）		文（日本語日本文〈書道コース〉）	小論文	与えられた論題について論述	100点
			実　技	書道実技	200点
特技推薦（スポーツ文化部門）		文（書道コースを除く）・発達教育・総合心理・経済・経営	面　接	集団面接（口頭試問含む）	100点

総合学科 専門学科 推薦	経済・経営・工（建築デザイン）	小論文	与えられた論題について論述	100点
		面　接	個人面接	100点

＊得点を3倍化して300点満点とする。

▶選考方法

- 公募推薦：書類審査50点（全体の学習成績の状況の10倍）および基礎テストにより判定を行う。
- 特技推薦（書道部門）：書類審査50点（全体の学習成績の状況の10倍）および小論文・書道実技の得点により総合判定を行う。
- 特技推薦（スポーツ文化部門）：書類審査および面接により総合判定を行う。
- 総合学科専門学科推薦：書類審査および小論文・面接に，簿記や英語などの資格・検定を持つ場合は特別点（10点・20点・30点）を加えて総合判定を行う。

▶備　考

基礎テストの出題範囲は以下の通りで，いずれも基礎・基本的な内容を問う。

英語：コミュニケーション英語Ⅰ・Ⅱ・Ⅲ，英語表現Ⅰ・Ⅱ
国語：国語総合・現代文Ｂ〈古文・漢文を除く〉
数学Ⅰ・Ａ：数学Ⅰ・Ａの全範囲
数学Ⅰ・Ａ・Ⅱ・Ｂ：数学Ⅰ・Ａ・Ⅱの全範囲，数学Ｂ〈数列，ベクトル〉

英語

（2科目80分）

I　次の文を読んで、あとの問いに答えなさい。（〰〰のついた語句は文末に注があります。）

(a) War kept Naseer Shamma away from his homeland of Iraq for years. Now, the famous musician hopes to rebuild his country with performances and projects to (1) support culture and education. Shamma performed last week at the Iraqi National Theater. The crowd was on their feet cheering as Shamma played classic Iraqi and modern songs. He played with an orchestra, as well as young female musicians who played traditional instruments. "We will work on lighting the stage, to get out of the [A] into the light," he told the crowd.

The 59-year-old Shamma is considered a master oud player. The oud is a pear-shaped stringed instrument similar to a lute. The instrument is central to Arabic music. Born in the southern city of Kut, he received his first oud lesson at the age of 11. He later graduated from the Baghdad Academy of Music in 1987. He fled Iraq in 1993 during Saddam Hussein's dictatorship. He (2) eventually gained international fame, performing around the world, and receiving many awards. In Cairo, he started the House of the Oud, a school for teaching the instrument to new generations.

Shamma currently lives in Berlin, Germany. He returned to Iraq for the first time in 2012 for a performance supported by the Arab League. He said he was [B] and felt great sadness to see what had become of his country. Iraq had been through repeated wars and violence after the U.S.-led war that defeated Saddam. He has returned several times since, most recently in 2017. At that time Iraq had been torn apart in its battle with Islamic State group militants who had (3) captured much of the north. This was Shamma's first time back to a country mostly at peace. But it is in the middle of an economic crisis. He said the city is more at ease and the audience more responsive.

"The audience's artistic taste had changed as a result of wars, but last night it was similar to the audiences of the 1980s. I felt as if it was in an international concert like one in Berlin," Shamma said after a recent performance. It was the first of four concerts he is holding in Baghdad this month. The concerts aim to [C] attention to Iraq's worsening education system. The education system has suffered under years of conflict and government corruption.

The World Bank says that education levels in Iraq are now among the lowest in the Middle East and North Africa. They were once considered one of the highest in the area. Money gained from the concerts will go toward improving the Music and Ballet School in Baghdad. "In Iraq, there are still schools made of mud, and students don't have desks, they sit on the floor," Shamma said. "Education is the [D] and answer for the future of Iraq." Shamma is known for using his fame to support causes (4) that help people, children, and art. A few years ago, he led an effort that rebuilt 21 destroyed main squares in Baghdad. He is also a UNESCO peace ambassador. Shamma said he hopes he can return to Iraq permanently soon. He has several other projects in mind for the country's reconstruction.

(Adapted from *Musician Seeks to Rebuild Iraq through Music* by Dan Novak, Voice of America, January 29, 2022)

注 pear-shaped stringed instrument：梨の形をした弦楽器

lute：リュート（丸い胴を持つ琵琶に似た楽器）

dictatorship：独裁政権

mud：泥

問1 空欄 [A] ～ [D] に入れるのに最も適当なものを、それぞれの中から1つずつ選び、番号をマークしなさい。

A. ① applause ② comfort ③ darkness ④ silence [ア]

B. ① fought ② satisfied ③ shocked ④ thought [イ]

C. ① avoid ② bring ③ escape ④ lose [ウ]

D. ① attention ② building ③ enemy ④ solution [エ]

問2 ―― 線 (1) ～ (4) の意味に最も近いものを、それぞれの中から1つずつ選び、番号をマークしなさい。

(1) ① alter ② assist ③ control ④ unite [オ]

(2) ① actually ② finally ③ originally ④ repeatedly [カ]

(3) ① approached ② freed ③ leased ④ occupied [キ]

(4) ① campaigns ② effects ③ functions ④ texts [ク]

問3 ＝＝ 線 (a) の意味として最も適当なものを、次の中から1つ選び、番号をマークしなさい。 [ケ]

① Naseer Shamma left his homeland for Iraq many years ago during the war.

② Naseer Shamma fought in the war for his home country of Iraq for years.

③ Naseer Shamma stayed in his home country of Iraq for years in spite of war.

④ Naseer Shamma was not in his home country of Iraq for years because of war.

問4　次の文を読んで、本文の内容と合っているものには①を、合っていないものには②をマークしなさい。

(1) When Shamma played with an orchestra and young women musicians last week, the crowd sat quietly, listening to their songs. 【コ】

(2) Shamma first received an oud lesson more than 45 years ago and he is thought to be an excellent oud player. 【サ】

(3) The audience at the concert last night was completely different from those of 1980s due to the repeated war. 【シ】

(4) Iraq's education system got worse because of years of war and government officials' immoral behavior. 【ス】

(5) Shamma wants to rebuild Iraq, but he has not been able to think of any ways to do so. 【セ】

Ⅱ　次の各文の（　　）の中に入れるのに最も適当なものを、それぞれの中から１つずつ選び、番号をマークしなさい。

問1　I ran to the station, (　　) I wouldn't have been able to catch the train. 【ソ】

① however　② if　③ otherwise　④ when

問2　A college education will (　　) you to get a broader perspective. 【タ】

① enable　② let　③ make　④ take

問3　I was sitting while the shoes (　　). 【チ】

① had repaired　② were being repaired

③ were repairing　④ would be repaired

問4　This English book is (　　) for me to read in a week. 【ツ】

① easy enough　② enough easy　③ so easy that　④ such an easy

問5　Go to the webpage (　　　) you want to download the file.　　テ

①　how　　②　what　　③　where　　④　which

Ⅲ　次の日本文と英文を対照させつつ、あとの問いに答えなさい。

原宿駅周辺の地域は、高級マンション群が建設され、デザイナーやカメラマンがそこに(1)事務所を構えた1960年代に有名になりました。その後、人気ブティックが(2)次々とオープンし、その地域はファッションの中心地に発展しました。その一帯は、ティーンエージャーに人気のファンキーなショップが並ぶ竹下通りと海外の有名ブランドの旗艦店が並ぶ表参道との独特な(3)対比で知られています。

原宿駅の近くの狭い通り、竹下通りは全国からやって来るティーンエージャーのメッカとして知られており、若者の(4)好みに応じたファッションショップや飲食店があります。(a)その雰囲気は、高級ブランドショップが建ち並ぶ近くの表参道とは全く異なっています。若者でも(b)(　　)ファッションショップの(5)ほか、(c)いつも長い行列ができているクレープやカラフルな綿菓子のような今はやりの食べ物を売っているショップがあります。ここでは猫カフェがオープンして以来、動物と遊ぶ場所が外国人観光客にも人気になり、今では、フクロウ、ハリネズミ、豆柴を(6)呼び物にしているカフェもあります。

The area around Harajuku Station became famous in the 1960s when high-class condominiums were built, and designers and photographers (1)(　　　) up offices there. Later, popular boutiques opened (2)one after (　　　) and the area developed into a center of fashion. The neighborhood is known for the unique (3)(　　　) between Takeshita-dori, a street of funky shops popular with teenagers, and Omotesando, lined with the flagship stores of big-name overseas brands.

A narrow street near Harajuku Station, Takeshita-dori is known as a mecca for teenagers from all over Japan, with fashion shops and eateries catering to youthful (4)(　　　). (a)Its atmosphere is totally different from that of nearby Omotesando and its rows of luxury-brand shops. (5)(　　　) fashions that young people can (b)afford, (c)there are shops selling trendy foods like crepes and colorful cotton candy that always have long queues in front. Since the opening of a cat cafe here, places to play with animals have become popular among foreign tourists as well, and now include cafes (6)(　　　) owls, hedgehogs, and mini-shiba dogs.

(Adapted from『英語でガイドする日本──海外ゲストが行きたい東日本の名所』松本美江著，ジャパンタイムズ出版)

問 1　――― 線 (1) ～ (6) の英訳を完成させるために、空欄に入れるのに最も適当なものを、それぞれの中から 1 つずつ選び、番号をマークしなさい。

(1)　① caught　② placed　③ set　④ took　[ト]

(2)　① another　② one　③ other　④ some　[ナ]

(3)　① balance　② contrast　③ division　④ separation　[ニ]

(4)　① ambitions　② excesses　③ hearts　④ tastes　[ヌ]

(5)　① Apart　② Besides　③ Despite　④ Further　[ネ]

(6)　① approving　② considering　③ featuring　④ inviting　[ノ]

問 2　═══ 線 (a) について、次の英文中の（A）、（B）、（C）の内容を表す最も適当な組み合わせを、次の中から 1 つ選び、番号をマークしなさい。　[ハ]

(A)Its atmosphere is totally different from (B)that of nearby Omotesando and (C)its rows of luxury-brand shops.

①　（A） Mecca's　（B） the fashion　（C） Takeshita-dori's

②　（A） Harajuku Station's　（B） the station　（C） Omotesando's

③　（A） The narrow street's　（B） the street　（C） Takeshita-dori's

④　（A） Takeshita-dori's　（B） the atmosphere　（C） Omotesando's

問 3　═══ 線 (b) の内容を表す英文にするために、次の英文中の（D）と（E）に入れるのに最も適当な組み合わせを、次の中から 1 つ選び、番号をマークしなさい。　[ヒ]

have enough (　D　) to (　E　) for something

①　（D） ability　（E） manage

②　（D） money　（E） pay

③　（D） power　（E） search

④　（D） time　（E） spare

問 4　═══ 線 (c) とほぼ同じ内容を表す英文にするために、次の英文中の（F）、（G）、（H）に入れるのに最も適当な組み合わせを、次の中から 1 つ選び、番号をマークしなさい。

[フ]

there are shops (　F　) trendy foods (　G　) crepes and colorful cotton candy (　H　) which there are always long queues in front.

①　（F） which sell　（G） such as　（H） for

②　（F） which sells　（G） as such　（H） from

③　（F） which sell　（G） as　（H） of

④　（F） which sells　（G） such　（H） through

数学

＜数学の記入例＞　※「数学」を受験する場合、下記の記入例をよく読んでください。

1．問題文中の **ア** 、 **イウ** などには、0～9の数字または－(マイナス)符号が入ります。**ア、イ、ウ**、…等のカタカナ1文字は、これらのいずれかひとつに対応します。それらを解答用紙の解答記号**ア、イ、ウ**、…で示された解答欄にマークして解答しなさい。

例　**カキク** に－15と答えたいとき

カ	①②③④⑤⑥⑦⑧⑨⓪●
キ	●②③④⑤⑥⑦⑧⑨⓪⊖
ク	①②③④●⑥⑦⑧⑨⓪⊖

なお、同一の問題文中に、 **ア** 、 **イウ** などが2度以上現れる場合、2度目以降は、 ア 、 イウ のように明朝体で表記します。

2． **サ.シ** のように解答欄中の文字の間に「.」がある場合、この「.」は小数点を表します。

例　正解が3.14となる場合の解答欄とマーク

タ.チツ

タ	①②●④⑤⑥⑦⑧⑨⓪⊖
チ	●②③④⑤⑥⑦⑧⑨⓪⊖
ツ	①②③●⑤⑥⑦⑧⑨⓪⊖

3．分数の形で解答するときには、それ以上約分できない形で解答しなさい。また、分数にマイナス符号がつく場合には、分子につけて解答しなさい。

例　$\frac{\text{ナニ}}{\text{ヌ}}$ の正解が $-\frac{2}{3}$ である場合　　○ $\frac{-2}{3}$　　× $\frac{-4}{6}$

4．比の形で解答するときには、最も簡単な整数比の形で解答しなさい。

例　**ハ** ： **ヒ** の正解が2：3である場合　　○　2：3　　×　4：6

5．根号（$\sqrt{\ }$）を含む形で解答するときには、根号の中に現れる自然数が最小となる形で解答しなさい。

例　**マ** $\sqrt{\text{ミ}}$ の正解が $4\sqrt{2}$ である場合　　○　$4\sqrt{2}$　　×　$2\sqrt{8}$

◀数学Ⅰ・A・Ⅱ・B▶

（2 科目 80 分）

Ⅰ 次の空欄に当てはまる数値または符号をマークしなさい。

〔1〕 aは0でない実数の定数とする。関数$y=ax^2+2x+3$の値がすべての実数xに対して0より大きいとき，$a>\dfrac{\boxed{ア}}{\boxed{イ}}$である。また，$a=\dfrac{\boxed{ア}}{\boxed{イ}}$のとき，座標平面上において，この関数のグラフは$x$軸と点（$\boxed{ウエ}$，$\boxed{オ}$）で接する。

〔2〕 下の表は，ある地域の飲食店12店舗について，ある調査会社が1点から10点までの10段階で評価した結果である。このデータの平均値が5.5であったとき，$x=\boxed{カ}$，$y=\boxed{キ}$であり，このデータの中央値は$\boxed{ク}$である。

評価	1	2	3	4	5	6	7	8	9	10
店舗数	1	1	1	0	x	y	1	2	1	0

〔3〕 下の図において，AB＝4，BC＝3，CA＝2であり，Iは△ABCの内心である。また，Dは直線AIとBCの交点である。このとき，△ABI：△ACI＝$\boxed{ケ}$：$\boxed{コ}$である。また，△IBD：△ABC＝$\boxed{サ}$：$\boxed{シ}$である。

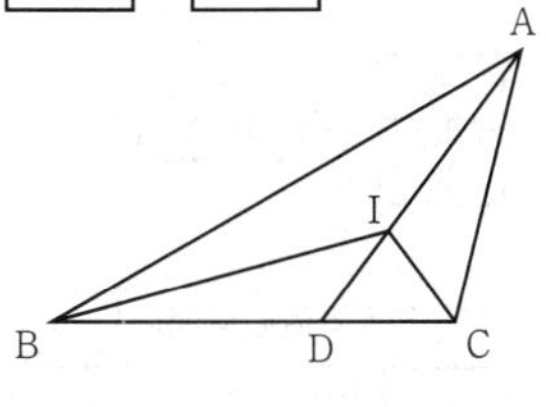

〔4〕 2つのベクトル$\vec{a}=(2,5)$，$\vec{b}=(t,4)$について考える。$\vec{a}\,/\!/\,\vec{b}$となるのは，$t=\dfrac{\boxed{ス}}{\boxed{セ}}$のときである。また，$(\vec{a}+\vec{b})\perp(\vec{a}-\vec{b})$となるのは，$t=\pm\sqrt{\boxed{ソタ}}$のときである。

〔5〕 関数 $f(x) = x^3 - 2x^2 + 3$ の $x = a$ における微分係数を $f'(a)$ とすると，

$f'(a) = \boxed{\text{チ}}\,a^2 - \boxed{\text{ツ}}\,a$ である。また，$f'(a)$ が関数 $f(x)$ の $x = 1$ から $x = 3$ までの

平均変化率と一致するとき，$a = \dfrac{\boxed{\text{テ}} \pm \sqrt{\boxed{\text{トナ}}}}{\boxed{\text{ニ}}}$ である。

Ⅱ 次の空欄に当てはまる数値または符号をマークしなさい。

〔1〕 1辺の長さが4の正四面体ABCDがある。辺ABの中点を点Eとし，EF $= \sqrt{3}$ になるように辺BC上に点Fをとる。このとき，次の問いに答えなさい。

(1) $\mathrm{BF} = \boxed{\text{ア}}$ である。

(2) $\mathrm{DE} = \boxed{\text{イ}}\sqrt{\boxed{\text{ウ}}}$，$\mathrm{DF} = \sqrt{\boxed{\text{エオ}}}$ である。

(3) $\sin\angle\mathrm{DEF} = \dfrac{\sqrt{\boxed{\text{カキ}}}}{\boxed{\text{ク}}}$ である。また，△DEFの面積は $\dfrac{\sqrt{\boxed{\text{ケコ}}}}{\boxed{\text{サ}}}$ である。

〔2〕 $f(x) = \left(\log_3 \dfrac{3}{x}\right)\left(\log_3 \dfrac{x}{27}\right)$ とするとき，次の問いに答えなさい。

(1) $f(81) = \boxed{\text{シス}}$ である。

(2) $f(x) = -8$ のとき，$x = \dfrac{\boxed{\text{セ}}}{\boxed{\text{ソ}}}$，$\boxed{\text{タチツ}}$ である。

(3) $1 \leqq x \leqq 27$ のとき，$\log_3 x$ がとりうる値の範囲は $\boxed{\text{テ}} \leqq \log_3 x \leqq \boxed{\text{ト}}$ である。したがって，$f(x)$ は $x = \boxed{\text{ナ}}$ のとき最大値 $\boxed{\text{ニ}}$ をとり，$x = \boxed{\text{ヌ}}$ のとき最小値 $\boxed{\text{ネノ}}$ をとる。

III 次の空欄に当てはまる数値または符号をマークしなさい。

等差数列 $\{a_n\}$ と等比数列 $\{b_n\}$ を考える。

・数列 $\{a_n\}$ の第10項は28，初項から第4項までの和は22である。

・数列 $\{b_n\}$ の初項から第3項までの和は7，初項から第6項までの和は63である。

〔1〕 数列 $\{a_n\}$ の初項は [ア]，公差は [イ] である。

〔2〕 数列 $\{b_n\}$ の初項は [ウ]，公比は [エ] である。

〔3〕 $\displaystyle\sum_{k=1}^{n} \frac{1}{a_k \cdot a_{k+1}} = \frac{n}{\boxed{オ}\,n + \boxed{カ}}$ である。

〔4〕 $\displaystyle\sum_{k=1}^{n} a_k \cdot b_k = (\boxed{キ}\,n - \boxed{ク})\,2^n + \boxed{ケ}$ である。

〔5〕 数列 $\{c_n\}$ が，$c_1 = 3$，$c_{n+1} = c_n + b_n$（$n = 1,\ 2,\ 3,\ \cdots\cdots$）によって定められるとき，数列 $\{c_n\}$ の一般項は

$$c_n = \boxed{コ}^{\boxed{サ}} + \boxed{シ}$$

と表される。ただし [サ] については，当てはまるものを次の①～⑤のうちから1つ選びなさい。

① $n - 2$　② $n - 1$　③ n　④ $n + 1$　⑤ $n + 2$

◀数学Ⅰ・A▶

（2科目80分）

Ⅰ　次の空欄に当てはまる数値または符号をマークしなさい。

〔1〕 aは0でない実数の定数とする。関数$y = ax^2 + 2x + 3$の値がすべての実数xに対して0より大きいとき，$a > \dfrac{\boxed{\text{ア}}}{\boxed{\text{イ}}}$である。また，$a = \dfrac{\boxed{\text{ア}}}{\boxed{\text{イ}}}$のとき，座標平面上において，この関数のグラフは$x$軸と点（$\boxed{\text{ウエ}}$，$\boxed{\text{オ}}$）で接する。

〔2〕 下の表は，ある地域の飲食店12店舗について，ある調査会社が1点から10点までの10段階で評価した結果である。このデータの平均値が5.5であったとき，$x = \boxed{\text{カ}}$，$y = \boxed{\text{キ}}$であり，このデータの中央値は$\boxed{\text{ク}}$である。

評価	1	2	3	4	5	6	7	8	9	10
店舗数	1	1	1	0	x	y	1	2	1	0

〔3〕 下の図において，AB = 4，BC = 3，CA = 2であり，Iは△ABCの内心である。また，Dは直線AIとBCの交点である。このとき，△ABI：△ACI = $\boxed{\text{ケ}}$ ： $\boxed{\text{コ}}$である。また，△IBD：△ABC = $\boxed{\text{サ}}$ ： $\boxed{\text{シ}}$である。

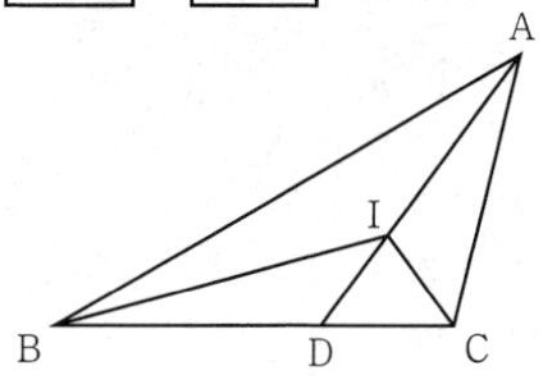

〔4〕 27との最小公倍数が675であるような自然数は全部で$\boxed{\text{ス}}$個あり，そのなかで最小のものは$\boxed{\text{セソ}}$である。

〔5〕 aは実数の定数とする。不等式$2(2x + 1) < 3(x + 2a)$を満たすxが2桁の自然数を含まないとき$a \leqq \boxed{\text{タ}}$である。また，この不等式を満たすxのうち，最大の整数が3であるとき$\dfrac{\boxed{\text{チ}}}{\boxed{\text{ツ}}} < a \leqq \boxed{\text{テ}}$である。

Ⅱ　**次の空欄に当てはまる数値または符号をマークしなさい。**

〔1〕 1辺の長さが4の正四面体ABCDがある。辺ABの中点を点Eとし，$EF=\sqrt{3}$になるように辺BC上に点Fをとる。このとき，次の問いに答えなさい。

(1) $BF = \boxed{\text{ア}}$ である。

(2) $DE = \boxed{\text{イ}}\sqrt{\boxed{\text{ウ}}}$，$DF = \sqrt{\boxed{\text{エオ}}}$ である。

(3) $\sin\angle DEF = \dfrac{\sqrt{\boxed{\text{カキ}}}}{\boxed{\text{ク}}}$ である。また，△DEFの面積は $\dfrac{\sqrt{\boxed{\text{ケコ}}}}{\boxed{\text{サ}}}$ である。

〔2〕 ある店で，定価が800円の品物Aと定価が500円の品物Bが売られている。ただし，消費税は考えないものとし，品物A，品物Bともに売り切れることはない。このとき，次の問いに答えなさい。

(1) 品物Aと品物Bをあわせて26個買うと，代金の合計は16600円となった。このとき，品物Aを $\boxed{\text{シス}}$ 個と品物Bを $\boxed{\text{セソ}}$ 個買ったことになる。

(2) 入会金500円を払った会員は，品物Aを6％引きで買うことができるキャンペーンがこの店で始まった。そこで品物Aのみを買うとき，入会しないで品物Aを買う場合より，入会金を含めた代金の合計が安くなるには，品物Aを $\boxed{\text{タチ}}$ 個以上買えばよい。

(3) 品物Bを40個から70個までの範囲内で一度に買うと，買った個数xに応じて，品物Bを1個あたり（$500-5x$）円で買うことができるキャンペーンがこの店で始まった。そこで品物Bのみを40個から70個までの範囲内で一度に買うとき，代金の合計金額が最も安くなるのは品物Bを $\boxed{\text{ツテ}}$ 個買う場合であり，代金の合計金額が最も高くなるのは品物Bを $\boxed{\text{トナ}}$ 個買う場合である。

III　**次の空欄に当てはまる数値または符号をマークしなさい。**

高校生が４人，中学生が２人，小学生が２人いる。

〔1〕　この８人が横１列に並ぶとき，両端が中学生になる並び方は全部で **アイウエ** 通りあり，高校生の４人，中学生の２人，小学生の２人がそれぞれ連続して並ぶ並び方は全部で **オカキ** 通り，どの高校生どうしも隣り合わない並び方は全部で **クケコサ** 通りある。また，中学生２人がいずれも左から偶数番目に並ぶ並び方は全部で **シスセソ** 通りある。

〔2〕　この８人から４人を選ぶとき，４人の中に中学生と小学生が少なくとも１人ずつ入っている選び方は全部で **タチ** 通りある。

〔3〕　この８人を４人ずつの２つのグループに分ける。ただし，それぞれのグループに高校生は少なくとも１人入るようにし，小学生２人はそれぞれ別のグループに入るように分けるとき，分け方は全部で **ツテ** 通りある。

4 世の中はエイコセイスイを常とする。　ハ

① 資源のコカツは深刻な問題である。
② コウ常的な成果を期待されている。
③ 権力をコジする。
④ チョウコウゼツをふるう彼を止めることはできない。

5 イベントをきちんと終えるためのゼンゴサクを練る必要があるだろう。　ヒ

① 冒険の末、ゼンジンミトウの地にたどり着いた。
② 小説家を志したのは、ジュウゼンから創作活動に夢中であったからだ。
③ サイゼンの手段を考える。
④ 急ぐことのない、少しずつ進むゼンシンテキな改革が必要だ。

Ⅳ

次の1～5の傍線部と同じ漢字を含むものを、それぞれの選択肢の中から一つ選び、番号をマークしなさい。

1　阪神タイガースがゲバヒョウを覆して首位に立った。　ヌ

① ヒョウノウをねん挫部分にあてる。
② 彼は本当にヒョウジョウ豊かな人だ。
③ 一ピョウの重みの解消を目指す。
④ お店のヒョウカを高く保つ工夫を考える。

2　思い通りにいかない、生活が苦しいさまをフニョイという。　ネ

① 喧嘩がニンジョウ沙汰にならなくてよかったね。
② 「ニョウボウ」と「奥さん」と「妻」の使い分けを考える。
③ 弟がトツジョ、陶芸家になると言い出した。
④ 京都市内でもマイコさんを見ることは少なくなった。

3　カンワキュウダイ、本題に戻ろう。　ノ

① カンカクを開けて並ぶ。
② 弟がサイナンカンの高校に合格した。
③ カンランセキで番組の収録に参加する。
④ 商店街がカンサンとしている。

III 次の空欄 ツ ～ ニ に入れるのに最も適当なものを、それぞれの選択肢の中から一つ選び、番号をマークしなさい。

1　ツ であっても心に響く言葉はある。

①　不言実行　②　片言隻語　③　言語道断　④　枝葉末節

2　パートナーとはいえ、テ であると感じれば対話が必要である。

①　公平無私　②　同床異夢　③　風光明媚　④　豪放磊落

3　宇宙の ト を理解することはできない。

①　泰然自若　②　白砂青松　③　縦横無尽　④　森羅万象

4　彼女の勤勉さや ナ ぶりを知らない人は誰もいない。

①　博覧強記　②　離合集散　③　一衣帯水　④　不易流行

5　人の行いは ニ をもって報いられるとは限らない。

①　信賞必罰　②　勇猛果敢　③　一騎当千　④　不即不離

Ⅱ

次の1～5の説明に当てはまるものを、それぞれの選択肢の中から一つ選び、番号をマークしなさい。

1 福沢諭吉の著書。 ス

① 『文明論之概略』 ② 『経国美談』 ③ 『西国立志編』 ④ 『西洋紀聞』

2 尾崎紅葉の作品。 セ

① 『風流仏』 ② 『照葉狂言』 ③ 『不如帰』 ④ 『多情多恨』

3 永井荷風の作品。 ソ

① 『パリ燃ゆ』 ② 『ふらんす物語』 ③ 『アメリカ素描』 ④ 『倫敦塔』

4 川端康成の作品。 タ

① 『春昼』 ② 『吉野葛』 ③ 『古都』 ④ 『旅愁』

5 文学史上、戦後派に属すると言われる作家。 チ

① 太宰治 ② 大岡昇平 ③ 庄野潤三 ④ 直木三十五

② 「意識」の外部に広がる人間存在の暗部、その「不気味」さを解明しようとしたのが、フロイトの精神分析である。

③ 「意識」のネガとしての「意識されないもの」を起点として理論を打ち立てようとしたのが、フロイトの精神分析である。

④ 思想や理論の歴史にあってこれまで素通りされていた人間の「無意識」にはじめて焦点を当てたのが、フロイトの精神分析である。

問5 本文の内容に合うものを、次の中から二つ選び、番号をマークしなさい。ただし、解答の順序は問わない。 [サ] [シ]

① 「atom」とはもともと「これ以上分割されないもの」という語調を内包する言葉であったが、物理学の発展によって死語になってしまった。

② 死者はすでに死んでいるがゆえに死とはなにかと問うことができず、ここに生者しか死を問うことができないというパラドックスが成立する。

③ 「individual」は、社会に対する最終的な責任単位としての個人という意味を持ち、古代ギリシア哲学の影響下で形成された概念である。

④ 西洋的思考は自然科学、人文科学を問わず、これ以上分割しえないとされる概念を母胎として体系化される傾向にあり、この点が東洋的思考とは異なる。

⑤ アドルノは、言葉にならない現象に対して新しい言葉を付与する重要性を主張し、観念の体系化こそが「認識のユートピア」であると説いた。

⑥ ウィトゲンシュタインは、語ることのできないものを前に沈黙することを説いたが、語りえぬものを語ろうとする努力までも否定してはいなかった。

あ　①ところで　②なかでも　③むろん　④つまり　[ア]

い　①しかし　②だから　③ちなみに　④ただし　[イ]

う　①あるいは　②といっても　③たとえば　④さて　[ウ]

え　①なぜなら　②ところで　③したがって　④むしろ　[エ]

問2　空欄 [A] ～ [D] に入れるのに最も適当なものを、それぞれ次の中から一つ選び、番号をマークしなさい。

A　①例外的　②現実的　③逆説的　④個人的　[オ]

B　①歴史的　②分析的　③時間的　④可逆的　[カ]

C　①合理性　②科学性　③実証性　④実体性　[キ]

D　①包括化　②構造化　③象徴化　④先鋭化　[ク]

問3　本文中、次の一文が省略されている。（①）～（⑤）のどこに入れるのが最も適当か、番号をマークしなさい。　[ケ]

ここでは、どういう言葉がそれに当たるかをいちいち数えあげる作業は省きますが、大事なことは、こうした否定の接頭語を冠した諸概念のなかに、その後ドラスティクにその意味内容を獲得し、さらにそれを充実、変転させていったものが少なくないという事実です。

問4　――線「フロイトの切り開いた精神分析という分野」の説明として、最も適当なものを、次の中から一つ選び、番号をマークしなさい。　[コ]

①「意識」の対概念である「無意識」に人間の実存的本質を求めたのが、フロイトの精神分析である。

らポジティヴな意味合いを含んだ「固」をツクリにもつ「個」というような表記が選ばれているのです。（④）

興味深いのは、この「分割されないもの」という原義をもった「原子」と「個人／個体」がはからずも近代という時代になって並行してその概念の進展を見たということです。類似の表記構造をもつ二つの言葉が、かたや物質ないし自然のベースとして、かたや人間ないし社会のベースとして、いわばグランドセオリーの基本概念としてつかわれていったこと、そこに「近代的パラダイム」と呼ばれるものの思想的ないし哲学的特徴があると言ってもいいでしょう。言い換えるなら、原子という表象を要素とする機械論的な思考モデルがそのパラダイムの内容をなしていると言っていいかもしれません。（⑤）

思想や理論の歴史をこういう観点からふりかえってみたときに、無視して通り過ごすことのできない際立った例がまだひとつあります。それがフロイトの切り開いた精神分析という分野です。精神分析は基本的には「Bewußtsein 意識」と「das Unbewußte 無意識的なもの」を区別することに始まります。注意してほしいのは、フロイトは「意識 Bewußtsein」の対概念にけっして「Unbewußtsein」という表記を当てていないことです。日本語で無造作に「無意識」と訳されてしまうことが多いのですが、原語はあくまでun-という否定を意味する接頭語のついた形容詞形「unbewußt」を名詞化した「das Unbewußte」、つまり「意識されないもの」または「無意識的なもの」です。これはいまでは精神分析の用語として定着していますが、この表記法からも推察できるように、フロイトは当初これを意識のネガとして想定し、そこから自らの理論形成を開始したということを忘れてはなりません。一言でいってしまえば、フロイトという人はつねにネガティヴにしか表記できないものに関心を示し、そこにポジとしての分析や理論をうち立てようと格闘しつづけた人だと言えると思います。フロイトがドイツ語の「unheimlich（不気味な）」という、どちらかというと漠然とした気分を表わす、しかもやはりun-という否定の接頭語を冠した言葉に特別な関心を寄せたことなどもその一例といえます。

（出典　小林敏明『フロイト講義〈死の欲動〉を読む』　なお、問題作成上、一部省略してある。）

問1　空欄 あ ～ え に入れるのに最も適当なものを、それぞれ次の中から一つ選び、番号をマークしなさい。

注意したいのはこの言葉の一部をなす否定の接頭語「a」です。これは後のヨーロッパ語、たとえばラテン語の「in-」やドイツ語の「un-」などに転換されて引き継がれていくわけですが、「atom」ではそのままギリシャ語の原形が残ったことになります。いずれにせよ、ヨーロッパ語のなかにはこの「a-」「in-」「un-」を接頭語にもつ言葉が少なくありません（ちなみにこれらを日本語で表現するときは「不-」「否-」「非-」「未-」「無-」「脱-」などという表記がそのつどの文脈におうじて適宜つかわれているようです）。（③）

周知のように「atom」すなわち「原子」は、今日ではもはや「分割不可能なもの」ではありません。それどころか、二〇世紀の物理学の劇的な展開が示したように、それは次から次へと分割されつづけ、ついにはその「物質」としての「［C］」さえもが疑問に付されるところまで進んだのでした。またその中身の構造が解明されると同時に「原子力」などという不吉でやっかいなものまで生み出してしまったことも周知の事実です。つまり、初めはたんに「分割されないもの」とネガティヴにしか表現できなかった概念が、その後の知的挑戦によってそのネガをポジに変えられた典型例がここに見られるのです。日本語の「原子」という表記がヨーロッパ語のような否定形をもたないのは、それがポジに転換して以後の輸入概念であることを示しています。

この「atom」によく似た言葉にもうひとつ「individual」という言葉があります。こちらはラテン語が起源となっていますが、文字どおりにはこれも「分割されないもの」で、言葉の組成上は「atom」と同義になります。ところが、同じような語源的意味をもちながら、こちらは「atom」とは別の文脈であつかわれてきました。すでに述べたように、「atom」が物理学を中心とする分野でその内容の［D］と、その結果としてのネガからポジへの変転を経験したのだとすると、「individual」のほうは、どちらかというと社会科学、生物学あるいは哲学といった分野でその進展を見たのでした。おおまかに言えば、日本語で「個人」と訳される場合は社会科学的文脈が、「個体」と訳される場合は生物学的文脈が問題になるようですが、哲学ではどちらの訳語もつかわれているようです。明らかにこの概念もまた当初の「分割されないもの」という否定的表記を超えて、ポジへの転換を果たした概念です。げんに今日のわれわれは「individual」という言葉を「分けられないもの」などというネガティヴな意味合いではつかっていません。［え］それは人間存在の原点となるようなポジティヴな何ものかとしてとらえられているのではないでしょうか。日本語の「個人」という翻訳語もまたその転換後の産物ですから、初めかせん。しかし私にはこの自明の事実がときに疑問になることがあります。本当に死は語りえないものだろうか、[う]われわれはこの生死のパラドックスに耐えて、いったいどこまでそれを語る努力をしてきたのだろうかと。

　少し理屈をこねてみましょう。分析哲学の元祖のようにあつかわれているウィトゲンシュタインの『論理哲学論考』のなかに「語りえぬものについては沈黙しなければならない」という有名な言葉があります。この言葉はその昔から伝わる「オッカムの剃刀」と呼ばれる原則、つまり「説明のためには必要以上の仮定を立ててはならない」と同じように、いまや合理的に思考するための箴言《しんげん》のようなものとして出回っていますが、しかしこの言葉はけっして「語りえぬもの」を少しでも「語りうるもの」にしようとする人間の努力そのものまでも否定しているわけではありません。知の進歩はほかならぬその「語りえぬもの」へのあくなき挑戦にこそあるのですから。われわれはむしろこう言うべきでしょう。ほかならぬ語りえぬものこそ知の温床であると。ただ語りうるもののみを語るというのであれば、それは結局のところ発見も何もないわかりきった同語反復《トートロジー》をくりかえす以外ありません。「ウィトゲンシュタインに逆らって、語りえぬものをこそ語るべきだ」と述べたアドルノはさらに、こうも言っています。

　認識のユートピアは、概念なきものを概念でもって開きながら、なおそれを概念として等置してしまわないところにあるのだろう。

（『否定弁証法』）

　語りえぬものへの挑戦を[B]にもっとも象徴しているのは「atom」という言葉でしょう。日本語では「原子」と翻訳され、輸入されているわけですが、これはもともと否定の接頭語「ἀ」と動詞の「τομέω」からなるギリシャ語の「ἄτομος」に起源をもち、「（これ以上）分割されないもの」ほどの意味でつかわれていた言葉です。あえて語源に即して翻訳するなら、「不分子」とでもなるところでしょうか。これを特殊な哲学用語としてつかったのがイオニアの自然哲学者デモクリトスであるとは、哲学史の教科書などでもよく触れられていることです。（②）

国語

（二科目八〇分）

Ⅰ 次の文章を読んで、あとの問いに答えなさい。

いまわれわれの周りには死が氾濫し、日常化しています。未曽有の大震災によって瞬時にして失われた何千何万もの命、制御不可能なまでに暴走してしまった原発から発せられる放射能によって日夜脅かされつづける膨大な数の命。しかし、かりにそういう破局によってもたらされた［　A　］な死がなかったとしても、死はやはりわれわれの日常の一部であることをやめません。私個人にかぎってみても、このところ母をはじめとする何人かのかけがえのない肉親や恩師、それに友人たちの死を経験しました。少しさかのぼれば、わが子の死産や教え子の自殺などというやりきれない死もありました。そうしていまでは自分もまたやがて彼らと同じようにいずれは死んでいく身であることを思い知らされています。［　あ　］こうしたことはなにも私だけにかぎったことではありません。それは例外なくだれの身にも降りかかること、避けられないことです。だからこそ人は問いつづけてきたのです、死とは何かと。（①）

しかし皮肉なことに、その事態のまっただなかに立つ当事者である死者はそれを問うことができません。［　い　］人は生きるかぎりにおいて死を問うほかありません。しかし生が死を問うとはひとつのパラドックス以外の何ものでもありません。死は生にとってはどうにも声の届かぬ「彼岸」だからです。それはそもそも生の側からは語りえないものと言うことができるかもしれません。こうして死はわれわれの日常において不断に遭遇する近しい出来事でありながら、基本的に「語りえぬもの」として遠ざけられ、忘れられていくことになります。それは多くの場合「諦め」という名のもとにおこなわれています。処世のわざとしては、じじつそうするよりないのかもしれま

小論文

◀特技推薦▶

（60分
解答例省略）

問．次の一節は、中国唐時代の書論 孫過庭の「書譜」口語訳である。この言葉を参考にしつつ、現代の書芸術や自身の書についての思いや考え方、これからの書について800字以内で自由に述べよ（字数には句読点を含む）。

そもそも質実とか華美は時代の風潮によってうつり変るものである。〔太古において〕記号が創られたときは、もっぱらことばだけを表記したのだが、〔時代の推移とともに、その〕内容も自然とうつり、質朴から飾り多いものへと幾変遷もしてきた。〔文化の〕めまぐるしい変遷は、事物当然の道理である。〔したがって〕古法に則していて現代感覚にずれず、現代風でいて時弊に同調しないことが大切である。〔これこそ『論語』の〕いわゆる「素朴と文明を調和した人にして、はじめて有徳の君子」ということなのである。どうして〔古質こそ尊ばれるべきものであるからといって〕いまさら豪華な宮殿があるのに穴居野処する生活にかえようとし、立派な乗りものがあるにもかかわらず粗末な車に乗りかえる必要があろうか。

（出典：中田勇次郎．中国書論大系第２巻 唐１．二玄社，1977，100頁～101頁の一部を抜粋．）
西林昭一訳

◀総合学科専門学科推薦▶

（60分
解答例省略）

問．次の文章は、「麦秋」という表題のコラム記事です。世界や日本の食料（糧）・農業事情を改善するためには、どうすればよいのでしょうか。あなたの考えを、800 字以内で述べなさい（字数には句読点を含む）。

滋賀県内のあちこちで、田植えを終えた水田に交じり、薫風にそよぐ麦の穂波を目にする▼秋に種をまいた麦は初夏に収穫する。早ければ今月下旬にも黄金色に染まる畑で刈り取りが始まる。農家の労苦が報われる楽しみな季節だろう。だが、日本から約９千キロ離れた世界有数の産地ウクライナでは、農家たちが不安の中で麦秋を迎えようとしている▼ロシアによる軍事侵攻で農作業がままならず、戦闘の激しい東部や南部では農地が戦車などで踏み荒らされ、避難している農家も少なくないようだ▼国連食糧農業機関（ＦＡＯ）によると、ウクライナは世界第５位の小麦輸出国だが、今夏の収穫だけでなく、秋の種まきへの影響も危ぶまれている。港の封鎖などでも年間輸出量の半分近い約２５００万トンの穀物が出荷できない状況という▼供給の停滞は、世界的な小麦の高騰につながっている。エジプトでは主食のパンの小売価格を統制している。国内消費の約９割を輸入に頼っている日本も、政府が製粉会社に売り渡す輸入小麦価格が、一昨年秋に比べて約１・５倍になっている。今秋の改定ではさらなる高値も予想されている▼パンやパスタなど食品の相次ぐ値上げは財布には厳しいが、世界とのつながりを感じさせる。はるか戦地の麦秋に思いを寄せたい。

（出典：「コラム凡語：麦秋」『京都新聞』2022年5月11日朝刊、1面）

一

(B)

「高野切第一種」

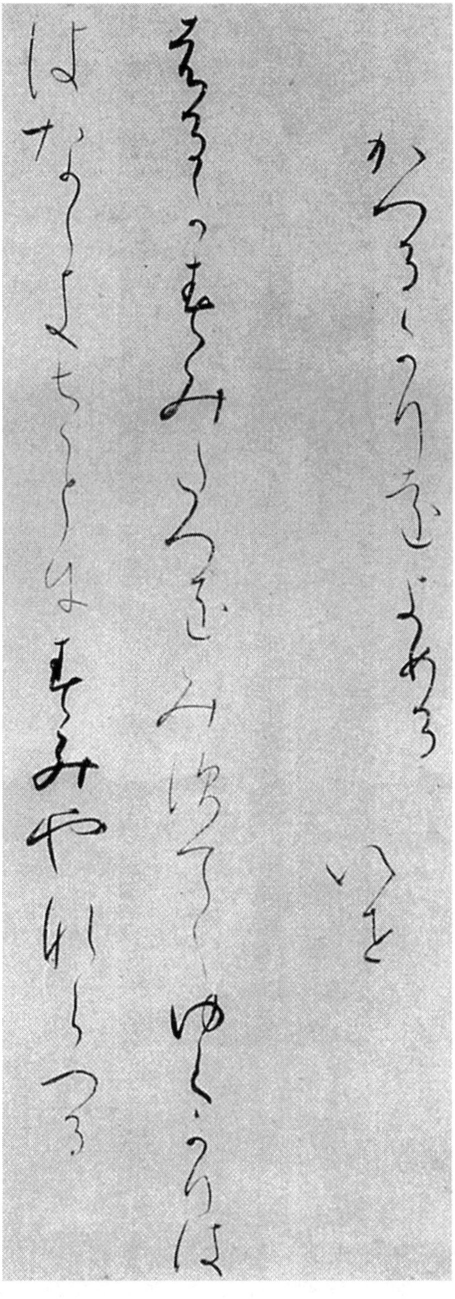

三

次の文を半紙に読みやすく書きなさい。

「表現技法を習得し自らの書の高さを測るものさしを得るために古典の学習はどうしても欠かせないものである」

（漢字、かな変換不可、変体がな使用不可、句読点省略）

今井凌雪『書を志す人へ1』

一

(A)「孔子廟堂碑」

書道実技

（七〇分）
（解答例省略）

一

(A) 別紙の「孔子廟堂碑」の指定部分を半紙に臨書しなさい。

「然 後 知 達」

(B) 別紙の「高野切第一種」を半紙中央に原本と同形式で原寸臨書しなさい。

「歌一首（詞書・作者名を含む）」

二

次の(A)、(B)の内、いずれかを選択して半紙に創作しなさい。

(A) 「我 愛 夏 日 長」（行書体による）

(B) 「きみがため春《はる》の野《の》にいでてわかなつむ我《わ》が衣手《ころもで》に雪《ゆき》はふりつつ」

（漢字かな変換可、変体がな使用可、ちらし自由）

解答編

英語

I

解答 問1．A—③ B—③ C—② D—④

問2．(1)—② (2)—② (3)—④ (4)—①

問3．④

問4．(1)—② (2)—① (3)—② (4)—① (5)—②

解説 ≪音楽家のイラク再建≫

問1．A．「『(　　　) から光の中に出るために，ステージを照らすことに私たちは取り組む』と彼は群衆に語った」の穴埋め。第1段第2文 (Now, the famous …) に，「有名なミュージシャンは，文化と教育を支援するためのパフォーマンスやプロジェクトで国を再建したいと考えている」とあるので，「暗闇」という意味の③ darkness が適切。①「拍手」②「快適さ」 ④「静けさ」

B．「彼は (　　　)，そして自分の国がどうなったかを見て大きな悲しみを感じたと言った」の穴埋め。後続の文 (Iraq had been …) に，「イラクは繰り返し戦争と暴力を経験していた」とある。よって，「ショックを受けた」という意味の③ shocked が適切。①「戦われた」 ②「満足した」 ④「思われた」

C．「コンサートは，イラクの悪化する教育システムに注意 (　　　) ことを目的としている」の穴埋め。本文はナスィール＝シャンマというミュージシャンによる，イラク再建の話である。よって，「～をもたらす」という意味をもつ② bring が適切。①「～を避ける」 ③「逃げる」 ④「～を失う」

D．「教育はイラクの未来に対する (　　　) であり，答えである」の穴埋め。よって，「解決策」という意味をもつ④ solution が適切。①「注意」②「建物」 ③「敵」

問2．(1) support は「～を支援する」という意味なので，②の「～を助ける」を選ぶ。①「～を変える」 ③「～を支配する」 ④「～を結合させる」

⑵eventuallyは「ついに」という意味なので，②の「最終的に」を選ぶ。①「実は」 ③「もとは」 ④「繰り返して」

⑶capturedは「～を占領した」という意味なので，④「～を占有した」を選ぶ。①「～に近づいた」 ②「～を解放した」 ③「～を賃貸しした」

⑷causesは「(社会的な) 運動」という意味なので，①「運動」を選ぶ。②「効果」 ③「機能」 ④「本文」

問3．下線部(a)は，「戦争はナスィール＝シャンマを故郷のイラクから何年も遠ざけた」という意味である。これと同じ内容を表すのは，④「ナスィール＝シャンマは戦争が理由で何年も母国にいなかった」となる。

①「ナスィール＝シャンマは何年も前，戦争中に母国からイラクへと発った」

②「ナスィール＝シャンマは戦争で，何年間も母国であるイラクのために戦った」

③「ナスィール＝シャンマは戦争が起こっているにもかかわらず，何年間も母国であるイラクに滞在した」

問4．⑴「シャンマが先週オーケストラや若い女性の音楽家とともに演奏したとき，聴衆は曲を聴きながら静かに座っていた」 第1段第4文（The crowd was …）に，シャンマの演奏中に聴衆は立ち上がって応援していたとあるので，不一致。

⑵「シャンマは45年以上前にはじめてウードのレッスンを受け，すばらしいウードの演奏家であると考えられている」 第2段第1文（The 59-year-old Shamma …）と同段第4文（Born in the …）に，「59歳のシャンマは名人のウードプレーヤーであると考えられている」「南部の都市クートで生まれ，11歳で最初のウードのレッスンを受けた」とある。よって，一致。

⑶「昨夜のコンサートの聴衆は，繰り返される戦争のために，1980年代の聴衆とは全く異なっていた」 第4段第1文（“The audience’s artistic …）に，「観客の芸術的嗜好は戦争の結果として変化したが，昨夜は1980年代の観客に似ていた」とあるので，不一致。

⑷「イラクの教育システムは，数年に及ぶ戦争や政府の役人の道徳に反す

る振る舞いが理由で悪くなった」 第4段最終文（The education system …）に，「教育システムは，長年の紛争や政府の堕落に苦しんできた」とあるので，一致。

(5)「シャンマはイラクを再建したいが，そうするための手段を考えることができていない」 最終段第5～7文（“Education is the … squares in Baghdad.）を見ると，シャンマが，教育がイラクの未来に対する解決策であると考え，自身の音楽家としての名声をいかして活動を行なっているということがわかる。よって，不一致。

Ⅱ 解答 問1．③ 問2．① 問3．② 問4．① 問5．③

解説 問1．「私は駅まで走った，そうでなければ電車に間に合うことはできなかっただろう」 空欄以下が wouldn't have been となっており，「過去の事実」に反する仮定法過去完了の表現。よって，③otherwise「さもなければ」が適切。otherwise の部分は if I hadn't run と言い換えられる。

問2．「大学教育により広範な観点を得ることができるだろう」 enable *A* to *do*「*A* が～するのを可能にする」 ②let と③make は使役動詞なので，原形不定詞を導くため不可。④take は take *A* to *B* で「*A* を *B* へ連れていく」となる。

問3．「私は靴が修理されている間，座っていた」 受動態の進行形。

問4．「この英語の本は私が1週間で読めるほど簡単だ」 ～enough to *do*「…できるほど十分～」

問5．「ファイルをダウンロードしたいウェブページにいきなさい」 空欄の後ろが完全文であるので，関係副詞を選ぶ。① how は先行詞をとらない関係副詞である。

Ⅲ 解答 問1．(1)―③ (2)―① (3)―② (4)―④ (5)―② (6)―③

問2．④ 問3．② 問4．①

解説 ≪原宿周辺の様子≫

問1．(1)「事務所を構えた」は set up offices である。①caught「捕まえ

た」 ②placed「置いた」 ④took「取った」

⑵「次々と」は one after another である。

⑶「対比」は contrast である。①balance「均衡」 ③division「分割」 ④separation「分割」

⑷「好み」は tastes である。①ambitions「野心」 ②excesses「超過」 ③hearts「心臓」

⑸「〜のほか」は Besides である。①Apart「離れて」 ③Despite「〜にもかかわらず」 ④Further「さらに」

⑹「呼び物にしている」は featuring である。①approving「承認している」 ②considering「考慮している」 ④inviting「招待している」

問2.「(A)その（＝竹下通りの）雰囲気は近くの表参道や(C)その（＝表参道の）高級ブランドショップの並びの(B)それ（＝雰囲気）とは完全に異なっている」

問3.「何かしらのために（　E　）するための十分な（　D　）がある」の穴埋め。「お金」という意味の money をDに，「払う」という意味の pay をEにそれぞれ当てはめる。

問4.「クレープやカラフルな綿菓子（　G　）今はやりの食べ物（　F　），そのはやりの食べ物（　H　）いつも長い行列ができている店がある」の穴埋め。Fは先行詞が shops であるため，which sell が当てはまる。Gには「〜のような」と具体例を表す表現の such as が入る。そして（　H　）which が先行詞にとるのは trendy foods なので，Hには for が当てはまる。

数学

◀数学Ⅰ・A・Ⅱ・B▶

Ⅰ　解答　≪小問5問≫

〔1〕ア．1　イ．3　ウエ．−3　オ．0

〔2〕カ．2　キ．3　ク．6

〔3〕ケ．2　コ．1　サ．2　シ．9

〔4〕ス．8　セ．5　ソタ．13

〔5〕チ．3　ツ．4　テ．2　トナ．19　ニ．3

Ⅱ　解答　≪小問2問≫

〔1〕(1)ア．1　(2)イ．2　ウ．3　エオ．13

(3)カキ．35　ク．6　ケコ．35　サ．2

〔2〕(1)シス．−3　(2)セ．1　ソ．3　タチツ．243

(3)テ．0　ト．3　ナ．9　ニ．1　ヌ．1　ネノ．−3

Ⅲ　解答　≪分数や（等差）×（等比）型の数列の和，階差数列≫

〔1〕ア．1　イ．3

〔2〕ウ．1　エ．2

〔3〕オ．3　カ．1

〔4〕キ．3　ク．5　ケ．5

〔5〕コ．2　サ．②　シ．2

◀数学Ⅰ・A▶

Ⅰ 解答 ≪小問5問≫

〔1〕～〔3〕 ◀数学Ⅰ・A・Ⅱ・B▶Ⅰ〔1〕～〔3〕に同じ。

〔4〕ス．4　セソ．25

〔5〕タ．2　チ．5　ツ．6　テ．1

Ⅱ 解答 ≪小問2問≫

〔1〕 ◀数学Ⅰ・A・Ⅱ・B▶Ⅱ〔1〕に同じ。

〔2〕(1)シス．12　セソ．14　(2)タチ．11　(3)ツテ．70　トナ．50

Ⅲ 解答 ≪順列，組合せ≫

〔1〕アイウエ．1440　オカキ．576　クケコサ．2880　シスセソ．8640

〔2〕タチ．41

〔3〕ツテ．20

Ⅳ

解答

1―④

2―③

3―④

4―①

5―③

ることが想定できるので、④「実体性」を選ぶ。空欄 D は、第六段落にあるとおり、「原子」が「次から次へと分割されつづけ」、「中身の構造が解明され」、存在自体が「疑問に付され」ていることから、④「先鋭化」を選ぶ。

問3　挿入文にある「こうした否定の接頭語」がヒントになる。「否定の接頭語」が出てくるのは、第五段落である。これを根拠にして、正解は③と判断できる。

問4　傍線の段落第四・五文で「フロイトは『意識……』の対概念に……『意識されないもの』または『無意識的なもの』」を当てたこと、第六文に「フロイトは……意識のネガとして想定し、……理論形成を開始した」とあり、これらの記述をまとめた③が正解。

問5　②が第二段落の前半の文脈と合致する。また、⑥が第三段落第三文「この言葉は……人間の努力そのものまでも否定しているわけではありません」と合致している。よって、正解は②と⑥である。①は後半の「物理学の発展によって死語になってしまった」、③は「古代ギリシア哲学の影響下で形成された概念」、④は「西洋的思考」と「東洋的思考」を対比させている点、⑤はアドルノの主張を「観念の体系化」としている点がそれぞれ間違い。

Ⅱ　**解答**　1—①　2—④　3—②　4—③　5—②

解説　5の「戦後派」についての設問は難しい。雑誌『近代文学』（一九四六年創刊）に集った作家たちを指し、他に野間宏、安部公房、三島由紀夫などが該当する。

Ⅲ　**解答**　1—②　2—②　3—④　4—①　5—①

国語

I

出典　小林敏明『フロイト講義〈死の欲動〉を読む』〈はじめに〉（せりか書房）

解答

問1　あ―③　い―②　う―①　え―④
問2　A―①　B―①　C―④　D―④
問3　③
問4　③
問5　②・⑥

解説

問1　空欄[あ]の前では〈自分はいずれ死んでいく存在〉であることが、後では〈自分だけでなく他の人にも言えること〉と当然のこととして敷衍されており、③「むろん」が選べる。空欄[い]の前後の〈死者はそれ（＝死）を問えない〉と〈人は生きるかぎりにおいて死を問うしかない〉は「順接」の関係なので、②「だから」を選ぶ。空欄[う]の前後の二つの文脈の関係は「並列」なので、①「あるいは」を選ぶ。空欄[え]の前後の二つの文は「individual」について、「ネガティヴな意味合いでは」なく、どちらかと言えば「ポジティヴな何ものかとしてとらえられている」という逆接的つながりになっており、④「むしろ」を選ぶ。

問2　空欄[A]は、直前の「破局」に関連する「死」ということで、①「例外的」が選べる。空欄[B]は、同段落最終文の「デモクリトス」「哲学史の教科書」のキーワードから、①「歴史的」が選べる。空欄[C]は、直前の「次から次へと分割されつづけ」とあることから、「物質」がこまかくなり、ぱっと見ではわかりづらくなってい

■一般選抜前期

問題編

▶試験科目・配点（A日程）

方式	学　部	教　科	科　目	配　点
スタンダード方式	文(書道コースを除く)	外国語	コミュニケーション英語Ⅰ・Ⅱ・Ⅲ，英語表現Ⅰ・Ⅱ	100点
		選択①	「国語総合・現代文B（古文・漢文を除く)」，「数学Ⅰ・A・Ⅱ・B」から1科目選択	100点
		選択②	日本史B，世界史B，政治・経済，「数学Ⅰ・A」から1科目選択	100点
	国際英語・発達教育・総合心理・経済・経営・工(建築デザイン)・看護・健康科	外国語	コミュニケーション英語Ⅰ・Ⅱ・Ⅲ，英語表現Ⅰ・Ⅱ	100点
		選択①	「国語総合・現代文B（古文・漢文を除く)」，「数学Ⅰ・A・Ⅱ・B」から1科目選択	100点
		選択②	日本史B，世界史B，政治・経済，「数学Ⅰ・A」，「物理基礎・物理」，「化学基礎・化学」，「生物基礎・生物」から1科目選択	100点
	工(情報工)	外国語	コミュニケーション英語Ⅰ・Ⅱ・Ⅲ，英語表現Ⅰ・Ⅱ	100点
		数　学	数学Ⅰ・A・Ⅱ・B	100点
		選　択	日本史B，世界史B，政治・経済，「物理基礎・物理」，「化学基礎・化学」，「生物基礎・生物」から1科目選択	100点
英語特化方式	国際英語	外国語	コミュニケーション英語Ⅰ・Ⅱ・Ⅲ，英語表現Ⅰ・Ⅱ	300点※
		選択①	「国語総合・現代文B（古文・漢文を除く)」，「数学Ⅰ・A・Ⅱ・B」から1科目選択	100点
		選択②	日本史B，世界史B，政治・経済，「数学Ⅰ・A」，「物理基礎・物理」，「化学基礎・化学」，「生物基礎・生物」から1科目選択	100点

数学特化方式	工(情報工)	外国語	コミュニケーション英語Ⅰ・Ⅱ・Ⅲ，英語表現Ⅰ・Ⅱ	100点
		数　学	数学Ⅰ・A・Ⅱ・B	300点※
		選　択	日本史B，世界史B，政治・経済，「物理基礎・物理」，「化学基礎・化学」，「生物基礎・生物」から1科目選択	100点

※　得点を3倍化して300点満点とする。

▶出題範囲

- 「数学B」は「数列，ベクトル」から出題する。
- 「化学」は，「物質の状態と平衡，物質の変化と平衡，無機物質の性質と利用，有機化合物の性質と利用」から出題する。
- 「生物」は，「生命現象と物質，生殖と発生，生物の環境応答」から出題する。

▶備　考

- 文学部日本語日本文学科書道コースは，前期B日程のみ実施（日本史B，世界史B，政治・経済，「数学Ⅰ・A」，「数学Ⅰ・A・Ⅱ・B」，「国語総合・現代文B〈古文・漢文を除く〉」から1科目選択：100点，「書道実技」：200点）。本書ではA日程の各科目とB日程の「書道実技」を掲載。
- 選択①と選択②において「数学Ⅰ・A」と「数学Ⅰ・A・Ⅱ・B」の両方を選択することは不可。
- 「英語資格・検定試験『みなし得点』制度」を活用できる。大学が指定する英語資格・検定試験の条件を満たす場合，英語の得点を条件に応じ満点の70%，85%，100%に換算する。なお，「英語の得点」と「みなし得点」のいずれか高得点の方で合否判定を行う。本制度を利用する場合も「英語」の受験は必須。

英語

（60分）

I 次の文を読んで、あとの問いに答えなさい。（～～～のついた語は文末に注があります。）

As cities around the world struggle to find greener ways of living, one European capital is already (1)leading the way in the race for sustainability. Tallinn, the capital of Estonia, has undergone a number of radical changes in order to achieve carbon neutrality by the year 2050. These strategies were [A] by the European Commission last year, with the city being named the European Green Capital for 2023. But with more and more big cities trying to reduce the amount of CO_2 that their activities produce, what can we learn from Tallinn's modern approach to sustainability?

Protecting public land, reducing noise pollution and providing water quality were key to Tallinn being awarded the well-known title, according to the European Commission. "Tallinn demonstrated commitment and (2)concrete actions to create healthier, better places for its citizens," said Commissioner for Environment, Oceans and Fisheries, Virginijus Sinkevičius. Chief among these actions is the city's dedication to providing a vast amount of green space for its citizens. Tallinn's network of parks now composes 19.5 percent of the city's total area of land. This [B] with just 9.5 percent in Paris.

A recent study suggests that Europe's cities could prevent up to 43,000 early deaths a year if they supplied (3)adequate green space for urban citizens. And while Tallinn's population continues to rise — the capital now has more than 445,000 residents, according to recent figures — a number of key projects are being carried out to ensure sustainability remains at the heart of this [C]. 'Tallinn 2030' is a long-term strategy intended to build a "healthy city environment and sustainable use of natural resources" by the year 2030. The project is supported by the Tallinn Landscaping Action Plan, the Rainwater Strategy and the Sustainable Energy Action Plan. Such well-intentioned plans always provoke accusations of greenwashing from critics, but look beyond their impressive titles and real change is behind them.

At the edge of the city, a herd of Scottish Highland cows can be seen eating plants in the Paljassaare nature reserve, helping to (4)boost biological diversity and maintain the area as a

[D] for wild animals. And while the city's growing green spaces are open to the public, they also have a further purpose. The city is encouraging parks, gardens and nature reserves to remain wild in an attempt to encourage insect pollination. "The aim is to increase the possibilities for the bees and also attract more people to use the bee highway as a green lane which goes through six city districts," says gardener and landscape architect Liivi Maekallas.

This 13-kilometre walkway is yet another example of Tallinn encouraging its citizens to get rid of private vehicles and adopt a more sustainable approach to transportation. The city received widespread attention when it made access to public transport free for residents in 2013 — a key stage on the city's journey towards achieving a 40 percent reduction in emissions by the year 2030. "For us, a green capital means that Tallinn is inviting (5), comfortable and clean — a city of the future," says Mihhail Kõlvart, the mayor of Tallinn. "The time has passed when the protection of nature and the progress of people are [E] — we have learned to associate innovation and development with a sustainable economy and green thinking."

(Adapted from *Europe's greenest city has free public transport and highways for bees* by Ben Anthony Horton with Reuters Connect, Euronews, January 6, 2022)

注 carbon neutrality：カーボンニュートラル（温室効果ガスの排出量と吸収量を均衡させること）

greenwashing：グリーンウォッシング（うわべだけ環境保護に熱心にみせること）

pollination：受粉

問1 空欄 [A] ～ [E] に入れるのに最も適当なものを、それぞれの中から1つずつ選び、番号をマークしなさい。

A．① attacked ② criticized ③ praised ④ solved [ア]

B．① consists ② contrasts ③ declines ④ resists [イ]

C．① disaster ② doubt ③ failure ④ growth [ウ]

D．① habitat ② justice ③ memory ④ question [エ]

E．① equals ② methods ③ opposites ④ sponsors [オ]

問2 ―― 線 (1) ～ (5) の意味に最も近いものを、それぞれの中から1つずつ選び、番号をマークしなさい。

(1) ① facing the challenge ② going through hardship

③ making a change ④ taking the initiative [カ]

	①	②	③	④	
(2)	common	effective	specific	tough	キ
(3)	average	enough	huge	social	ク
(4)	cancel	continue	decide	increase	ケ
(5)	attractive	available	foul	offensive	コ

問3　次の文を読んで、本文の内容と合っているものには①を、合っていないものには②をマークしなさい。

(1) Tallinn was named the European Green Capital for 2023 for its strategies to achieve carbon neutrality by 2050. [サ]

(2) The proportion of Tallinn's network of parks is more than double that of Paris. [シ]

(3) Critics accused Tallinn's well-intentioned plans of greenwashing because they did not find any change in Tallinn. [ス]

(4) The highway for the bees goes through six city districts, and Tallinn does not allow people to use it. [セ]

(5) In 2013, Tallinn provided free public transport to its citizens, which attracted wide attention. [ソ]

Ⅱ　次の文を読んで、あとの問いに答えなさい。(〰〰のついた語句は文末に注があります。)

More Americans said they are "more concerned(1) than excited" by the increase of artificial intelligence technology being used in daily life, according to a Pew Research Center survey about the rise of AI.

Although there was a more [A] view for facial recognition(2), algorithms, and exoskeletons, the public was much more careful about the use of computer chip implants in the brain, the future of self-driving cars and gene editing. The researchers surveyed 10,260 US adults from November 1 through November 7. Respondents were asked about six developments: facial recognition technology, social media algorithms, robotic exoskeletons, computer chip implants, driverless cars and gene editing. About 45 percent said they were equally concerned and excited about the rise of AI. Reasons for concern included potential job loss, privacy implications and a loss of human connection. However, those who welcomed the new technology said it will [B] time and boost efficiency, especially in the workplace.

"This kind of public opinion work brings ordinary people's voices into the development facilities where these things are happening," said Lee Rainie, Pew's director of internet and technology research. " [C] everyone's voice to discussion about these things will help people make good policy around them and help technologists understand where the public is coming from when these technologies spread into their lives."

Facial recognition technology used by police was met with a mostly positive reaction, as 46 percent of adults said it would be good for society. Social media companies' use of AI to find false(3) information was supported by 38 percent of respondents, while 31 percent thought the opposite. Social media companies use AI to do things like determine what content users see and what advertisements each user would like. They have even [D] it to monitor false information, as seen during the 2020 presidential election. However, the survey found that most believed it aided in censorship, and only 1 in 10 adults thought people had control over what they see on these platforms.

About 33 percent of people supported the use of robotic exoskeletons with built-in AI systems to boost strength for manual labor jobs, while 24 percent did not. These devices have been considered as aids for people who might not have a complete(4) range of motion. This survey focused on their use for manual labor, and 42 percent of respondents were not sure how they would affect society. Young adults ages 18 to 29 were more excited than older respondents, specifically when it came to the idea of enhancing physical strength and visual abilities.

When it comes to human abilities, 56 percent of those surveyed said computer chip implants in the brain are a bad idea for widespread use, and 78 percent said they would not want one for themselves, even if it could improve how [E] they process information. An equal percentage of people (30 percent) were for and against gene editing to reduce a baby's risk of a serious(5) health condition. "People are sort of delicate and somewhat critical in their views. They don't just have blanket judgments that they make about AI or human enhancement," Rainie said. "They're really judging each application based on its own terms."
(Adapted from *Americans are concerned about rise of AI and human enhancements, survey finds* by Dejania Oliver, CNN, March 17, 2022)

注 algorithm：アルゴリズム（情報処理の方法、手順）
exoskeleton：エクソスケルトン（ヒトの身体の一部を覆うように装着して、ヒトの身体の運動を計測し、運動指令を生成する衣服型装置）
implant：埋め込み
censorship：検閲
platform：プラットフォーム（サービスやシステム、ソフトウェアを提供、カスタマイズ、

運営するために必要な共通の土台となる標準環境)

have blanket judgment：さまざまな物を一緒に判断する

問1　空欄 A ～ E に入れるのに最も適当なものを、それぞれの中から1つずつ選び、番号をマークしなさい。

	①	②	③	④	
A.	contrary	negative	positive	rare	ア
B.	appoint	consume	pass	save	イ
C.	Adding	Checking	Removing	Separating	ウ
D.	damaged	erased	skipped	used	エ
E.	falsely	heavily	mainly	quickly	オ

問2　―― 線(1)～(5)の意味に最も近いものを、それぞれの中から1つずつ選び、番号をマークしなさい。

	①	②	③	④	
(1)	anxious	delighted	eager	helpful	カ
(2)	appearance	characteristic	identification	movement	キ
(3)	accurate	incorrect	legal	regular	ク
(4)	finished	narrow	partial	whole	ケ
(5)	chief	formal	grave	proud	コ

問3　次の文を読んで、本文の内容と合っているものには①を、合っていないものには②をマークしなさい。

(1) About 70,000 adult respondents in the US were both concerned and excited about the growth of AI. サ

(2) Lee Rainie said that the results of public opinion would affect the development facilities where AI was becoming important. シ

(3) About 4,700 of the respondents agreed that police should use facial recognition technology because it is good for society. ス

(4) Older respondents were more thrilled about enhancing physical strength and visual abilities than young adults. セ

(5) More than three-quarters of the respondents did not want to have a computer chip implanted in the brain. ソ

Ⅲ　次のA、Bの問いに答えなさい。

A．次の各文の空欄 ア ～ オ に入れるのに最も適当なものを、それぞれの中から1つずつ選び、番号をマークしなさい。

(1) Our high school is ［ ア ］ at the top of the hill.

① locate　② located　③ locating　④ to locate

(2) If ［ イ ］ were not for water, no living things could exist.

① it　② there　③ they　④ we

(3) They insisted ［ ウ ］ to the party.

① me to come　② my come　③ on me to come　④ on my coming

(4) What happened yesterday was not her fault, nor was it ［ エ ］.

① he　② him　③ himself　④ his

(5) I saw the old woman ［ オ ］ by her grandchildren.

① surround　② surrounded　③ surrounding　④ to surround

B．次の単語の定義として最も適当なものを、下の選択肢の中からそれぞれ1つずつ選び、番号をマークしなさい。ただし、同じ番号を2回以上使うことはできません。

(1) ban ［ カ ］

(2) flourish ［ キ ］

(3) invade ［ ク ］

(4) search ［ ケ ］

(5) subscribe ［ コ ］

① to enter a country using military force

② to show that you feel sorry about someone's problems

③ to grow or develop rapidly and successfully

④ to look somewhere carefully to find something

⑤ to pay no attention to something

⑥ to say that something must not be done

⑦ to pay money to an organization to use a service regularly

Ⅳ 次の日本文と英文を対照させつつ、あとの問いに答えなさい。

うなぎは遠い昔でも日本人の好きな食べ物で、8世紀の奈良時代の歌集『万葉集』に(1)言及されています。うなぎは(2)栄養価が高く、うなぎを食べると夏ばてしないと言われています。うなぎの蒲焼きは江戸時代から、土用の丑の日に食べることが(3)特に薦められています。

(a)うなぎの調理法は、関西と関東では大きく異なります。関西では最初に腹に沿って切りますが、関東では背に沿って切ります。これは、関東と江戸には侍が多く、彼らは腹を切ることと言えば切腹を(4)連想し、それは(5)彼らがむしろ考えたくなかった話題だったからです。

2014年にニホンウナギは、IUCN（国際自然保護連合）の絶滅危惧種に指定されました。(b)今日、日本人によって食べられるうなぎのほとんどは養殖されていて、(6)輸入ものが増えています。

Eel was a favorite food of Japanese even in the distant past, and (1)is (　　) in the Nara-period poetry anthology *Collection of Myriad Leaves* in the 8th century. Eel is (2)high in nutritional (　　), and it is said you will not suffer from the summer heat if you eat eels. Grilled eel (3)has been especially (　　) to be eaten on the Midsummer Day of the Ox since the Edo period.

(a)(キ) (ク) (ケ) greatly (コ) (サ) and Kanto regions. In Kansai, the eel is first split open along the belly, but in Kanto this is done along the back. This is because there were many samurai in Kanto and Edo, and they (4)(　　) any reference to cutting the belly with *seppuku*, a subject (5)they (　　) not to think about.

In 2014, the Japanese eel was placed on the International Union for the Conservation of Nature and Natural Resources' list of threatened species. (b)Most (シ) (ス) (セ) (ソ) (タ) (チ) (ツ) and (6)(　　) of eels are increasing.

(Adapted from『現代日本の暮らしQ&A』IBCパブリッシング)

問1 ——線(1)～(6)の英訳を完成させるために、空欄に入れるのに最も適当なものを、それぞれの中から1つずつ選び、番号をマークしなさい。

(1)	① directed	② founded	③ mentioned	④ noticed	ア
(2)	① gain	② price	③ profit	④ value	イ
(3)	① advanced	② concerned	③ ordered	④ recommended	ウ

(4)　① associated　② brought　③ joined　④ reminded　**エ**

(5)　① adapted　② cooperated　③ preferred　④ stated　**オ**

(6)　① exports　② imports　③ items　④ loads　**カ**

問2　═══ 線(a)の英訳を完成させるために、空欄（**キ**）～（**サ**）に入れるのに最も適当なものを、次の中から1つずつ選び、番号をマークしなさい。(文頭にくる語も小文字で示しています)

キ　**ク**　**ケ**　greatly　**コ**　**サ**　and Kanto regions.

① of eel　② between　③ differs　④ the Kansai

⑤ the preparation

問3　═══ 線(b)の英訳を完成させるために、空欄（**シ**）～（**ツ**）に入れるのに最も適当なものを、次の中から1つずつ選び、番号をマークしなさい。

Most　**シ**　**ス**　**セ**　**ソ**　**タ**　**チ**　**ツ**

① eaten　② farmed　③ the eels　④ are

⑤ by　⑥ of　⑦ Japanese today

日本史

（60分）

Ⅰ　次の文を読んで、あとの問いに答えなさい。

水稲耕作を中心とした農耕社会の発展にともない、北海道や南西諸島を除く(1)日本列島の各地では小国が生まれ、さらには小国同士の統合が進み、3世紀後半には近畿地方を中心とするヤマト政権が成立した。7世紀半ば以降になると、ヤマト政権の中心的存在であった大王（天皇）の権力が強まるとともに、中央集権的な国家体制への転換が進み、それにともない(2)7世紀末から9世紀にかけて、本格的な都が次々と造営された。平城京に遷都した［ A ］天皇の時代には和同開珎が鋳造され、貨幣の流通も図られた。律令国家の行政は文書を介しておこなわれたため、官人らは日常的に文書に親しむことになったが、こうしたなかから、(3)天皇や皇族・貴族らの間でさまざまな文芸も生まれることになった。9世紀に入ると、(4)貴族の中でもとりわけ藤原北家が台頭し、摂政・関白をはじめ、朝廷の要職の多くを占めるに至ったが、11世紀末から12世紀にかけて、政治の実権は治天の君としての上皇へ移ることになった。(5)上皇は近臣や警護役などに中下級貴族や武家の棟梁らを採用したが、武家の棟梁である桓武平氏と清和源氏は、次第に対立していくこととなった。

12世紀後半に源平争乱が起こると、反平氏の立場をとった諸寺院は平家方の攻撃により大きな被害を受けたが、その復興の過程で興福寺の［ B ］のような、写実性に富んだ新たな彫像や仏像が多く作られた。争乱を契機に発足した鎌倉幕府は、当初は征夷大将軍の源頼朝が実権を握っていたが、頼朝死後は(6)北条氏ら有力御家人を中心に運営され、そのための役職が整えられていった。また、承久の乱以後、畿内・西国に多くの地頭が設置されると、(7)地頭による荘園の侵略や非法行為が増加した。

13世紀半ば以降、権勢を強めた北条氏一門や御内人が幕政を主導したが、14世紀前半、鎌倉幕府は不満を抱いた御家人らによって滅ぼされた。これを受け、後醍醐天皇による建武の新政が始まったが、武士らの不満の解消には至らず、朝廷が北朝と南朝に分裂することとなり、後に室町幕府と称される新たな武家政権が成立した。北朝を擁する3代将軍(8)足利義満の時代には将軍権力が強化されていったが、時代が下ると、(9)京都の将軍と地方機関が対立することもあった。

(10)鎌倉時代から室町時代にかけて、農業や商工業が発達した。また、鎌倉・室町両幕府ともに臨済宗をはじめとする禅宗を保護したため、(11)文化の面においては、さまざまな分野で禅宗の影響がみられるようになった。

問1 ——— 線(1)に関連して、日本列島における国家の成立と発展に関わる出来事を、年代の早い順に並べた場合、3番目に当たるものを選び、番号をマークしなさい。 [ア]

① 中国の皇帝から倭国の女王卑弥呼に「親魏倭王」の称号が与えられた。

② 倭国王帥升らが中国の皇帝に生口を献上した。

③ 倭国が百済や加耶とむすんで、好太王率いる高句麗と戦った。

④ 倭国王武が中国の皇帝に使者を送った。

⑤ 中国の皇帝から倭の奴国の王に印綬が与えられた。

問2 ——— 線(2)に関連して、古代の宮や都城について述べた文として、最も適当なものを、次の中から1つ選び、番号をマークしなさい。 [イ]

① 中大兄皇子（天智天皇）は、白村江の敗戦後、難波宮から飛鳥へ、次いで近江大津京に遷都した。

② 墾田永年私財法は平城京で、大仏造立の詔は恭仁京で出された。

③ 平安京の造営に対する一部の貴族層の反発から、藤原種継の暗殺事件が起こった。

④ 平城太上天皇は嵯峨天皇と対立し、平城京への再遷都を企てた。

問3 空欄 [A] に入る語として、最も適当なものを、次の中から1つ選び、番号をマークしなさい。 [ウ]

① 持統　② 元明　③ 文武　④ 元正　⑤ 天武

問4 ——— 線(3)に関連して、奈良時代に編纂された漢詩文集として、最も適当なものを、次の中から1つ選び、番号をマークしなさい。 [エ]

① 『性霊集』　② 『菅家文草』　③ 『凌雲集』　④ 『梁塵秘抄』

⑤ 『懐風藻』

問5 ——— 線(4)に関連して述べた文として、最も**不適当な**ものを、次の中から1つ選び、番号をマークしなさい。 [オ]

① 藤原良房は、承和の変で橘逸勢や伴健岑を排除し、他氏族の勢力を後退させた。

② 藤原基経は光孝天皇を擁立し、天皇から関白に任じられた。

③ 藤原忠平が摂政・関白をつとめた時期は、後世「延喜・天暦の治」と讃えられた。

④ 10世紀の末には、兼通と兼家、道長と伊周など、摂関の地位をめぐり北家の中で激しい対立が起こった。

問6 ——— 線(5)に関連して、院庁の警護役を意味する役職として、最も適当なものを、次の中から1つ選び、番号をマークしなさい。 [カ]

① 北面の武士　② 押領使　③ 滝口の武者　④ 検非違使

⑤ 追捕使

問7 空欄 [B] に入る語として、最も適当なものを、次の中から1つ選び、番号をマークしなさい。 [キ]

① 重源上人像　② 南大門金剛力士像　③ 無著・世親像
④ 上杉重房像　⑤ 空也上人像

問8 ——— 線(6)に関連して、鎌倉幕府における役職について述べた文として、最も適当なものを、次の中から1つ選び、番号をマークしなさい。 [ク]

① 連署とは執権を補佐する役職であり、北条時政がその初代をつとめた。
② 評定衆は、朝廷の院評定衆の制度にならって設置された。
③ 連署や評定衆、六波羅探題は、北条氏一門からのみ選ばれた。
④ 引付衆は、御家人らの所領に関する訴訟の審理を担当した。

問9 ——— 線(7)に関連して、次の史料は、地頭の非法行為に関するものである。この史料について述べた文として、最も適当なものを、下の選択肢の中から1つ選び、番号をマークしなさい。 [ケ]

> 阿《あ》テ河《がわ》ノ上村百姓ラツヽ《謹》シ《ン脱落》テ言上
> 一　ヲンサイモク《御材木》ノコト、アルイワチトウ《地頭》ノキヤウシヤウ《京上》、アルイワチカフ《近夫》トマウシ《申》、カクノコトクノ人フ《夫》ヲ、チトウ《地頭》ノカタエセメツカ《責使》ワレ候ヘハ、ヲ《テ》マヒマ候ワス候。ソノヽ《残》コリ、ワツカニモレ《洩》ノコリテ候人フ《夫》ヲ、サイモクノヤマイタシ《山出》エ、イテタテ《出立》候エハ、テウマウ《逃亡》ノアト《跡》ノムキ《麦》マケ《蒔》ト候テ、ヲイモトシ《追戻》候イヌ。(以下略)
>
> (高野山文書)

① 地頭は、百姓が近夫や京上の役を勤めることを禁止している。
② 地頭は、わずかに残った人夫を材木の伐り出しに向かわせた。
③ 百姓らは、荘園領主に納める材木を用意する余裕がないと説明している。
④ 地頭は、逃亡しようとした百姓を追い戻して麦作を強制した。

問10 ——— 線(8)に関連して、足利義満が実権を掌握していた時期の政策や出来事について述べた文として、最も適当なものを、次の中から1つ選び、番号をマークしなさい。 [コ]

① 京中に花の御所（室町殿）を、郊外に東山山荘（東山殿）とよばれる御所を造営した。
② 足利直義との抗争が激化し、観応の擾乱に発展した。
③ 南朝の後亀山天皇を説得し、北朝の後小松天皇への譲位を実現した。
④ 朝鮮軍が倭寇の根拠地と考えた対馬を襲撃する応永の外寇が起こった。

問11 ——— 線(9)に関連して、室町幕府の制度や地方政治について述べた文として、最も**不適当な**ものを、次の中から1つ選び、番号をマークしなさい。 [サ]

① 政所は将軍家の家政・財政を司るとともに、刑事裁判を担当した。
② 地方の有力武士や守護の一族が奉公衆に編成され、将軍直轄軍を構成した。
③ 鎌倉府の長官である鎌倉公方は、足利基氏とその子孫が任命された。

④　関東管領をつとめた上杉氏は、のちに山内上杉氏と扇谷上杉氏に分裂した。

問12　―――線(10)に関連して、次の絵図は『一遍上人絵伝』に描かれた備前国福岡市の場面である。この絵図について述べた文として、最も**不適当な**ものを、下の中から１つ選び、番号をマークしなさい。　シ

①　備前国福岡市は、現在の岡山県内に所在した。

②　市には、男女を問わず多くの人々が訪れている。

③　市では、常設の小売店（見世棚）が設けられ、売買がおこなわれている。

④　絵図の左下角に描かれた一遍は、念仏札や踊念仏によって布教をおこなった。

問13　―――線(11)に関連して、鎌倉・室町文化において禅宗の影響を受けたものとして、最も**不適当な**ものを、次の中から１つ選び、番号をマークしなさい。　ス

①　書院造　　②　侘茶　　③　水墨画　　④　曼荼羅　　⑤　枯山水

Ⅱ　次の文を読んで、あとの問いに答えなさい。

豊臣秀吉は南蛮貿易の利益に注目し、当初はキリスト教の布教を認めていた。しかし、九州平定の際、秀吉は博多で宣教師の追放を命じ、(1)キリスト教の活動を制限するとともに、その翌年には海賊取締令を発して貿易秩序の安定をはかった。国内統一事業を進める間に、秀吉は大坂や(2)伏見に豪勢な城を築き、また洛中に聚楽第を設けて権勢を示した。

関ヶ原の戦いに勝利した徳川家康は、天下人として覇権を握り、1603年、江戸幕府を開いた。幕府は、諸大名に忠誠を誓わせ、彼らに知行地を配分するとともに、統制に服さなかったり、法令に違反した(3)大名を厳しく処分した。(4)歴代の将軍は原則として代替わりごとに武家諸法度を発し、大名統制につとめた。3代将軍徳川家光の頃には幕府機構の整備が進み、老中や(5)三奉行を中心に幕政が執りおこなわれた。

家光が死去したあと、幕府転覆計画が発覚するなど政情不安が生じた。幕府は幼少の4代将軍徳川家綱を、会津藩主の[A]らが支える集団指導体制をとり、(6)牢人の増加に対処するなどの施策を講じた。家綱の死去により、館林藩主であった弟の綱吉が5代将軍に就任した。綱吉は礼儀による秩序を重んじ、人々の日常生活に道徳心を求め、身分秩序の頂点に位置する将軍の権威を高めようとした。このため、儒学を重んじ、湯島聖堂の竣工にあわせ儒学者林鳳岡（信篤）が[B]に登用された。他方、東大寺再建や朝廷との協調政策の結果、出費がかさんだため、財政状態の悪化に対応して(7)貨幣政策を変更するなどの対応を余儀なくされた。

幕藩体制の確立と併行して、経済活動が活発化した。全国に流通網がひろがり、城下町、港町、宿場町などの都市が各地で発展するなか、(8)三都とよばれる幕府の直轄都市が大きな市場を形成し、繁栄した。三都を中心にみずからの才覚で成長する商人もあらわれた。問屋・仲買・小売の分業が成立し、(9)商人は仲間をつくって営業上の利益を確保しようとした。

11代将軍徳川家斉の治政末期には、大規模な飢饉を契機に一揆が多発し、大坂では幕府を震撼させる騒擾事件が発生した。日本をとりまく国際情勢も大きく変化し、外国船による通商要求に加え、イギリスと清国の戦争が幕府に衝撃を与えた。これらの事件を背景に、[C]の徳川斉昭は内憂外患を幕府関係者に訴えた。それからほどなくしてペリーが来日し、日本は(10)老中阿部正弘のもとで開国に向かい、幕府の政治・外交は大きな転換期を迎えることになる。

問1　―――線(1)に関連して、歴代の政権がキリスト教やキリスト教徒に対しておこなったこととして、最も適当なものを、次の中から1つ選び、番号をマークしなさい。[ア]

① 豊臣秀吉は絵踏の制を徹底し、宗門改めを強化した。

② 徳川家光は全国的な禁教令を発し、キリスト教徒の国外追放をはじめて実施した。

③ 徳川家綱は島原の乱の際、原城跡で抵抗するキリシタン農民を鎮圧した。

④ 明治新政府は五榜の掲示をかかげて、キリスト教を禁止した。

問2 ——— 線(2)に関連して、伏見城の遺構とされる建築物として、最も適当なものを、次の中から1つ選び、番号をマークしなさい。 イ

① 都久夫須麻神社本殿 ② 蓮華王院（三十三間堂）本堂 ③ 妙喜庵待庵
④ 慈照寺東求堂同仁斎 ⑤ 日光東照宮陽明門

問3 ——— 線(3)に関連して、1619年に武家諸法度違反で改易された大名として、最も適当なものを、次の中から1つ選び、番号をマークしなさい。 ウ

① 宇喜多秀家 ② 福島正則 ③ 加藤清正 ④ 浅野長政
⑤ 島津貴久

問4 ——— 線(4)に関連して、次の史料は武家諸法度の一節である。その内容に関して述べた文として、最も適当なものを、下の選択肢の中から1つ選び、番号をマークしなさい。 エ

> 一、大名小名《しょうみょう》、在《ざい》江戸交替《こうたい》、相定《あいさだむ》ル所也。毎歳《まいとし》夏四月中参勤致《いた》スベシ。従者ノ員数《いんずう》近来甚《ちかごろはなは》ダ多シ、且《かつ》ハ国郡《こくぐん》ノ費《ついえ》、且ハ人民ノ労《つかれ》也。向後《きょうこう》其ノ相応《そうおう》ヲ以テ、之《これ》ヲ減少スベシ。(中略)
> 一、私《わたくし》ノ関所、新法《しんぽう》ノ津留《つどめ》、制禁《せいきん》ノ事。
> 一、五百石以上ノ船停止《ちょうじ》ノ事。(中略)
> 寛永十二年六月廿一日
> （御触書寛保集成）

① この法令で参勤交代が制度化された。
② この法令に基づき大名は3年に一度江戸の将軍に勤仕した。
③ この法令により大名は私設の関所や津留の設置を許可された。
④ この法令で五百石積以上の大船の建造が認められた。

問5 ——— 線(5)に関連して、幕政をになった三奉行について述べた文として、最も**不適当な**ものを、次の中から1つ選び、番号をマークしなさい。 オ

① 寺社奉行は、将軍直属で譜代大名から任命された。
② 勘定奉行と町奉行は、老中が支配し、旗本から任命された。
③ 勘定奉行は、幕府の財政一般を担当し、諸大名の監察にもあたった。
④ 町奉行は、江戸の町政などをになった。

問6 空欄 A に入る人名として、最も適当なものを、次の中から1つ選び、番号をマークしなさい。 カ

① 松平信綱 ② 池田光政 ③ 保科正之 ④ 松平容保
⑤ 前田綱紀

問7　―――線(6)に関連して、牢人の増加を抑制しようとした政策として、最も適当なものを、次の中から1つ選び、番号をマークしなさい。　キ

① 末期養子の禁を緩和した。

② 大名の妻子を国元に帰国させた。

③ 死去した主君のあとを追う殉死を禁じた。

④ 生きものの保護を命じ、捨て子を禁止した。

問8　空欄 B に入る語として、最も適当なものを、次の中から1つ選び、番号をマークしなさい。　ク

① 歌学方　② 大学頭　③ 蛮書和解御用　④ 僧録　⑤ 天文方

問9　―――線(7)に関連して、江戸時代の貨幣政策について述べた文として、最も**不適当な**ものを、次の中から1つ選び、番号をマークしなさい。　ケ

① 徳川家康は金座・銀座で慶長金銀をつくらせた。

② 徳川綱吉は荻原重秀の建議に基づき金貨・銀貨の改鋳を断行した。

③ 田沼意次は金2朱として通用する南鐐二朱銀を発行した。

④ 開国直後に大量の金が海外に流出したので、幕府は金貨の発行を断念した。

問10　―――線(8)に関連して、三都における専門市場のうち、米が取引された場所として、最も適当なものを、次の中から1つ選び、番号をマークしなさい。　コ

① 日本橋　② 神田　③ 堂島　④ 雑喉場　⑤ 天満

問11　―――線(9)に関連して、こうした仲間組織に対する幕府の政策について述べた文として、最も**不適当な**ものを1つ選び、番号をマークしなさい。　サ

① 徳川吉宗は、商業を統制するために、商人や職人が株仲間をつくることを認めた。

② 田沼意次は運上や冥加による増収をはかって株仲間の結成を奨励した。

③ 水野忠邦は物価高騰の原因は株仲間の流通独占にあるとし、解散を命じた。

④ 株仲間の解散後、再興を求める動きはあったが、幕府は許可しなかった。

問12　空欄 C に入る藩名として、最も適当なものを、次の中から1つ選び、番号をマークしなさい。　シ

① 尾張藩　② 水戸藩　③ 紀伊藩　④ 越前藩　⑤ 桑名藩

問13　―――線(10)に関連して、この時期の幕府の政治・外交について述べた文として、最も**不適当な**ものを、次の中から1つ選び、番号をマークしなさい。　ス

① ペリー来航の一件を朝廷に報告し、諸大名・幕臣にも意見を求めた。

② 兵部省を新設して洋式兵制の導入をはかった。

③ 松平慶永や島津斉彬らに協力を求めた。

④ 江戸湾に台場を築き、外国船侵入に備えた。

Ⅲ　次の文を読んで、あとの問いに答えなさい。

1868年3月、新政府は天皇が神々に誓う形で［　A　］を公布し、公議世論の尊重や開国和親など国策の基本方針を示した。翌1869年、全国の藩に対して版籍奉還(1)を命じ、さらにその後、廃藩置県を断行した。また、富国強兵をめざして殖産興業(2)を推進した。

新政府は発足とともに朝鮮に国交樹立を求め、1876年に日朝修好条規を結んで開国させた。これ以後、朝鮮国内では親日派とそれに対抗する勢力が対立し、1882年には［　B　］が起こった。その結果、朝鮮は親清政権へと転換したため、1884年には親日派の独立党がクーデターを企てる事件が起きた。このクーデターは失敗に終わったが、日清両国軍が出動する事態となり、日本は清国との衝突回避のため天津条約を締結した。しかし、1894年には日清戦争が勃発し、翌年日本が勝利した。下関条約(3)が結ばれ、清国は朝鮮が独立国であることを承認した。この条約は東アジア進出をめざすロシアを刺激し、三国干渉を引き起こした。日本政府がそれを受諾すると、ロシアに対する敵意が高まり、軍備の拡張が進められた。1904年、ついに日露戦争(4)が始まった。日本は日露戦争の勝利で満州における権益を獲得し、さらに韓国併合をおこなった。

大正期に入り第3次桂太郎内閣が組閣されると、藩閥や軍部に対する国民の不満が爆発し、立憲政友会の［　C　］と立憲国民党の犬養毅を中心に政党勢力や都市民衆による「閥族打破・憲政擁護」を掲げる第一次護憲運動へと発展した。続いて関東大震災直後の［　D　］事件によって第2次山本権兵衛内閣が倒れ、枢密院議長であった清浦奎吾が、陸相・海相を除く全閣僚を貴族院から選んで組閣すると、3政党からなる護憲三派が超然内閣であるとして、第二次護憲運動を起こした。清浦内閣は総選挙に挑んだが、護憲三派に敗れて総辞職し、第1党となった［　E　］の総裁加藤高明が3党の連立内閣を組織した。以後、五・一五事件で犬養毅内閣が倒れるまで、いわゆる「憲政の常道」が続いた。

この間、世界ではニューヨークの株価の暴落を機に、世界恐慌が発生した。世界恐慌からの脱出をめざして、日本は金本位制度を停止し管理通貨制度へと移行した。為替相場が円安になったことから輸出が拡大し、軍事費などの財政支出の拡大とあわせて景気が回復した。また、重化学工業分野では新興財閥(5)もあらわれ、軍と結びついて急成長した。1936年に二・二六事件が起こると、軍部の政治介入は露骨になり、広田弘毅内閣(6)以降は、短命の内閣が続いた。そのなかで1937年に誕生した第1次近衛文麿内閣は、軍部だけでなく一般民衆にも広く支持されたが、内閣成立直後に日中両軍の衝突事件が起き、全面的な日中戦争(7)へと発展した。

その後、世界では第二次世界大戦が勃発し、1941年には、日本がアメリカ・イギリスに宣戦布告した。1945年に第二次世界大戦が終結し、冷戦体制が形成されると、アメリカは日本の占領政策を転換して、東アジアにおける主要友好国に位置づけようとした。1948年には、GHQは日本経済を自立させるために経済安定九原則の実行を指令した(8)。1950年代に入ると、朝鮮戦争による特需景気が生じて不況から脱出し、1955～57年には世界的な好況を背景に［　F　］といわれる好況となり、高度経済成長期へとつづくことになった。

問1　空欄 **A** に入る語として、最も適当なものを、次の中から1つ選び、番号をマークしなさい。　**ア**

① 政体書　② 大教宣布の詔　③ 五箇条の誓文　④ 一世一元の制
⑤ 漸次立憲政体樹立の詔

問2　――― 線(1)に関連して、版籍奉還について述べた文として、最も**不適当な**ものを、次の中から1つ選び、番号をマークしなさい。　**イ**

① 薩摩・長州・土佐・肥前の4藩主が朝廷に版籍奉還を願い、他の藩主もこれにならった。
② 政府は旧来の藩主を知藩事に任命したため、藩は実質的に存続することになった。
③ 知藩事には石高にかえて年貢収入の10分の1の家禄が与えられた。
④ 藩主と藩士との主従関係が撤廃され、藩主は士族に、藩士は平民となった。

問3　――― 線(2)に関連して、殖産興業の内容について述べた文として、最も**不適当な**ものを、次の中から1つ選び、番号をマークしなさい。　**ウ**

① 前島密の立案により官営の郵便制度が発足した。
② 北海道の開発のために開拓使を設置し、屯田兵制度を設けた。
③ フランスの技術を導入した富岡製糸場など、官営模範工場が各地に設立された。
④ 政府は新貨条例を制定すると同時に、兌換銀行券の発行を開始した。

問4　空欄 **B** に入る語として、最も適当なものを、次の中から1つ選び、番号をマークしなさい。　**エ**

① 甲午農民戦争　② 甲申事変　③ 北清事変　④ 江華島事件
⑤ 壬午軍乱

問5　――― 線(3)に関連して、下関条約とその締結後の状況について述べた文として、最も**不適当な**ものを、次の中から1つ選び、番号をマークしなさい。　**オ**

① 条約締結において日本側の全権は伊藤博文・陸奥宗光であった。
② 清国は台湾および遼東半島・山東半島を日本に割譲すると定められた。
③ ロシアは三国干渉で清に返還された遼東半島の旅順と大連を租借した。
④ 台湾総督に任命された樺山資紀は、軍事力で抗日抵抗運動の弾圧をおこなった。

問6　――― 線(4)に関連して、日露戦争にいたるまでの政党の動向及び政党と政権との関係について年代の早い順に並べた場合、3番目に当たるものを選び、番号をマークしなさい。

カ

① 進歩党と藩閥が提携し、第2次松方正義内閣が成立した。
② 憲政党が結成され、第1次大隈重信内閣が成立した。
③ 治安警察法により、社会民主党が結成直後に結社禁止となった。
④ 黒田清隆首相が、内閣は政党に制約されないとする超然主義を表明した。
⑤ 伊藤博文を総裁とする立憲政友会が結成された。

問7　空欄 C に入る人名として、最も適当なものを、次の中から１つ選び、番号をマークしなさい。　キ

① 尾崎行雄　② 吉野作造　③ 美濃部達吉　④ 上原勇作
⑤ 高橋是清

問8　空欄 D に入る語として、最も適当なものを、次の中から１つ選び、番号をマークしなさい。　ク

① 虎の門　② 満州某重大　③ 日比谷焼打ち　④ 昭和電工
⑤ ジーメンス

問9　空欄 E に入る語として、最も適当なものを、次の中から１つ選び、番号をマークしなさい。　ケ

① 憲政会　② 進歩党　③ 立憲同志会　④ 革新倶楽部
⑤ 立憲民政党

問10　―――線(5)に関連して、鮎川義介らが結成し、満州にも進出したコンツェルンとして、最も適当なものを、次の中から１つ選び、番号をマークしなさい。　コ

① 日窒　② 安田　③ 住友　④ 理研　⑤ 日産

問11　―――線(6)に関連して、次の史料は、この内閣の時に結ばれた協定の一部である。この史料と関連事項について述べた文として最も**不適当な**ものを、下の選択肢の中から１つ選び、番号をマークしなさい。　サ

> 大日本帝国政府及《および》 G 国政府ハ、共産「インターナショナル」(所謂《いわゆる》「コミンテルン」)ノ目的カ、其《そ》ノ執《と》リ得ル有ラユル手段ニ依《よ》ル既存国家ノ破壊及暴圧ニ在《あ》ルコトヲ認メ、共産「インターナショナル」ノ諸国ノ国内関係ニ対スル干渉ヲ看過《かんか》スルコトハ、其ノ国内ノ安寧《あんねい》及社会ノ福祉ヲ危殆《きたい》ナラシムルノミナラス、世界平和全般ヲ脅《おびやか》スモノナルコトヲ確信シ、共産主義的破壊ニ対スル防衛ノ為《ため》協力センコトヲ欲シ、左ノ通リ協定セリ
>
> (日本外交年表竝主要文書)

① 史料中の G は「独逸」(ドイツ)である。
② この協定には、翌年イタリアも参加した。
③ この協定は、ソ連を中心とする国際共産主義への対抗を掲げた。
④ G はこの協定の趣旨に反する条約をソ連と結んだため、広田内閣は総辞職した。

問12　―――線(7)に関連して、次の地図中のⓐ～ⓓは日中戦争前後に起こった事件に関係する都市を示したものである。その説明として、最も**不適当な**ものを、下の選択肢の中から１つ選び、番号をマークしなさい。　シ

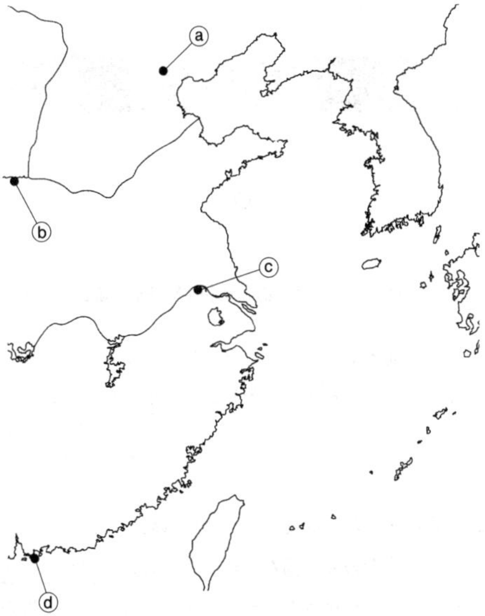

① ⓐは北京の郊外で、日中戦争の契機となる事件が発生した。

② ⓑは西安で、第2次国共合作の契機となる事件が起こった。

③ ⓒは南京で、汪兆銘が新国民政府を樹立した。

④ ⓓは重慶で、国民政府の首都が移転して置かれた。

問13 ——— 線(8)に関連して、翌年に直接税中心主義や累進所得税制などの大幅な税制勧告をおこなったアメリカの財政学者として、最も適当なものを、次の中から1つ選び、番号をマークしなさい。 ス

① ハル　② ドッジ　③ タフト　④ シャウプ　⑤ マーシャル

問14 空欄 F に入る語として、最も適当なものを、次の中から1つ選び、番号をマークしなさい。 セ

① 神武景気　② 岩戸景気　③ いざなぎ景気　④ オリンピック景気

⑤ バブル経済

世界史

（60分）

I　次の〔1〕～〔3〕の文を読んで、あとの問いに答えなさい。

〔1〕 バルト海沿岸を原住地とするインド＝ヨーロッパ語系のゲルマン人は、ヨーロッパの先住民族であるケルト人を圧迫して勢力を拡大し、(1)紀元前後頃にはローマ帝国と接触するようになった。この頃のゲルマン人の社会は、ローマの歴史家［ A ］の著書『ゲルマニア』などによって知ることができる。

4世紀後半、アジア系のフン人が中央アジアから西進し、ゲルマン人の一派を圧迫した。これをきっかけとしてゲルマン人の大移動が開始され、(2)各地にゲルマン諸国家が建国された。ゲルマン諸国家のうち(3)フランク王国が有力となり、西ヨーロッパ中世世界の形成に大きな役割を果たした。

問1　―――線(1)に関して、帝政が開始された紀元前後頃のローマ帝国に関する説明として、最も適当なものを、次の中から1つ選び、番号をマークしなさい。［ ア ］

① 3回にわたるポエニ戦争に勝利し、カルタゴを滅ぼした。
② ホルテンシウス法が制定され、平民会の決議が国法として認められるようになった。
③ 「ローマの平和」（パクス＝ロマーナ）とよばれる時代が始まった。
④ 帝国の全自由人にローマ市民権が与えられた。

問2　空欄［ A ］に入れる語句として、最も適当なものを、次の中から1つ選び、番号をマークしなさい。［ イ ］

① タキトゥス　② カエサル　③ プルタルコス
④ ヘロドトス　⑤ リウィウス

問3　―――線(2)に関して、次の地図中の位置と、その地に建国したゲルマン諸部族の組み合わせとして、最も適当なものを、下の選択肢の中から1つ選び、番号をマークしなさい。

［ ウ ］

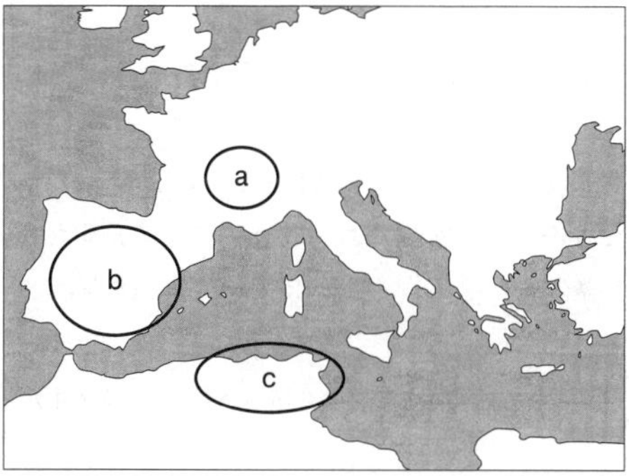

① a ― ヴァンダル人　b ― 西ゴート人　c ― ブルグンド人
② a ― ヴァンダル人　b ― ブルグンド人　c ― 西ゴート人
③ a ― 西ゴート人　b ― ヴァンダル人　c ― ブルグンド人
④ a ― 西ゴート人　b ― ブルグンド人　c ― ヴァンダル人
⑤ a ― ブルグンド人　b ― ヴァンダル人　c ― 西ゴート人
⑥ a ― ブルグンド人　b ― 西ゴート人　c ― ヴァンダル人

問4　―― 線(3)に関する説明として、最も適当なものを、次の中から1つ選び、番号をマークしなさい。　[エ]

① クローヴィスはフランク人を統一してカロリング朝を開き、正統派キリスト教のアタナシウス派に改宗した。
② カール＝マルテルは、北イタリアのランゴバルド王国を征服した。
③ ピピン（小ピピン）は、トゥール・ポワティエ間の戦いでイスラーム軍を撃退した。
④ カール大帝（シャルルマーニュ）は全国を州に分け、地方の豪族などを伯に任命した。

〔2〕 カルパティア山脈北方を原住地とするインド＝ヨーロッパ語系のスラヴ人は、6世紀頃から東ヨーロッパやバルカン半島へ移動し、各地に定着した。スラヴ人は定住した地域によって大きく3つに分かれた。ロシア人などの東スラヴ人はドニエプル川流域から北方の平原にかけて広がり、(4)ポーランド人などの西スラヴ人はバルト海沿岸からエルベ川流域、[B]などの南スラヴ人はバルカン半島に南下した。西スラヴ人がローマ＝カトリック文化圏に属する一方、東スラヴ人や南スラヴ人の[B]は(5)ビザンツ帝国の影響のもとでギリシア正教の文化圏を形成していった。

問5　―― 線(4)に関連して、ポーランドの歴史に関する説明として、最も**不適当な**ものを、

次の中から1つ選び、番号をマークしなさい。 オ

① ドイツ騎士団に対抗するためマジャール人と結び、ヤゲウォ（ヤゲロー）朝を成立させた。

② ポーランド人のコペルニクスは、地動説をとなえた。

③ 3度にわたるポーランド分割によって、ポーランド王国は消滅した。

④ ウィーン会議の結果、ロシア皇帝がポーランド国王を兼ねた。

問6 空欄 B に入れる語句として、最も適当なものを、次の中から1つ選び、番号をマークしなさい。 カ

① スロヴェニア人　② セルビア人　③ クロアティア人

④ スロヴァキア人　⑤ ブルガール人

問7 ―― 線(5)に関する説明として、最も適当なものを、次の中から1つ選び、番号をマークしなさい。 キ

① バルカン半島のアドリアノープル（エディルネ）を都とした。

② ビザンツ皇帝ユスティニアヌス1世（大帝）は、東ゴート王国を滅ぼした。

③ イタリアのラヴェンナ地方にビザンツ様式のサンタ＝マリア大聖堂を建立した。

④ フラグ率いるモンゴル軍によって滅ぼされた。

〔3〕 スカンディナヴィア半島やユトランド半島を原住地とする北方系ゲルマン人の一派のノルマン人は、8世紀後半からヨーロッパ各地へ移動した。優れた造船技術や航海術を持つ彼らは、進出先で略奪行為を行い、ヴァイキングの名で恐れられた。

ルーシとよばれるノルマン人の一派はドニエプル川流域に進出し、9世紀にノヴゴロド国、(6)キエフ公国を建てた。 C が率いる一派は10世紀初めに西フランク王と封建関係を結び、北フランスにノルマンディー公国を建てた。その一部はさらに南イタリアとシチリア島に進出し、12世紀前半に両シチリア王国（ノルマン＝シチリア王国）を建てた。一方、ノルマン人の原住地には、デンマーク王国やノルウェー王国、(7)スウェーデン王国が建てられた。

問8 ―― 線(6)に関して、ギリシア正教を国教としたキエフ大公として、最も適当なものを、次の中から1つ選び、番号をマークしなさい。 ク

① イヴァン3世　② イヴァン4世　③ エグバート

④ ウィリアム1世　⑤ ウラディミル1世

問9 空欄 C に入れる語句として、最も適当なものを、次の中から1つ選び、番号をマー

クしなさい。　[ケ]

① リューリク　② オドアケル　③ ロロ
④ イェルマーク　⑤ クヌート（カヌート）

問10　――― 線(7)に関連して、スウェーデンの歴史に関する説明として、最も**不適当な**ものを、次の中から1つ選び、番号をマークしなさい。　[コ]

① デンマーク・ノルウェーとカルマル同盟を結んだ。
② ウラル語系のフィン人を征服した。
③ 三十年戦争の結果、西ポンメルンを獲得した。
④ 北方戦争でロシアに勝利し、バルト海の覇権を握った。

Ⅱ　次の〔1〕～〔3〕の文を読んで、あとの問いに答えなさい。

〔1〕 ユンカー出身のビスマルクは、1847年にプロイセン連合州議会議員となり、1848年に三月革命が起こると、反革命派として王政の擁護につとめた。駐ロシア大使、駐フランス大使を経て、1862年には国王ヴィルヘルム1世によってプロイセン首相に任命された。(1)ビスマルクは軍備を拡張し、ドイツ統一を推進した。1871年にはヴィルヘルム1世を初代皇帝とするドイツ帝国が成立し、(2)ビスマルクは帝国宰相となった。ビスマルクは、対外的にはフランスを孤立させてドイツの安全をはかる同盟網を構築し、1873年にはドイツ・オーストリア・ロシア間で[A]を結んだ。また、(3)アフリカや太平洋諸島に進出し、植民地を獲得した。

問1　――― 線(1)に関して、ドイツ統一の過程で起こった次の出来事を年代の古いものから順に並べたものとして、最も適当なものを、下の選択肢の中から1つ選び、番号をマークしなさい。　[ア]

a　プロイセン＝フランス（普仏、ドイツ＝フランス）戦争が起こった。
b　プロイセン＝オーストリア（普墺）戦争が起こった。
c　デンマーク戦争が起こった。

① a → b → c　② a → c → b　③ b → a → c
④ b → c → a　⑤ c → a → b　⑥ c → b → a

問2　――― 線(2)に関して、ビスマルクが帝国宰相であった時期の出来事に関する説明として、最も適当なものを、次の中から1つ選び、番号をマークしなさい。　[イ]

① 文化闘争を展開して南ドイツのカトリック教徒を抑圧した。
② 社会主義者鎮圧法の廃止を訴えた。

③ 大学生組合であるブルシェンシャフトを弾圧した。

④ ドイツ関税同盟を発足させた。

問3 空欄［ A ］に入れる語句として、最も適当なものを、次の中から1つ選び、番号をマークしなさい。［ ウ ］

① 神聖同盟　② ライン同盟　③ 再保障条約

④ 三帝同盟　⑤ 三国同盟

問4 ―― 線(3)に関して、19世紀後半にドイツの植民地とされた地域として、最も適当なものを、次の地図の中から1つ選び、番号をマークしなさい。［ エ ］

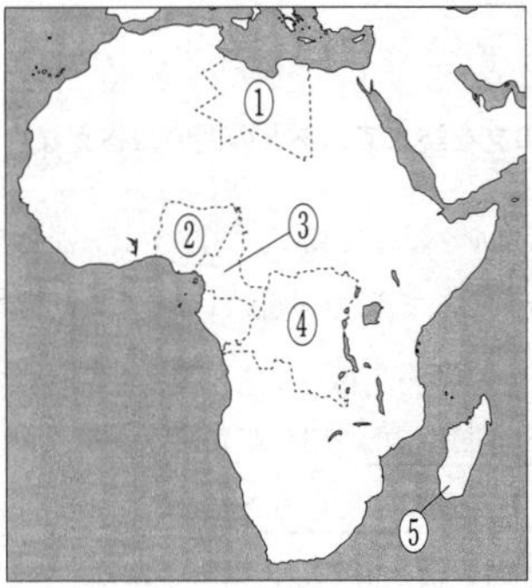

〔2〕 インディアナ州出身のジョン＝ヘイは、大学卒業後に弁護士となり、リンカン大統領の秘書として政界に入った。リンカンの死後には、新聞記者や駐英大使などを経て、1898年に(4)マッキンリー大統領の国務長官となった。マッキンリーが暗殺されると、副大統領のセオドア＝ローズヴェルトが大統領に昇格し、ジョン＝ヘイは引き続き国務長官をつとめた。この間、ジョン＝ヘイは(5)中国に対して1899年から1900年にかけて門戸開放・機会均等・領土保全を提唱し、［ B ］を行うセオドア＝ローズヴェルトのもとでパナマ運河の建設に関する条約を結ぶなど、帝国主義政策を推進した。

問5 ―― 線(4)に関する説明として、最も適当なものを、次の中から1つ選び、番号をマークしなさい。［ オ ］

① アメリカ＝メキシコ戦争を起こした。

② アメリカ＝スペイン（米西）戦争を起こした。

③ ロシアからアラスカを買収した。

④ フィリピン独立法を成立させた。

問6　―――線(5)に関して、ジョン＝ヘイが門戸開放宣言を提唱した時期の中国に関する説明として、最も適当なものを、次の中から1つ選び、番号をマークしなさい。　カ

① ドイツが広州湾を租借した。
② イギリスが九竜半島北部を租借した。
③ フランスがマカオの居住権を得た。
④ 日本が遼東半島南部を租借した。

問7　空欄 B に入れる語句として、最も適当なものを、次の中から1つ選び、番号をマークしなさい。　キ

① ドル外交　② 宣教師外交　③ 新思考外交
④ 東方外交　⑤ 棍棒外交

〔3〕 北イタリア出身のムッソリーニは、1912年にイタリア社会党の機関紙『前進』の編集長となった。第一次世界大戦に際し、イタリア社会党は中立をとなえたが、ムッソリーニは参戦を主張したため、除名された。第一次世界大戦後、ムッソリーニはファシスト党を組織し、軍人や地主、資本家などの支持を得て勢力を拡大した。ムッソリーニは1922年の「ローマ進軍」により政権を掌握し、1929年に教皇庁と C を結んだ。1935年から(6)エチオピア侵略を強行し、1936年に始まる(7)スペイン内戦に際してドイツとともにフランコ側を支援した。第二次世界大戦に際し、イタリアは枢軸国の一員として参戦したが、連合軍によってシチリア島が制圧されると、国王によってムッソリーニは解任され、逮捕された。

問8　空欄 C に入れる語句として、最も適当なものを、次の中から1つ選び、番号をマークしなさい。　ク

① ラテラノ（ラテラン）条約　② カトー＝カンブレジ条約
③ ロカルノ条約　④ ティルジット条約
⑤ アミアンの和約

問9　―――線(6)に関連して、エチオピアの歴史に関する説明として、最も**不適当な**ものを、次の中から1つ選び、番号をマークしなさい。　ケ

① エチオピアのアクスム王国は、クシュ王国を滅ぼした。
② エチオピアは、アドワの戦いでイタリアに勝利した。
③ エチオピアは、エンクルマ（ンクルマ）の指導により独立を達成した。
④ エチオピアでアフリカ諸国首脳会議が開催され、アフリカ統一機構（OAU）が結成された。

問10　――― 線(7)に関する説明として、最も**不適当な**ものを、次の中から1つ選び、番号をマークしなさい。　コ

① イギリスやフランスは不干渉の立場をとった。

② ソ連は反ファシズムの立場をとり、人民戦線政府側を支援した。

③ フランスのマルローなど、欧米の知識人が国際義勇軍に参加した。

④ スペイン出身のゴヤは、ドイツ軍に爆撃されたスペインの小都市を題材とする絵を描いた。

Ⅲ　次の〔1〕・〔2〕の文を読んで、あとの問いに答えなさい。

〔1〕 西アジアでは、メソポタミア文明などをはじめとする古代の遺跡やイスラーム教に関係する建築物など、さまざまなものが世界遺産に登録されている。

イラクでは、アッシリア王国(1)の最初の都とされた「アッシュール」や、「南イラクのアフワール：生物の避難所と古代メソポタミア都市景観の残影」などが世界遺産に登録されている。この古代メソポタミアの都市とは、ウル、ウルク、エリドゥなどシュメール人(2)が建てた都市国家が該当する。イランでは、アケメネス朝に関係する遺跡のほか、18世紀末のイランにおこった A が建てた「ゴレスターン宮殿」などが世界遺産に登録されている。シリアでは、「古都ダマスクス」などが世界遺産に登録されている。ダマスクスは古代には内陸都市を結ぶ中継貿易で活躍した民族(3)の拠点となり、イスラーム教成立後はウマイヤ朝(4)の都とされた。

問1　――― 線(1)に関する説明として、最も適当なものを、次の中から1つ選び、番号をマークしなさい。　ア

① 鉄製の武器を使用し、「海の民」の進出により勢力が後退した。

② イスラエル王国を滅ぼした。

③ ユダ王国を滅ぼし、バビロン捕囚を行った。

④ 新たにクテシフォンを都とし、全オリエントを初めて統一した。

問2　――― 線(2)に関して、シュメール人の文化に関する説明として、最も**不適当な**ものを、次の中から1つ選び、番号をマークしなさい。　イ

① 六十進法による時間や角度の単位が使われた。

② 占星術が発達し、太陰暦を使用した。

③ 同害復讐の原則に立つハンムラビ法典が制定された。

④ シュメール人がつくった楔形文字は、オリエント世界の多くの民族に用いられた。

問3　空欄［ A ］に入れる語句として、最も適当なものを、次の中から1つ選び、番号をマークしなさい。　［ ウ ］

①　サーマーン朝　　②　パフレヴィー朝　　③　カージャール朝
④　サファヴィー朝　　⑤　ホラズム＝シャー朝

問4　―――線(3)に関して、最も適当なものを、次の中から1つ選び、番号をマークしなさい。　［ エ ］

①　フェニキア人　　②　ベルベル人　　③　アムル人
④　アラム人　　⑤　アッカド人

問5　―――線(4)に関する説明として、最も適当なものを、次の中から1つ選び、番号をマークしなさい。　［ オ ］

①　シリア総督のムアーウィヤによって開かれた。
②　ニハーヴァンドの戦いでササン朝に勝利した。
③　タラス河畔の戦いで唐に勝利した。
④　ハールーン＝アッラシードの時代に最盛期となった。

〔2〕　南アジアでは、古代に成立した宗教に関係する遺跡やイスラーム教に関係する建築物などが世界遺産に登録されている。

パキスタンでは、インダス文明(5)の都市遺跡である「モエンジョ＝ダーロの遺跡群」などが世界遺産に登録されている。インドでは、グプタ朝(6)時代の壁画で有名な「アジャンター石窟群」やその南方に位置する「エローラ石窟群」など、古代に開削された石窟群や仏教遺跡などが世界遺産に登録されている。このほか、14世紀にデカン高原に成立し、インド洋交易で西アジアから馬を大量に輸入したことで知られるヒンドゥー教国の［ B ］の王都であった「ハンピの建造物群」、1510年にポルトガルによって占領されたインド西岸の［ C ］にある「［ C ］の教会群と修道院群」、ムガル帝国時代の廟(7)や城塞などが世界遺産に登録されている。

問6　―――線(5)に関する説明として、最も**不適当な**ものを、次の中から1つ選び、番号をマークしなさい。　［ カ ］

①　インダス川流域にあるハラッパーは、インダス文明の代表的な遺跡の一つである。
②　インダス文明の都市遺跡には煉《れん》瓦《が》が用いられ、沐浴場や穀物倉庫などの公共施設が整備されていた。
③　インダス文明の都市遺跡からは、印章や彩文土器、牛の像などが出土した。
④　インダス文明では文字は用いられず、キープ（結縄）によって数量が記録された。

問7　―― 線(6)に関する説明として、最も適当なものを、次の中から1つ選び、番号をマークしなさい。　キ

① ハルシャ王の時代に最盛期をむかえ、北インド全域を統治した。

② ガンダーラ地方のプルシャプラを都とした。

③ シヴァ神やヴィシュヌ神などの神々を信仰するヒンドゥー教が、社会に定着するようになった。

④ 衆生の救済を重視する大乗仏教がおこり、竜樹（ナーガールジュナ）がその教理を体系化した。

問8　空欄 B に入れる語句として、最も適当なものを、次の中から1つ選び、番号をマークしなさい。　ク

① マラーター王国　② ヴィジャヤナガル王国　③ シク王国

④ チョーラ朝　⑤ サータヴァーハナ朝

問9　空欄 C に入れる語句として、最も適当なものを、次の中から1つ選び、番号をマークしなさい。　ケ

① マドラス　② ボンベイ　③ ポンディシェリ

④ カルカッタ　⑤ ゴア

問10　―― 線(7)に関して、インド=イスラーム建築の代表とされる次の写真の墓廟の名と、この墓廟を造営したムガル皇帝の組み合わせとして、最も適当なものを、下の選択肢の中から1つ選び、番号をマークしなさい。　コ

著作権の都合により，類似の写真と差し替えています。

① タージ＝マハル ― シャー＝ジャハーン
② タージ＝マハル ― アウラングゼーブ
③ タージ＝マハル ― アクバル
④ アンコール＝ワット ― シャー＝ジャハーン
⑤ アンコール＝ワット ― アウラングゼーブ
⑥ アンコール＝ワット ― アクバル

Ⅳ 次の文を読んで、あとの問いに答えなさい。

中華人民共和国の首都である北京は、古くから華北の要地として知られた都市である。(1)春秋・戦国時代には薊《けい》とよばれ、中国東北地方南部を領有した燕の都とされた。隋代には涿郡《たくぐん》とよばれ、煬帝の時代に完成した大運河によって江南の［ A ］と結ばれた。煬帝が3度にわたる(2)高句麗遠征を行った際には、大運河を利用して南方の食料が涿郡に運び込まれた。

遼河上流域に居住していた(3)契丹（キタイ）が建てた遼は、後晋の建国を助けた代償として燕雲十六州とよばれる河北・山西北部を領有した。この地域には北京などの長城近辺の地が含まれ、北京は燕京と称されて遼の副都とされた。12世紀初め、中国東北地方に建てられた金は、北宋と結んで遼を滅ぼし、靖康の変によって上皇の［ B ］や皇帝を北方に連行し、北宋を滅ぼした。燕京は金の支配下におかれ、1153年には中都と称され、金の都とされた。13世紀に勢力を拡大した大モンゴル国（モンゴル帝国）は、第2代皇帝のオゴタイの時代に金を滅ぼして華北を支配下におき、第5代皇帝の(4)フビライの時代に南宋を滅ぼして中国全土を支配した。また、フビライは、北京に都を定めて大都と称し、国号を中国風の元と改めた。大都はモンゴル語では「カンバリク（ハンの都）」とよばれ、この時代に中国を訪れた［ C ］の『世界の記述』（『東方見聞録』）においても「カンバリク」についての記述がみられる。

モンゴル高原に元を退けた明は、成立当初は南京を都とした。北平（北京）を拠点とした燕王が靖難の役により(5)永楽帝として即位すると、北平は北京と改称され、この地に遷都された。1644年、李自成の反乱軍によって北京が占領されて明が滅亡すると、清は北京に入城し、盛京（瀋陽）から北京に遷都して中国全土へ支配を拡大した。アヘン戦争以降、清は外国の干渉に苦しみ、アロー戦争に際してイギリス・フランス軍によって北京は占領された。アロー戦争は(6)ロシアが講和を仲介したことにより、1860年に終結した。義和団事件の際には、列強は共同出兵し、北京は8カ国連合軍によって占領された。

(7)辛亥革命によって成立した中華民国の時代には、北京は北方の軍閥に掌握されたが、北伐の完成により軍閥は打倒された。

問1　―――線(1)に関する説明として、最も**不適当な**ものを、次の中から1つ選び、番号をマークしなさい。　ア

① 春秋時代の有力諸侯は覇者とよばれ、戦国時代の七つの強国は戦国の七雄とよばれた。

② 春秋・戦国時代には鉄製農具や牛耕が普及し、農業生産力が高まった。

③ 春秋・戦国時代には商工業が発展し、青銅の貨幣が用いられるようになった。

④ 諸子百家とよばれる思想家が登場し、道家の荘子は兼愛を説いた。

問2　空欄 A に入れる語句として、最も適当なものを、次の中から1つ選び、番号をマークしなさい。　イ

① 大興城　② 成都　③ 杭州　④ 泉州　⑤ 明州

問3　―――線(2)に関する説明として、最も適当なものを、次の中から1つ選び、番号をマークしなさい。　ウ

① 金城（慶州）に都をおき、仏国寺を建立した。

② 骨品制とよばれる独自の身分制度がとられた。

③ 李舜臣が率いる水軍が日本の水軍を破った。

④ 唐と新羅の連合軍によって滅ぼされた。

問4　―――線(3)に関する説明として、最も適当なものを、次の中から1つ選び、番号をマークしなさい。　エ

① 耶律大石によって建国され、渤海を滅ぼした。

② 宋と澶淵の盟を結び、毎年宋から多額の銀や絹が贈られた。

③ 支配下の遊牧・狩猟民に対して猛安・謀克を適用した。

④ チベット系のタングートによって建てられた西夏（大夏）を滅ぼした。

問5　空欄 B に入れる語句として、最も適当なものを、次の中から1つ選び、番号をマークしなさい。　オ

① 徽宗　② 神宗　③ 高宗　④ 欽宗　⑤ 太宗

問6　―――線(4)に関する説明として、最も**不適当な**ものを、次の中から1つ選び、番号をマークしなさい。　カ

① フビライの即位に反対してハイドゥの乱が起こった。

② チベットを属国とし、ビルマのパガン朝を攻撃した。

③ ベトナムの李朝に遠征軍を派遣したが、撃退された。

④ 郭守敬に授時暦を作成させた。

問7 空欄 C に入れる語句として、最も適当なものを、次の中から1つ選び、番号をマークしなさい。 キ

① ルブルック ② マルコ＝ポーロ ③ プラノ＝カルピニ
④ パスパ ⑤ イブン＝バットゥータ

問8 ―― 線(5)に関して、永楽帝の命により編纂されたものの組み合わせとして最も適当なものを、次の中から1つ選び、番号をマークしなさい。 ク

① 『四庫全書』 ― 『古今図書集成』
② 『四庫全書』 ― 『五経大全』
③ 『四庫全書』 ― 『文選』
④ 『四書大全』 ― 『古今図書集成』
⑤ 『四書大全』 ― 『五経大全』
⑥ 『四書大全』 ― 『文選』

問9 ―― 線(6)に関して、仲介の見返りとしてロシアと清が結んだ北京条約に関する説明として、最も適当なものを、次の中から1つ選び、番号をマークしなさい。 ケ

① ウスリー川以東の沿海州をロシア領と定めた。
② 黒竜江（アムール川）以北をロシア領と定めた。
③ アルグン川とスタノヴォイ山脈（外興安嶺）を両国の国境と定めた。
④ ネルチンスク条約で未定であった西部の国境を定めた。

問10 ―― 線(7)に関して、辛亥革命により退位した清朝最後の皇帝として、最も適当なものを、次の中から1つ選び、番号をマークしなさい。 コ

① 同治帝 ② 乾隆帝 ③ 光緒帝
④ 万暦帝 ⑤ 宣統帝

政治・経済

(60分)

I 次の文を読んで、あとの問いに答えなさい。

日本では、イギリスで発達した議院内閣制(1)が採用されている。

国会は、「国会は、[A]の最高機関であつて、国の唯一の立法機関である」と日本国憲法第41条に規定されているように、立法権を担当している。国会は、衆議院と参議院の二院制(2)が採用されており、それぞれの議院の国会議員(3)は、全国民の代表として国民全体の利益のために行動している。国会の運営は会期制となっており、常会・臨時会・特別会(4)がある。国会での審議については委員会制がとられており、議案は委員会で審議された後に本会議で審議される。国会での議決は、原則として両院の議決の一致が求められるが、衆議院の優越(5)が認められている。

「行政権は、内閣に属する」と憲法第65条に規定されているように、内閣は行政権を担当している。内閣は、内閣総理大臣と国務大臣(6)によって構成され、一般行政事務のほか、外交関係の処理、予算の作成、政令の制定、恩赦の決定などを行っている。また、天皇の国事行為(7)に対して助言と承認を行っているのも内閣である。なお、内閣への権限の集中を防いで専門性と中立性を確保するために、内閣からある程度独立して職権が行使できる組織として[B]が設置されている。

福祉国家において積極的な行政が求められると、行政機能が拡大して行政国家といわれるような状態となる。日本でも、行政権が拡大してきており、立法権に対して優位に立つようになっている。このような行政機能の拡大(8)によって、さまざまな問題も生じている。私たちは、常に行政機関と立法機関のバランスについて注視していかなければならない。

問1 ——線(1)に関して、日本の議院内閣制に関する説明として、最も適当なものを、次の中から1つ選び、番号をマークしなさい。[ア]

① 内閣総理大臣は、衆議院議員の中から国会の議決で指名される。

② 内閣総理大臣は国務大臣を任命するが、その過半数は、国会議員の中から選ばなければならない。

③ 内閣は、衆議院で内閣不信任案が可決された場合には、必ず総辞職しなければならない。

④ 内閣は、行政権の行使について、国会に対し独立して責任を負う。

問2　空欄 [A] に入れる語句として、最も適当なものを、次の中から1つ選び、番号をマークしなさい。 [イ]

①　三権　②　主権　③　国権　④　統治権　⑤　権力

問3　―― 線(2)に関して、日本のような二院制ではなく、一院制を採用している国として、最も適当なものを、次の中から1つ選び、番号をマークしなさい。 [ウ]

①　アメリカ　②　イギリス　③　フランス

④　ロシア　⑤　中国

問4　―― 線(3)に関して、国会議員の特権について日本国憲法に規定されている内容として、最も**不適当な**ものを、次の中から1つ選び、番号をマークしなさい。 [エ]

①　両議院の議員は、法律の定めるところにより、国庫から相当額の歳費を受ける。

②　両議院の議員は、法律の定める場合を除いては、国会の会期中は逮捕されない。

③　会期前に逮捕された議員は、その議院の要求があれば、会期中これを釈放しなければならない。

④　両議院の議員は、議院で行った演説、討論又は表決について、院内で責任を問われない。

問5　―― 線(4)に関して、常会・臨時会・特別会とそれぞれの国会の説明a～cとの組み合わせとして、最も適当なものを、下の選択肢の中から1つ選び、番号をマークしなさい。

[オ]

a　衆議院の解散総選挙後30日以内に召集され、新首相を指名する。

b　内閣、またはいずれかの議院の総議員の4分の1以上の要求によって召集される。

c　毎年1回1月に召集されて、主に予算の審議を行う。

①　常会 ― a　臨時会 ― b　特別会 ― c

②　常会 ― a　臨時会 ― c　特別会 ― b

③　常会 ― b　臨時会 ― a　特別会 ― c

④　常会 ― b　臨時会 ― c　特別会 ― a

⑤　常会 ― c　臨時会 ― a　特別会 ― b

⑥　常会 ― c　臨時会 ― b　特別会 ― a

問6　―― 線(5)に関する説明として、最も適当なものを、次の中から1つ選び、番号をマークしなさい。 [カ]

①　衆議院で法律案を再議決する前には、必ず両院協議会を開かなければならない。

② 内閣総理大臣の指名は、衆議院の議決後、国会の休会中の期間を除いて30日以内に参議院が議決しない場合は、衆議院の議決が国会の議決となる。

③ 条約の承認は、衆議院の議決後、国会の休会中の期間を除いて30日以内に参議院が議決しない場合は、衆議院の議決が国会の議決となる。

④ 予算の議決は、衆議院の議決後、国会の休会中の期間を除いて10日以内に参議院が議決しない場合は、衆議院の議決が国会の議決となる。

問7　―― 線(6)に関する説明として、最も**不適当な**ものを、次の中から1つ選び、番号をマークしなさい。　キ

① 内閣総理大臣および国務大臣は、文民でなければならない。

② 内閣総理大臣は、国務大臣を任意に罷免することはできない。

③ 内閣総理大臣が欠けたとき、内閣は、総辞職をしなければならない。

④ 国務大臣は、その在任中、内閣総理大臣の同意がなければ、訴追されない。

問8　―― 線(7)に関して、天皇の国事行為として、最も**不適当な**ものを、次の中から1つ選び、番号をマークしなさい。　ク

① 法律の公布　② 国会の召集　③ 栄典の授与

④ 条約の締結　⑤ 外国の大使及び公使の接受

問9　空欄 B に入れる語句として、最も適当なものを、次の中から1つ選び、番号をマークしなさい。　ケ

① 予算委員会　② 内閣委員会　③ 公聴会

④ 審議会　⑤ 行政委員会

問10　―― 線(8)に関する説明として、最も適当なものを、次の中から1つ選び、番号をマークしなさい。　コ

① 「テクノクラート」とよばれる階層構造をもつ管理体制が整えられてきた。

② 法律は大枠だけを決めて細部については行政に委ねる委任立法が増加した。

③ オンブズマン制度が、国政においても導入されることになった。

④ 政治家と官僚と財務省との間に、政官財のトライアングルが構築された。

Ⅱ　次の〔1〕・〔2〕の文を読んで、あとの問いに答えなさい。

〔1〕 現代社会では、一部の国を除いて民主政治が行われているが、その歴史は意外と古く、古代ギリシャの都市国家であるポリスにまでさかのぼることができる。ただし、現代のような民主主義国家が登場するのは、市民革命(1)以降である。現代の民主政治では、国民主権とモンテスキューらが唱えた［ A ］が原則となっており、形式的には議院内閣制と大統領制の二つに分類することができる。

議院内閣制は、主に「議院内閣制の母国」といわれてきたイギリス(2)で発達してきた政治制度である。内閣は議会の信任のもとに存在(3)しているが、互いに抑制と均衡の関係が保たれている。なお、ドイツのように、基本的には議院内閣制のしくみをとっているが、首相だけではなく大統領も置いている国もある。

一方、大統領制の最も代表的な国はアメリカ(4)である。アメリカでは、大統領も連邦議会の議員もともに国民によって選ばれる。議院内閣制とは異なり、大統領は法案の提出権や議会の解散権を有していない。

このような民主政治には、さまざまな欠点があるのも事実である。しかし、現在は民主主義よりも優れた政治制度は見あたらず、私たちは、民主政治を維持・発展させていかなければならない状況にある。

問1　―――線(1)に関して、各国の市民革命が起こった順を年代順に並べたものとして、最も適当なものを、次の中から１つ選び、番号をマークしなさい。［ ア ］

① アメリカ独立革命 → フランス革命 → イギリスの名誉革命
② アメリカ独立革命 → イギリスの名誉革命 → フランス革命
③ フランス革命 → アメリカ独立革命 → イギリスの名誉革命
④ フランス革命 → イギリスの名誉革命 → アメリカ独立革命
⑤ イギリスの名誉革命 → アメリカ独立革命 → フランス革命
⑥ イギリスの名誉革命 → フランス革命 → アメリカ独立革命

問2　空欄［ A ］に入れる語句として、最も適当なものを、次の中から１つ選び、番号をマークしなさい。［ イ ］

① 地方自治　② 立憲主義　③ 権力分立
④ 社会契約　⑤ 法治主義

問3　―――線(2)に関して、イギリスの政治制度についての説明として、最も適当なものを、次の中から１つ選び、番号をマークしなさい。［ ウ ］

① 上院は、伝統的に最高裁判所としての機能を果たしている。

② 与党内には、次世代の人材育成のために「影の内閣」が組織されている。

③ 下院で多数を占めた政党の党首が、国王によって首相に任命される。

④ 上院・下院ともに、議員は国民の直接選挙によって選ばれている。

問4　―――線(3)に関して、1742年に下院の支持を失ったため総辞職して、議院内閣制が成立する契機となった内閣として、最も適当なものを、次の中から１つ選び、番号をマークしなさい。　エ

① ウォルポール内閣　② グラッドストン内閣　③ ディズレーリ内閣

④ サッチャー内閣　⑤ ジョンソン内閣

問5　―――線(4)に関して、アメリカの政治制度についての説明として、最も適当なものを、次の中から１つ選び、番号をマークしなさい。　オ

① 連邦議会が法律案を可決しても、大統領が拒否権を行使すれば廃案となる。

② 大統領は、議会に教書を送付することができる。

③ 大統領の権限が強大なため、任期は４年間で、再選は禁止されている。

④ 大統領選挙は、大統領選挙人を選出する間接選挙であったが、現在は国民の直接選挙による。

〔2〕 第二次世界大戦後まもなく、アメリカを中心とする西側陣営とソ連を中心とする東側陣営による東西対立が表面化することになった。そのような事態に直面したイギリスの元首相 B は、「鉄のカーテンによってヨーロッパは二つに分断されている」と表現した。そして、1950年には、アジアで米ソの代理戦争である朝鮮戦争(5)が勃発し、その後も米ソの対立が繰り広げられることとなった。

朝鮮戦争後は、東西対立は「雪どけ」へと向かうことになったが、1962年のキューバ危機(6)によって米ソ間の緊張が再び高まった。この核戦争の危機を回避してからは、「デタント」(緊張緩和)へと向かうことになり、東西両陣営の内部では、多極化(7)が進むようになった。

1970年代に入ると、アメリカのニクソン大統領が中国を訪問して、米中の国交が正常化されることとなった。さらに、ベトナム戦争を終結させる和平協定が締結された。しかし、1979年にソ連がアフガニスタンに侵攻すると、米ソ間の緊張は再び高まることとなり、「新冷戦」と言われる状況になった。

1980年代になって、レーガンがアメリカ大統領に就任すると、戦略防衛構想（SDI）を掲げるなど、「強いアメリカ」をめざすようになった。一方、ソ連では、1980年代半ばにゴルバチョフ政権(8)が登場した。その後、米ソの冷戦構造は大きく揺らぐようになり、1989年には、ついに「冷戦の終結」が宣言されることになった。

問6　空欄 B に入れる語句として、最も適当なものを、次の中から1つ選び、番号をマークしなさい。　カ

① ウィルソン　② チェンバレン　③ チャーチル
④ マーシャル　⑤ アトリー

問7　―― 線(5)に関する説明として、最も適当なものを、次の中から1つ選び、番号をマークしなさい。　キ

① 朝鮮民主主義人民共和国（北朝鮮）の軍隊が、北緯38度線を突破して大韓民国（韓国）に侵攻してきた。
② 国連憲章に規定された正式な国連軍がはじめて組織されて、韓国を支援するために派遣された。
③ ソ連は、北朝鮮を支援するために、義勇軍を派遣することになった。
④ 講和条約が結ばれて、北朝鮮と韓国による朝鮮半島の分断は固定化されることになった。

問8　―― 線(6)に関して、キューバ危機の際にソ連のフルシチョフと交渉したアメリカ大統領として、最も適当なものを、次の中から1つ選び、番号をマークしなさい。　ク

① ローズベルト　② トルーマン　③ アイゼンハワー
④ ケネディ　⑤ ニクソン

問9　―― 線(7)に関する説明として、最も**不適当な**ものを、次の中から1つ選び、番号をマークしなさい。　ケ

① スターリン批判をきっかけにして、東ヨーロッパ諸国で反ソ暴動が起こった。
② 中国とソ連との対立が深まって、両国の国境で武力衝突が発生した。
③ イギリスが、北大西洋条約機構（NATO）の軍事機構から脱退した。
④ 敗戦から復興した日本や西ドイツは、西側陣営内で独自性を高めるようになった。

問10　―― 線(8)に関して、この政権で行われたこととして、最も**不適当な**ものを、次の中から1つ選び、番号をマークしなさい。　コ

① さまざまな改革（ペレストロイカ）が、行われた。
② 積極的な情報公開（グラスノスチ）が、進められた。
③ 新思考外交が、米ソ冷戦の終結へとつながった。
④ 社会主義市場経済が、憲法に新たに明記された。

Ⅲ　次の文を読んで、あとの問いに答えなさい。

現在の日本では、すでに総人口の減少がはじまっている。長年にわたって$_{(1)}$少子高齢化がいわれてきたが、これからは$_{(2)}$高齢者の増加よりもむしろ生産年齢人口の減少の方が、日本社会にとって大きな問題となってくる。

第二次世界大戦後、日本国憲法第25条に「すべて国民は、［　A　］の生活を営む権利を有する」と規定された。この規定によって生存権が保障され、$_{(3)}$社会保障制度が本格的に整備されることになった。1946年には、［　B　］が制定(1950年に改正)されて、貧困者に対する生活の保障が一本化された。さらに、戦前から一部で始まっていた社会保険制度が拡充されていき、1961年には$_{(4)}$国民皆保険・皆年金が実現することになった。

現在の日本の社会保障制度は、$_{(5)}$社会保険・公的扶助・社会福祉・公衆衛生の４つの柱によって支えられている。少子高齢化は、このような社会保障制度に対しても大きな影響を与えている。高齢化への対策として、公的年金制度については、1986年から$_{(6)}$基礎年金制度を導入するなど、さまざまな改革が行われてきた。さらに、2000年には、５つ目の社会保険制度として$_{(7)}$介護保険制度が開始され、家族だけではなく社会全体で介護に取り組むようになっている。

近年ではようやく、高齢化対策だけではなく、少子化対策にも目が向けられるようになってきた。国だけではなく、各地方公共団体もさまざまな$_{(8)}$子育て支援政策を実施している。しかし、今後このような政策などによって子どもの数が増えるようになっても、年少人口の増加が生産年齢人口の増加につながるのには、長い時間が必要となる。

問１　—— 線(1)に関して、日本の少子高齢化についての説明として、最も適当なものを、次の中から１つ選び、番号をマークしなさい。［　ア　］

①　現在の日本の合計特殊出生率は、韓国よりも低く1.0未満となっている。
②　日本の未婚率は男女とも上昇していないが、晩婚化による少子化が進んでいる。
③　高齢化に対応するため、現在では70歳以上の老人医療費は無料化されている。
④　現在の日本では、年間死亡数が出生数を上回る状況になっている。

問２　—— 線(2)に関して、現在の日本は、高齢化率が何％を超えた何社会に区分されているか、最も適当なものを、次の中から１つ選び、番号をマークしなさい。［　イ　］

①　７％を超えた高齢化社会　　②　14％を超えた高齢社会
③　21％を超えた超高齢社会　　④　14％を超えた高齢化社会
⑤　21％を超えた高齢社会

問３　空欄［　A　］に入れる語句として、最も適当なものを、次の中から１つ選び、番号をマー

クしなさい。　**ウ**

① 健康で人間的な最低限度　② 幸福で人間的な最低限度
③ 健康で文化的な最低限度　④ 幸福で文化的な標準程度
⑤ 健康で文化的な標準程度

問4　―――線(3)に関して、世界の社会保障についての説明として、最も適当なものを、次の中から1つ選び、番号をマークしなさい。　**エ**

① イギリスでは、エリザベス救貧法の制定によって社会保険が開始された。
② ドイツでは、ビスマルクによって世界初の公的扶助制度が導入された。
③ アメリカでは、社会保障法が制定されて全国民が公的医療保険に加入した。
④ 国際労働機関（ILO）がフィラデルフィア宣言で社会保障の国際的原則を示した。

問5　空欄 **B** に入れる語句として、最も適当なものを、次の中から1つ選び、番号をマークしなさい。　**オ**

① 恤救《じゅっきゅう》規則　② 救護法　③ 生活保護法
④ 福祉六法　⑤ 国民生活安定緊急措置法

問6　―――線(4)に関して、国民皆保険によって全国民が何らかの医療保険に入ることになったが、現在の医療保険の加入状況についての組み合わせとして、最も適当なものを、次の選択肢の中から1つ選び、番号をマークしなさい。　**カ**

	自営業者など	民間企業の会社員など	公務員など
①	健康保険	共済組合	国民健康保険
②	健康保険	国民健康保険	共済組合
③	共済組合	健康保険	国民健康保険
④	共済組合	国民健康保険	健康保険
⑤	国民健康保険	健康保険	共済組合
⑥	国民健康保険	共済組合	健康保険

問7　―――線(5)に関する説明として、最も**不適当な**ものを、次の中から1つ選び、番号をマークしなさい。　**キ**

① 社会保険は、公費負担はなく被保険者と事業主の保険料だけで運営される。
② 公的扶助は、税金を財源として、各種の給付が行われる。
③ 社会福祉は、児童・ひとり親世帯・高齢者・障害者などに対して援護する。

④ 公衆衛生は、感染症の対策などによって国民の健康の維持増進を目的とする。

問8 ―― 線(6)に関して、基礎年金である国民年金に加入することが義務づけられている年齢は何歳以上からか。最も適当なものを、次の中から１つ選び、番号をマークしなさい。 ク

① 18歳以上　② 20歳以上　③ 22歳以上
④ 25歳以上　⑤ 40歳以上

問9 ―― 線(7)に関して、介護保険制度についての説明として、最も適当なものを、次の中から１つ選び、番号をマークしなさい。 ケ

① 国が保険の運営主体となっており、保険料は全国一律となっている。
② 介護保険のサービスを利用するには、要介護認定を受けなければならない。
③ 施設での介護が原則となっており、自宅などで介護サービスは受けられない。
④ 介護保険を利用する際の自己負担額は、所得に関係なく１割に固定されている。

問10 ―― 線(8)に関して、少子化対策の現状についての説明として、最も適当なものを、次の中から１つ選び、番号をマークしなさい。 コ

① 公立の保育所の増設が進められたので、現在では待機児童は解消されている。
② 育児・介護休業法による育児休業の取得率は、男女同じ程度となっている。
③ 出産や育児にともなう女性の離職は、現在ではみられなくなった。
④ 少子化社会対策基本法が制定されており、少子化対策の担当大臣が置かれている。

Ⅳ　次の〔1〕・〔2〕の文を読んで、あとの問いに答えなさい。

〔1〕 近年の日本社会では、(1)非正規雇用労働者の増加が大きな問題となっている。かつての日本では、(2)終身雇用制・年功序列型賃金・企業別労働組合からなる日本型雇用慣行が多くの企業でみられた。しかし、1990年代のバブル経済の崩壊によって、日本経済は長期の不況に陥り、それとともに雇用の流動化が進むことになった。

労働者の権利は、第二次世界大戦後間もなく制定された［ A ］・(3)労働組合法・労働基準法の労働三法をはじめとするさまざまな法律によって守られてきた。しかし、近年は、非正規雇用労働者の増加などもあって、さらに(4)労働組合の組織率が低下してきており、労働者を取り巻く環境は大きく変化している。その一方で、すでに生産年齢人口の減少がはじまっており、人手不足が深刻な問題となっている業界も多くなっている。

このような状況の中、社会全体で「働き方改革」が求められている。これまでのように自宅から出勤して職場で働くのではなく、テレワークなどによって在宅などで働く人も増えてきている。

問1　―― 線(1)に関する説明として、最も適当なものを、次の中から1つ選び、番号をマークしなさい。　［ ア ］

① 企業は、正規雇用を非正規雇用に置き換えることによって人件費を削減できる。

② 正規雇用と非正規雇用の割合については、男性と女性の間にほとんど差はない。

③ 最低賃金が引き上げられたので、フルタイムで働いても生活の維持が困難なワーキング・プアは解消されている。

④ 非正規雇用労働者は、労働組合に加入することはできない。

問2　―― 線(2)に関して、日本型雇用慣行の説明として、正しいものの組み合わせとして最も適当なものを、下の選択肢の中から1つ選び、番号をマークしなさい。　［ イ ］

a　終身雇用制は、戦後復興期に大企業よりも中小企業が先行して取り入れた。

b　年功序列型賃金は、若年労働者よりも中高年労働者に有利な賃金形態である。

c　企業別労働組合は、アメリカの労働組合がモデルとなった。

① aのみ　② bのみ　③ cのみ

④ aとb　⑤ aとc　⑥ bとc

問3　空欄［ A ］に入れる語句として、最も適当なものを、次の中から1つ選び、番号をマークしなさい。　［ ウ ］

① 労働契約法　② 労働審判法　③ 労働関係調整法
④ 労働安全衛生法　⑤ 労働者派遣事業法

問4　―― 線(3)に関する説明として、最も**不適当な**ものを、次の中から1つ選び、番号をマークしなさい。　エ

① 正当な理由のない団体交渉の拒否などの不当労働行為は、禁止されている。
② 労働基準監督署が、管内の事業所を監督している。
③ 正当な争議行為による刑事上と民事上の責任については免除されている。
④ 労働組合と使用者が対等な交渉によって取り決めた項目が、労働契約である。

問5　―― 線(4)に関して、2020年現在の日本の労働組合の組織率として、最も適当なものを、次の中から1つ選び、番号をマークしなさい。　オ

① 75%以上　② 66%程度　③ 50%程度
④ 33%程度　⑤ 20%未満

〔2〕 現在の国際経済の体制は、第二次世界大戦中(5)の1944年にアメリカで締結されたブレトン・ウッズ協定がスタートとなっている。この協定に基づいて、翌1945年には、国際復興開発銀行（IBRD）と国際通貨基金（IMF）(6)が設立された。1947年には、自由貿易を促進するために、関税と貿易に関する一般協定（GATT）(7)が締結されて、翌年に発効した。

このようにして構築された戦後の国際経済体制は、IMF・GATT体制といわれる。この体制においては、固定為替相場制度としての金・ドル本位制(8)のもとで、アメリカドルが基軸通貨となった。やがて、1950年代から1960年代にかけては、戦災国の経済復興が進むこととなった。また、アメリカの　B　戦争への直接的な軍事介入や多国籍企業の海外直接投資などによってドルが海外へ流出するようになった。このような状況のなか、各国政府がドルを金に交換するようになり、ドル危機が表面化することになった。

1971年、ニクソン大統領は金とドルとの交換を停止し、年末にはスミソニアン協定によって各国通貨の交換レートの調整が行われた。しかし、その後まもなく固定為替相場制度は維持できなくなり、1973年には主要国の通貨は変動為替相場制度に移行していくことになった。

問6　―― 線(5)に関して、第二次世界大戦の経済的な要因となったブロック経済に関する説明として、最も**不適当な**ものを、次の中から1つ選び、番号をマークしなさい。　カ

① 1929年に起こった世界恐慌に対応するために、主要国はブロック経済を形成した。
② 本国とその植民地との間で、閉鎖的で排他的なブロックが形成された。
③ 世界各国は、自国通貨の切り上げを積極的に行うようになった。

④　各ブロックは、ブロック外の国との貿易や資本移動を制限することになった。

問7　―― 線(6)に関する説明として、最も適当なものを、次の中から1つ選び、番号をマークしなさい。　キ

①　IBRDは、国際収支が赤字になった国などに対して、短期的な融資を行っている。
②　IBRDは、「先進国クラブ」といわれるように、先進国向けの融資を行っている。
③　IMFは、第二次世界大戦による戦災国の復興に際して、長期的な融資を担った。
④　IMFは、アジア通貨危機に際して、タイ・インドネシア・韓国を支援した。

問8　―― 線(7)に関して、GATTから世界貿易機関（WTO）に改組することが合意されたラウンドとして、最も適当なものを、次の中から1つ選び、番号をマークしなさい。　ク

①　ディロン・ラウンド　②　ケネディ・ラウンド　③　東京ラウンド
④　ウルグアイ・ラウンド　⑤　ドーハ・ラウンド

問9　―― 線(8)に関して、金1オンスとドルの交換条件と、固定為替相場制におけるドル円レートの組み合わせとして、最も適当なものを、次の中から1つ選び、番号をマークしなさい。　ケ

①　金1オンス＝35ドル、1ドル＝308円
②　金1オンス＝43ドル、1ドル＝308円
③　金1オンス＝35ドル、1ドル＝360円
④　金1オンス＝38ドル、1ドル＝360円
⑤　金1オンス＝43ドル、1ドル＝360円

問10　空欄 B に入れる語句として、最も適当なものを、次の中から1つ選び、番号をマークしなさい。　コ

①　インドシナ　②　中東　③　ベトナム　④　湾岸　⑤　イラク

数学

＜数学の記入例＞　**※「数学」を受験する場合、下記の記入例をよく読んでください。**

1．問題文中の **ア** 、**イウ** などには、0～9の数字または－(マイナス)符号が入ります。**ア**、**イ**、**ウ**、…等のカタカナ1文字は、これらのいずれかひとつに対応します。それらを解答用紙の解答記号**ア**、**イ**、**ウ**、…で示された解答欄にマークして解答しなさい。

例 **カキク** に－15と答えたいとき

カ	①	②	③	④	⑤	⑥	⑦	⑧	⑨	⓪	●
キ	●	②	③	④	⑤	⑥	⑦	⑧	⑨	⓪	⊖
ク	①	②	③	④	●	⑥	⑦	⑧	⑨	⓪	⊖

なお、同一の問題文中に、**ア** 、**イウ** などが2度以上現れる場合、2度目以降は、ア 、イウ のように明朝体で表記します。

2．**サ.シ** のように解答欄中の文字の間に「.」がある場合、この「.」は小数点を表します。

例　正解が3.14となる場合の解答欄とマーク

タ.チツ

タ	①	②	●	④	⑤	⑥	⑦	⑧	⑨	⓪	⊖
チ	●	②	③	④	⑤	⑥	⑦	⑧	⑨	⓪	⊖
ツ	①	②	③	●	⑤	⑥	⑦	⑧	⑨	⓪	⊖

3．分数の形で解答するときには、それ以上約分できない形で解答しなさい。また、分数にマイナス符号がつく場合には、分子につけて解答しなさい。

例　$\frac{\text{ナニ}}{\text{ヌ}}$ の正解が $-\frac{2}{3}$ である場合　　○ $\frac{-2}{3}$　　× $\frac{-4}{6}$

4．比の形で解答するときには、最も簡単な整数比の形で解答しなさい。

例　**ハ** ： **ヒ** の正解が2：3である場合　　○　2：3　　×　4：6

5．根号（$\sqrt{\ }$）を含む形で解答するときには、根号の中に現れる自然数が最小となる形で解答しなさい。

例　**マ** $\sqrt{\text{ミ}}$ の正解が $4\sqrt{2}$ である場合　　○　$4\sqrt{2}$　　×　$2\sqrt{8}$

◀数学Ⅰ・A・Ⅱ・B▶

（60 分）

Ⅰ　次の空欄に当てはまる数値または符号をマークしなさい。

〔1〕　2 次関数 $y=-\frac{1}{2}x^2+x$ のグラフの軸の方程式は $x=$ [ア]，

頂点の座標は（ [イ] ， $\frac{[ウ]}{[エ]}$ ）である。

〔2〕　下の直方体 ABCD-EFGH において，AB と FH のなす角は [オカ]° であり，AF と CH のなす角は [キク]° である。ただし，$0\leqq$ [オカ] $\leqq 90$，$0\leqq$ [キク] $\leqq 90$ とする。

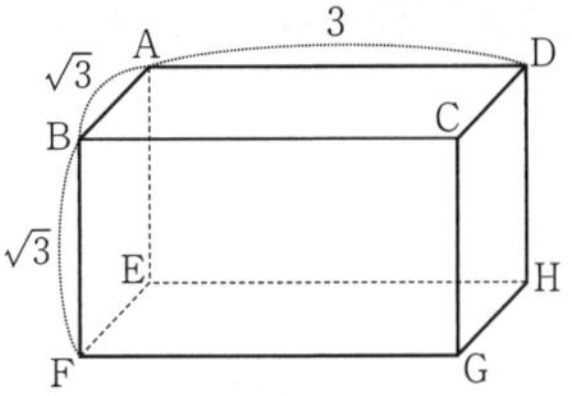

〔3〕　一般項が $a_n=\frac{1}{(2n-1)(2n+1)}$ で表される数列 $\{a_n\}$ の初項から第 n 項までの和を

S_n とすると，$S_5=\frac{[ケ]}{[コサ]}$，$S_{100}=\frac{[シスセ]}{[ソタチ]}$ である。

〔4〕　座標平面上の 2 点 A$(2,-4)$，B$(6,8)$ を結ぶ線分 AB の長さは [ツ] $\sqrt{[テト]}$ である。また，線分 AB の垂直二等分線の方程式は $y=-\frac{[ナ]}{[ニ]}x+\frac{[ヌネ]}{[ノ]}$ である。

〔5〕　$\cos\frac{\pi}{6}=\frac{\sqrt{[ハ]}}{[ヒ]}$，$\cos\frac{\pi}{12}=\frac{\sqrt{[フ]}+\sqrt{[ヘ]}}{[ホ]}$ である。ただし，

[フ] ＜ [ヘ] とする。

Ⅱ 次の空欄に当てはまる数値または符号をマークしなさい。

〔1〕 次の問いに答えなさい。

(1) 162を素因数分解すると$\boxed{\text{ア}} \times \boxed{\text{イ}}^{\boxed{\text{ウ}}}$となる。また，162の正の約数は$\boxed{\text{エオ}}$個ある。

(2) 1386000の正の約数は$\boxed{\text{カキク}}$個ある。またこれらの約数のうち，55の倍数であるものは$\boxed{\text{ケコ}}$個ある。

(3) 1386000の正の約数のうち，その平方根が整数であるものは全部で$\boxed{\text{サシ}}$個あり，この$\boxed{\text{サシ}}$個のうち最大の数は$\boxed{\text{スセソタ}}$である。

〔2〕 xの3次式$P(x) = x^3 + ax^2 + bx + 6$について，次の問いに答えなさい。ただし，$a$，$b$は実数の定数とする。

(1) $P(0) = \boxed{\text{チ}}$である。

(2) $P(3) = 0$かつ$P(-1) = 0$のとき，$a = \boxed{\text{ツテ}}$，$b = \boxed{\text{ト}}$である。

(3) $P(x) = 0$が$x = 1 - i$を解としてもつとき，$a = \boxed{\text{ナ}}$，$b = \boxed{\text{ニヌ}}$であり，この方程式がもつ実数解は$x = \boxed{\text{ネノ}}$である。ただし，iは虚数単位である。

Ⅲ 次の空欄に当てはまる数値または符号をマークしなさい。

△ABCにおいて，AB = 8，BC = CA = 6であるとき，次の問いに答えなさい。

〔1〕 $\cos A = \dfrac{\boxed{ア}}{\boxed{イ}}$，$\sin A = \dfrac{\sqrt{\boxed{ウ}}}{\boxed{エ}}$である。

〔2〕 △ABCの面積は$\boxed{オ}\sqrt{\boxed{カ}}$である。

〔3〕 △ABCに内接する円の半径は$\dfrac{\boxed{キ}\sqrt{\boxed{ク}}}{\boxed{ケ}}$である。

Ⅳ 次の空欄に当てはまる数値または符号をマークしなさい。

xの2次関数$f(x)$があり，$f(-2) = 4$，$f'(1) = 22$，$f'(-2) = -14$である。

〔1〕 $f(x) = \boxed{ア}x^2 + \boxed{イウ}x$である。

〔2〕 放物線$y = f(x)$上の点A$(-1, f(-1))$における接線ℓの方程式は

$$y = -\boxed{エ}x - \boxed{オ}$$

である。

〔3〕 放物線$y = f(x)$と〔2〕の直線ℓ，およびy軸とで囲まれた図形の面積は$\boxed{カ}$である。

〔4〕 tを，$0 \leqq t \leqq 1$の範囲で変化する実数とする。

放物線$y = f(x)$と直線$x = t - 1$，$x = t$，x軸とで囲まれた領域の面積（ただし，囲まれた領域が2つに分かれるときはそれらの面積の和）をSとする。

Sをtの関数とみるとき，Sの最大値は$\boxed{キ}$，最小値は$\dfrac{\boxed{クケ}}{\boxed{コサ}}$である。

◀数学Ⅰ・A▶

（60分）

Ⅰ　次の空欄に当てはまる数値または符号をマークしなさい。

〔1〕 $(2a+b+1)^2-(2a+b)^2-1$ を展開すると，$\boxed{\text{ア}}\,a+\boxed{\text{イ}}\,b$ となる。
また，$12a^2-7ab-10b^2$ を因数分解すると，
$(\boxed{\text{ウ}}\,a+\boxed{\text{エ}}\,b)(\boxed{\text{オ}}\,a-\boxed{\text{カ}}\,b)$ となる。

〔2〕 下のヒストグラムは，ある野球チームの30試合分の得点数を調べた結果である。この30試合の得点数の平均値は $\boxed{\text{キ.ク}}$ 点，中央値は $\boxed{\text{ケ.コ}}$ 点，最頻値は $\boxed{\text{サ}}$ 点である。

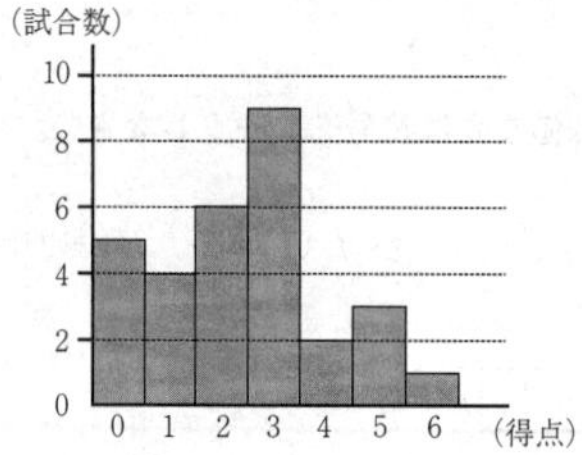

〔3〕 980の正の約数は $\boxed{\text{シス}}$ 個あり，それら正の約数の総和は $\boxed{\text{セソタチ}}$ である。

〔4〕 a は実数の定数とする。2次方程式 $x^2-3ax+a^2-5=0$ が，1より大きい解と1より小さい解をもつとき $\boxed{\text{ツテ}}<a<\boxed{\text{ト}}$ であり，$\sqrt{5}$ より大きい解と1より小さい解をもつとき $\boxed{\text{ナ}}<a<\boxed{\text{ニ}}$ である。

〔5〕 下の図の直方体ABCD-EFGHにおいて，ABとFHのなす角は $\boxed{\text{ヌネ}}$°である。また，$\angle\mathrm{FDG}=\theta$ とすると，$\cos\theta=\dfrac{\sqrt{\boxed{\text{ノハ}}}}{\boxed{\text{ヒ}}}$ となる。ただし，$0\leqq\boxed{\text{ヌネ}}\leqq 90$ とする。

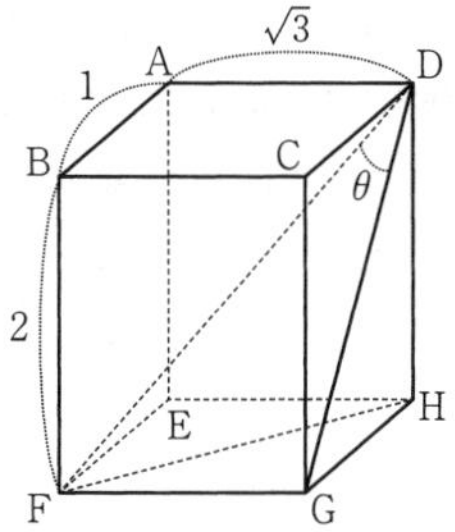

Ⅱ 次の空欄に当てはまる数値または符号をマークしなさい。

〔1〕 ある大学の講義において，受講生の学部と学年を調べたところ，以下の表のような結果が得られた。全受講生の中から1名を無作為に選ぶ試行を考えるとき，次の問いに答えなさい。ただし，どの1名も選ばれる確率は同様に確からしいとする。

	1年生	2年生	3年生	4年生	合計
国際英語学部	15	13	6	8	42
経済学部	24	32	21	18	95
経営学部	18	24	29	14	85
合計	57	69	56	40	222

(1) 選ばれた学生が1年生である確率は $\dfrac{\boxed{\text{アイ}}}{\boxed{\text{ウエ}}}$ である。

(2) 選ばれた学生が経済学部もしくは経営学部の学生である確率は $\dfrac{\boxed{\text{オカ}}}{\boxed{\text{キク}}}$ である。

(3) 選ばれた学生が国際英語学部の学生であるときに，その学生が4年生である条件付き確率は $\dfrac{\boxed{\text{ケ}}}{\boxed{\text{コサ}}}$ である。

〔2〕 次のそれぞれの問いに答えなさい。

(1) 静水上を一定の速さで進む船がある。流速が時速5 km の直線状の川で，66 km 離れた上流と下流の2つの地点をこの船で往復したところ，上りの速さと下りの速さの比が2：3であった。この船の静水上での速さは時速 $\boxed{\text{シス}}$ km である。また，この船で2つの地点の往復に要する時間は $\boxed{\text{セ}}$ 時間 $\boxed{\text{ソタ}}$ 分である。

(2) ある作業を終えるのに，大人が５人で行うとちょうど18日かかり，子供が５人で行うとちょうど27日かかる。この作業を大人が３人で８日間行い，残りを大人が６人で行うと，合計で $\boxed{\text{チツ}}$ 日かかる。また，この作業を最初から大人４人と子供３人で行うと，$\boxed{\text{テト}}$ 日かかる。ただし，いずれの大人もいずれの子供も時間当たりの作業量はそれぞれ常に一定とする。

III 次の空欄に当てはまる数値または符号をマークしなさい。

２つの放物線 $y=-x^2+3x-2k$，$y=x^2+2kx+4k$ をそれぞれ C_1，C_2 とする。ただし，k は正の定数とする。このとき，次の問いに答えなさい。

〔1〕 C_1 の頂点の y 座標が１であるとき，$k=\dfrac{\boxed{\text{ア}}}{\boxed{\text{イ}}}$ である。

〔2〕 C_2 が x 軸と接するとき，$k=\boxed{\text{ウ}}$ である。C_2 と直線 $y=2x+11$ の交点の x 座標は，x の方程式 $x^2+2kx+4k=2x+11$ の解として求められるので，$k=\boxed{\text{ウ}}$ のとき，$x=\boxed{\text{エオ}}$，$\boxed{\text{カキ}}$ である。ただし，$\boxed{\text{エオ}}<\boxed{\text{カキ}}$ とする。

〔3〕 C_1 と C_2 のどちらも x 軸との共有点を持たないとき，$\dfrac{\boxed{\text{ク}}}{\boxed{\text{ケ}}}<k<\boxed{\text{コ}}$ である。

〔4〕 C_1 を x 軸方向に３，y 軸方向に -1 だけ平行移動し，さらに原点に関して対称移動したものが放物線 $y=x^2+9x+31$ と一致するとき，$k=\boxed{\text{サ}}$ である。

〔5〕 C_1 と C_2 が１点のみを共有するとき，x の方程式 $-x^2+3x-2k=x^2+2kx+4k$ が重解をもち，$k=\dfrac{\boxed{\text{シス}}\pm\boxed{\text{セ}}\sqrt{\boxed{\text{ソ}}}}{\boxed{\text{タ}}}$ である。

Ⅳ 次の空欄に当てはまる数値または符号をマークしなさい。

図のように，BC = CDである四角形ABCDが円に内接している。この円の点Bにおける接線と，辺DAの延長との交点をE，対角線ACの延長との交点をFとし，また対角線ACとBDの交点をGとする。

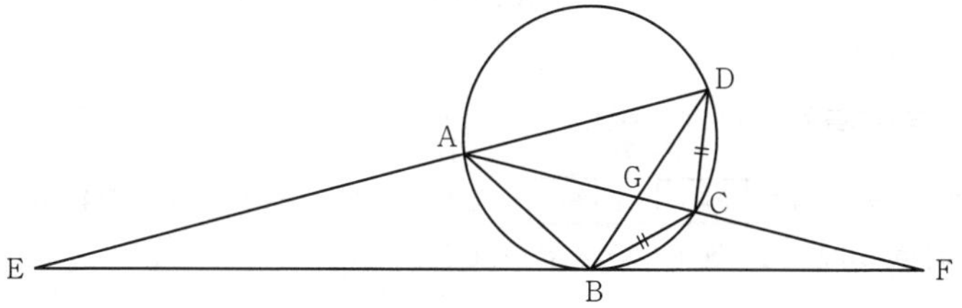

〔1〕 $\angle \mathrm{CBF} = 24^\circ$であるとき，

$\angle \mathrm{DBC} =$ [アイ]°，$\angle \mathrm{DCB} =$ [ウエオ]°である。

〔2〕 EA = 8，EB = 10，AB = 3であるとき，

$\mathrm{AD} = \dfrac{[カ]}{[キ]}$，BF = [ク]である。

これらの値を利用すると，

FG : GA = [ケ] : [コ]

であり，$\mathrm{AC} = 3\sqrt{2}$であるとき，$\mathrm{CG} = \dfrac{[サ]\sqrt{[シ]}}{[ス]}$である。

物理

（60 分）

Ⅰ　次の問いに答えなさい。

問 1　次の文章中の空欄 A ・ B に入れる語句の組合せとして最も適当なものを，下の選択肢の中から 1 つ選び，番号をマークしなさい。　ア

図 1 は，x 軸に沿って運動する物体P，Qの位置 x と時刻 t の関係を表したグラフである。このグラフの時刻の範囲で，物体Pは A が一定であり，物体P，Qの速度が等しくなるのは B であることがわかる。

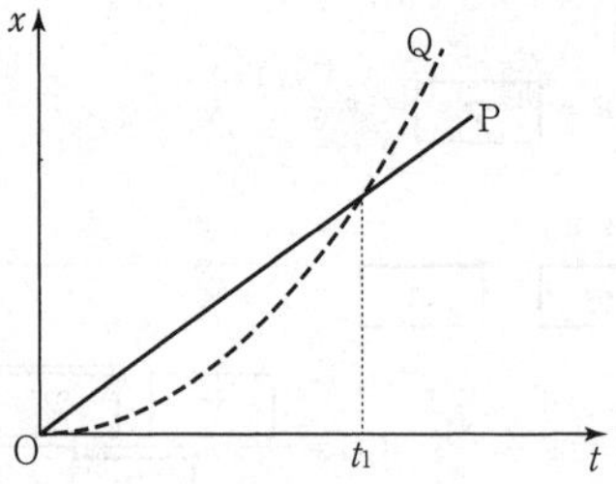

図 1

	A	B
①	速度	時刻 t_1 より前の時刻
②	速度	ちょうど時刻 t_1
③	速度	時刻 t_1 より後の時刻
④	加速度	時刻 t_1 より前の時刻
⑤	加速度	ちょうど時刻 t_1
⑥	加速度	時刻 t_1 より後の時刻

問2　図2のように，水平であらい床面上に質量 m の物体を置き，水平となす角 θ で斜め上向きに大きさ F の力を加え続けると，物体は床面に沿って等加速度直線運動をした。このときに物体にはたらいている動摩擦力の大きさとして最も適当なものを，下の選択肢の中から1つ選び，番号をマークしなさい。ただし，物体と床面の間の動摩擦係数を μ'，重力加速度の大きさを g とする。　イ

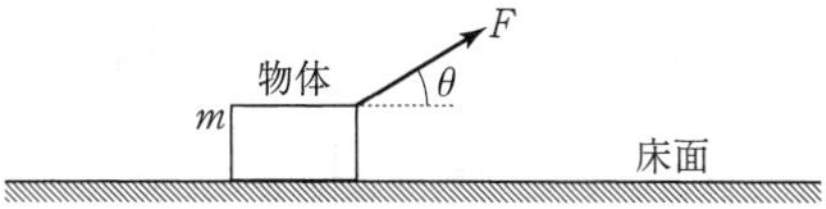

図2

① $\mu' mg$　② $F\cos\theta$　③ $\mu'(mg + F\sin\theta)$
④ $\mu'(mg - F\sin\theta)$　⑤ $\mu'(mg + F\cos\theta)$　⑥ $\mu'(mg - F\cos\theta)$

問3　図3のように，ピストンを入れたガラス管の管口の近くにスピーカーを置き，スピーカーから一定の振動数の音を出しながら，ピストンを管口から右にゆっくりと移動させていくと，管口から17 cmだけ移動させた位置で初めて共鳴が起こった。スピーカーから出している音波の周期として最も適当なものを，下の選択肢の中から1つ選び，番号をマークしなさい。ただし，音速を340 m/sとし，開口端補正は無視できるものとする。　ウ

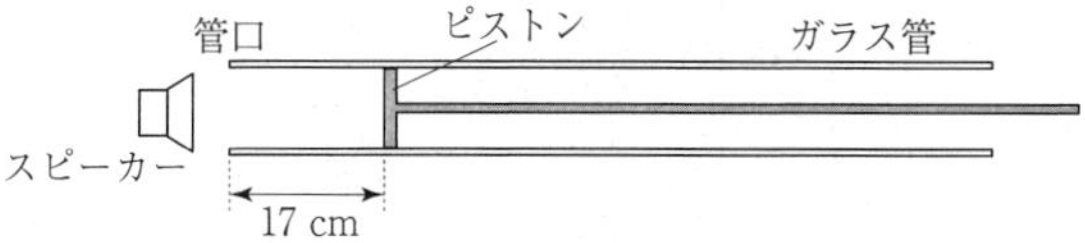

図3

① 1.0×10^{-3} s　② 2.0×10^{-3} s　③ 1.0×10^{-2} s
④ 2.0×10^{-2} s　⑤ 5.0×10^{2} s　⑥ 1.0×10^{3} s

問4　次の文章中の空欄 C ・ D に入れる式の組合せとして最も適当なものを，下の選択肢の中から1つ選び，番号をマークしなさい。 エ

図4のように，抵抗値がともにRの抵抗R_1，R_2と，スイッチS，起電力がVで内部抵抗が無視できる電池を接続した。スイッチSを開いているとき，抵抗R_1で消費される電力は C である。また，スイッチSを閉じた後，抵抗R_1を流れる電流は D になる。

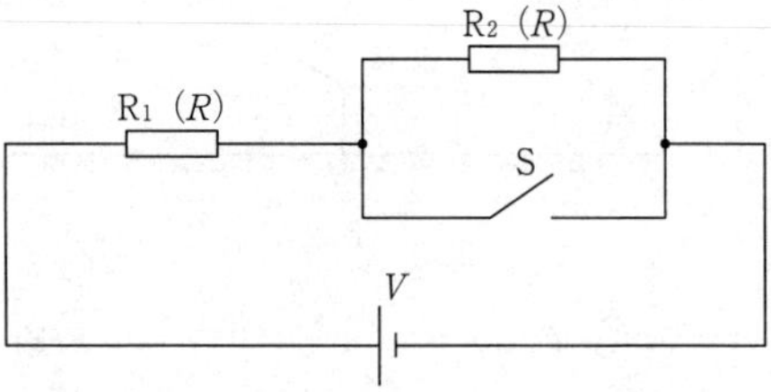

図4

	C	D
①	$\frac{V^2}{4R}$	$\frac{V}{2R}$
②	$\frac{V^2}{4R}$	$\frac{V}{R}$
③	$\frac{V^2}{2R}$	$\frac{V}{2R}$
④	$\frac{V^2}{2R}$	$\frac{V}{R}$
⑤	$\frac{V^2}{R}$	$\frac{V}{2R}$
⑥	$\frac{V^2}{R}$	$\frac{V}{R}$

問5　次の文章中の空欄 E ～ G に入れる語句の組合せとして最も適当なものを，下の選択肢の中から１つ選び，番号をマークしなさい。 オ

温度は物質を形づくる原子や分子の熱運動の激しさを表す物理量である。温度が E ほど原子や分子の熱運動は激しくなる。セ氏温度の－273℃は絶対温度０Kであり，絶対零度とよばれる。絶対零度より低い温度は存在 F 。セ氏温度の温度差１℃と絶対温度の温度差１Kは G 。

	E	F	G
①	高い	する	等しい
②	高い	する	異なる
③	高い	しない	等しい
④	高い	しない	異なる
⑤	低い	する	等しい
⑥	低い	する	異なる
⑦	低い	しない	等しい
⑧	低い	しない	異なる

問6　断熱容器に入れた温度t〔℃〕，質量m〔g〕の水に，t〔℃〕より高温の金属球を入れて，ゆっくりとかき混ぜたところ，水の温度はT〔℃〕となって熱平衡に達した。水の比熱をc〔J／(g・K)〕とするとき，水がt〔℃〕からT〔℃〕になるまでに得た熱量〔J〕を表す式として最も適当なものを，次の中から１つ選び，番号をマークしなさい。ただし，熱は水と金属球の間だけでやりとりされたものとする。 カ

①　mct　　②　mcT　　③　$\dfrac{mc(T-t)}{2}$

④　$\dfrac{mc(t+T)}{2}$　　⑤　$mc(T-t)$　　⑥　$mc(t+T)$

II　**なめらかな面上の物体の運動，弦の共振に関する次の文〔1〕，〔2〕を読んで，あとの問いに答えなさい。**

〔1〕　図1のように，水平でなめらかな床面となめらかな斜面が点Pでなめらかにつながっている。床面上にばね定数kの軽いばねを置き，ばねの左端を鉛直な壁面に固定する。ばねの右端に質量mの小球を接触させ，水平左向きに力を加えてばねを自然の長さから距離x_0だけ縮めて小球を静かにはなすと，ばねが自然の長さに戻ったところで小球はばねから離れた。その後，小球は点Pを通過して斜面を上り，床面からの高さがhの斜面の端の点Qから空中に飛び出した。床面は斜面の右側にも広がっている。重力加速度の大きさをgとし，小球の運動は紙面を含む鉛直面内に限られるものとする。

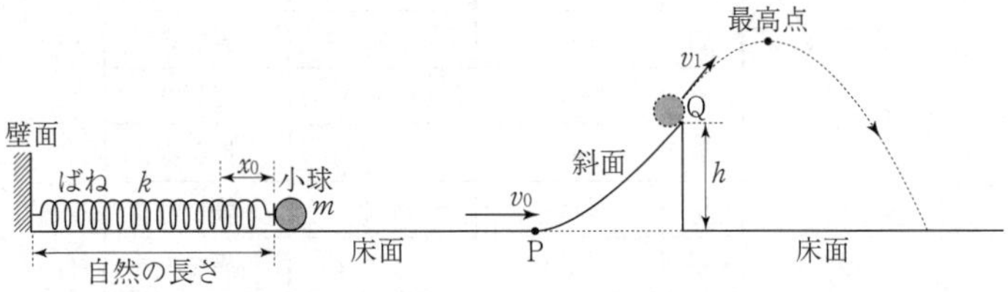

図1

問1　小球が点Pを通過するときの速さv_0はどのように表されるか。最も適当なものを，次の中から1つ選び，番号をマークしなさい。　ア

① $v_0=x_0\sqrt{\dfrac{k}{2m}}$　② $v_0=x_0\sqrt{\dfrac{k}{m}}$　③ $v_0=x_0\sqrt{\dfrac{2k}{m}}$

④ $v_0=x_0\sqrt{\dfrac{m}{2k}}$　⑤ $v_0=x_0\sqrt{\dfrac{m}{k}}$　⑥ $v_0=x_0\sqrt{\dfrac{2m}{k}}$

問2　小球が点Qから空中に飛び出すときの速さv_1はv_0，g，hを用いてどのように表されるか。最も適当なものを，次の中から1つ選び，番号をマークしなさい。　イ

① $v_1=v_0-\sqrt{2gh}$　② $v_1=v_0-\sqrt{gh}$　③ $v_1=v_0-\sqrt{\dfrac{gh}{2}}$

④ $v_1=\sqrt{v_0{}^2-2gh}$　⑤ $v_1=\sqrt{v_0{}^2-gh}$　⑥ $v_1=\sqrt{v_0{}^2-\dfrac{gh}{2}}$

問3　小球が点Qから飛び出した後，床面に衝突する直前の小球の運動エネルギーはk，m，x_0，h，gのうちから必要なものを用いてどのように表されるか。最も適当なものを，次の中から1つ選び，番号をマークしなさい。　ウ

① $\dfrac{1}{2}kx_0$　② $\dfrac{1}{2}kx_0{}^2$　③ $\dfrac{1}{2}kx_0-mgh$

④ $\dfrac{1}{2}kx_0+mgh$　⑤ $\dfrac{1}{2}kx_0{}^2-mgh$　⑥ $\dfrac{1}{2}kx_0{}^2+mgh$

〔2〕 図2のように，振動数fのおんさに弦の一端を付け，弦をなめらかな滑車に通して，弦の他端に質量mのおもりをつり下げる。おんさを振動させると，おんさと滑車の間の弦に腹が3つの定常波（定在波）ができた。このとき弦を伝わる波の速さをVとする。おんさと滑車の間の距離をlとし，おもりの質量によらず，弦を伝わる波の振動数はfである。

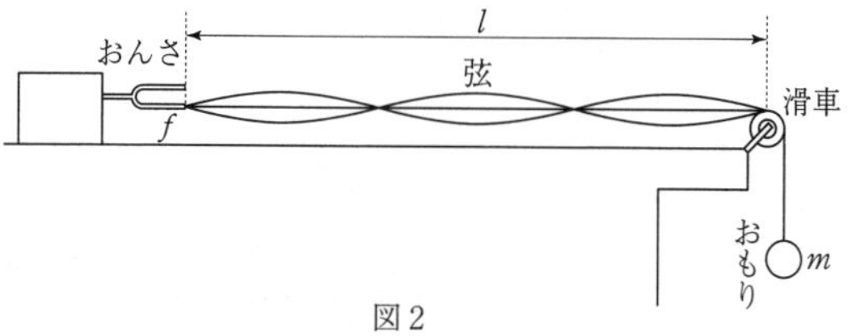

図2

問4　弦を伝わる波の速さVとして最も適当なものを，次の中から1つ選び，番号をマークしなさい。　**エ**

① $V=\frac{1}{4}fl$　② $V=\frac{2}{3}fl$　③ $V=\frac{3}{4}fl$

④ $V=\frac{3}{2}fl$　⑤ $V=3fl$　⑥ $V=6fl$

問5　おもりだけを質量が異なるものに変えて，おんさを振動させたところ，おんさと滑車の間の弦に腹が2つの定常波ができた。このときの弦を伝わる波の速さとして最も適当なものを，次の中から1つ選び，番号をマークしなさい。　**オ**

① $\frac{1}{3}V$　② $\frac{1}{2}V$　③ $\frac{2}{3}V$

④ V　⑤ $\frac{3}{2}V$　⑥ $2V$

問6　問5のときのおもりの質量として最も適当なものを，次の中から1つ選び，番号をマークしなさい。ただし，弦を伝わる波の速さは，おもりが弦を引く力の大きさの平方根に比例する。　**カ**

① $\frac{4}{9}m$　② $\frac{2}{3}m$　③ $\sqrt{\frac{2}{3}}\,m$

④ $\sqrt{\frac{3}{2}}\,m$　⑤ $\frac{3}{2}m$　⑥ $\frac{9}{4}m$

III **万有引力，気体の状態変化に関する次の文〔1〕，〔2〕を読んで，あとの問いに答えなさい。**

〔1〕 図1のように，質量mの人工衛星が，地球の中心（重心）からの距離rの円軌道上を周期Tで一定の速さで周回している。地球の質量をM，万有引力定数をGとする。人工衛星が受ける力は，地球からの万有引力だけであるものとする。

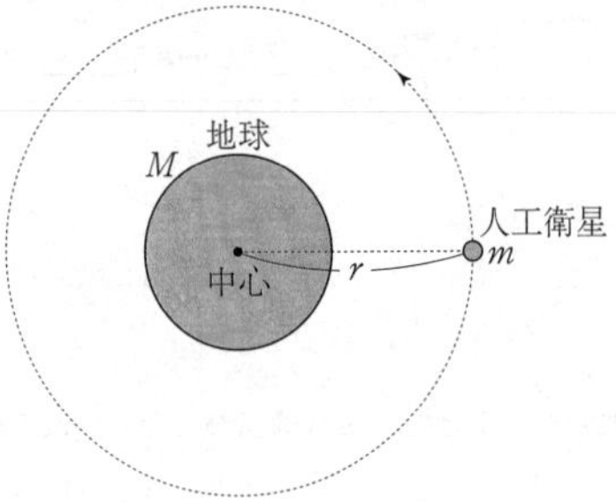

図1

問1 人工衛星が地球から受ける万有引力の大きさとして最も適当なものを，次の中から1つ選び，番号をマークしなさい。 ア

① $G\frac{M}{r}$ ② $G\frac{m}{r}$ ③ $G\frac{Mm}{r}$

④ $G\frac{M}{r^2}$ ⑤ $G\frac{m}{r^2}$ ⑥ $G\frac{Mm}{r^2}$

問2 この人工衛星の向心加速度の大きさは，T，rを用いた式でどのように表されるか。最も適当なものを，次の中から1つ選び，番号をマークしなさい。 イ

① $\frac{4\pi^2 r}{T^2}$ ② $\frac{4\pi^2 r^2}{T^2}$ ③ $\frac{2\pi r^2}{T}$

④ $\frac{r^2 T}{2\pi}$ ⑤ $2\pi r^2 T$ ⑥ $4\pi^2 r^2 T^2$

問3 太陽のまわりを周回する惑星の運動で成り立つケプラーの法則は，地球のまわりを周回する人工衛星の運動でも成り立つ。人工衛星が半径rの円軌道上を周期Tで等速円運動するとき，ケプラーの第三法則は比例定数をkとして，$T^2=kr^3$と表される。比例定数kは，G，Mを用いてどのように表されるか。最も適当なものを，次の中から1つ選び，番号をマークしなさい。 ウ

① $k=\frac{GM}{4\pi^2}$ ② $k=\frac{GM}{2\pi}$ ③ $k=2\pi GM$

④ $k=4\pi^2 GM$ ⑤ $k=\frac{2\pi}{GM}$ ⑥ $k=\frac{4\pi^2}{GM}$

〔2〕 物質量 n の単原子分子の理想気体をなめらかに動くピストンの付いたシリンダーに封入した。このとき、気体の状態を圧力 p_0，絶対温度 T_0 の状態Aから，図2のように，A→B→C→Aの順に圧力 p と体積 V を変化させた。A→Bは定積変化，B→Cは等温変化，C→Aは定圧変化である。気体定数を R とする。

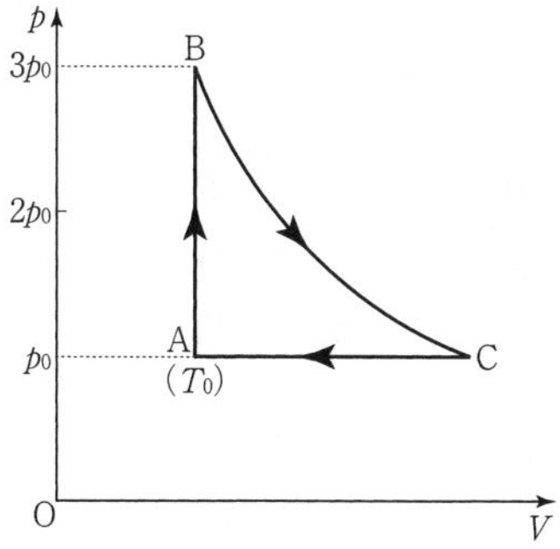

図2

問4　状態Aでの気体の体積として最も適当なものを，次の中から1つ選び，番号をマークしなさい。　**エ**

① $\dfrac{nRT_0}{p_0}$　② $\dfrac{nR}{p_0T_0}$　③ $\dfrac{nRp_0}{T_0}$

④ $\dfrac{p_0}{nRT_0}$　⑤ $\dfrac{p_0T_0}{nR}$　⑥ $\dfrac{T_0}{nRp_0}$

問5　A→Bの状態変化で気体が外部から吸収した熱量はいくらか。最も適当なものを，次の中から1つ選び，番号をマークしなさい。　**オ**

① $\dfrac{3}{2}nRT_0$　② $2nRT_0$　③ $\dfrac{5}{2}nRT_0$

④ $3nRT_0$　⑤ $\dfrac{7}{2}nRT_0$　⑥ $4nRT_0$

問6　B→Cの状態変化で気体が外部から吸収した熱量を Q とする。A→B→C→Aの1サイクルで気体が外部にした正味の仕事はいくらか。最も適当なものを，次の中から1つ選び，番号をマークしなさい。　**カ**

① $Q-3nRT_0$　② $Q-2nRT_0$　③ $Q-nRT_0$

④ $Q+nRT_0$　⑤ $Q+2nRT_0$　⑥ $Q+3nRT_0$

Ⅳ 凸レンズ，電場に関する次の文〔1〕，〔2〕を読んで，あとの問いに答えなさい。

〔1〕 図1のように，焦点距離6.0cmの凸レンズがあり，凸レンズから左側に距離9.0cmの位置に物体を光軸と垂直に置き，凸レンズの右側に物体の像を映すためのスクリーンを光軸と垂直に置く。

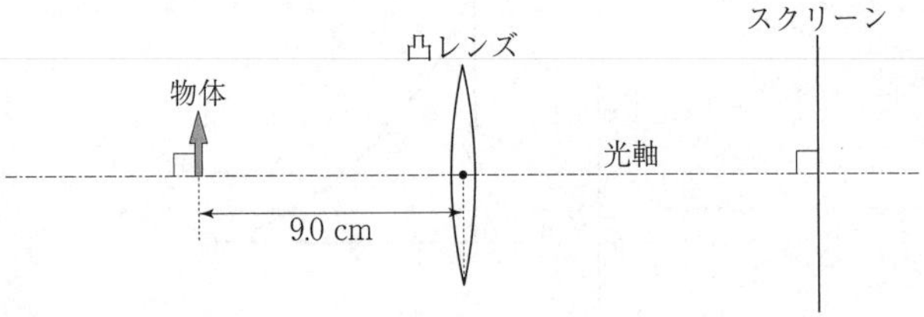

図1

問1 スクリーンに鮮明な物体の像を映すためには，凸レンズからスクリーンまでの距離を何cmにすればよいか。最も適当なものを，次の中から1つ選び，番号をマークしなさい。 ア

① 3.6cm　② 7.2cm　③ 9.0cm
④ 12cm　⑤ 15cm　⑥ 18cm

問2 次の文章中の空欄 A ・ B に入れる語句の組合せとして最も適当なものを，下の選択肢の中から1つ選び，番号をマークしなさい。 イ

図1において，凸レンズの位置を固定したまま，物体を凸レンズから少し遠ざけたとき，スクリーンに鮮明な像を映すためには，スクリーンを凸レンズ A 必要がある。このとき，スクリーンに映る物体の鮮明な像の大きさは，物体を移動させる前と B 。

	A	B
①	に少し近づける	比べて小さい
②	に少し近づける	等しい
③	に少し近づける	比べて大きい
④	から少し遠ざける	比べて小さい
⑤	から少し遠ざける	等しい
⑥	から少し遠ざける	比べて大きい

問3　次に，図2のように，スクリーンを取り除き，この凸レンズから左側に距離4.0 cmの位置に物体を光軸に垂直に置き，凸レンズの右側から凸レンズを通して物体を見た。このとき，物体の虚像は凸レンズから左側に何cmの位置にできるか。最も適当なものを，下の選択肢の中から1つ選び，番号をマークしなさい。　**ウ**

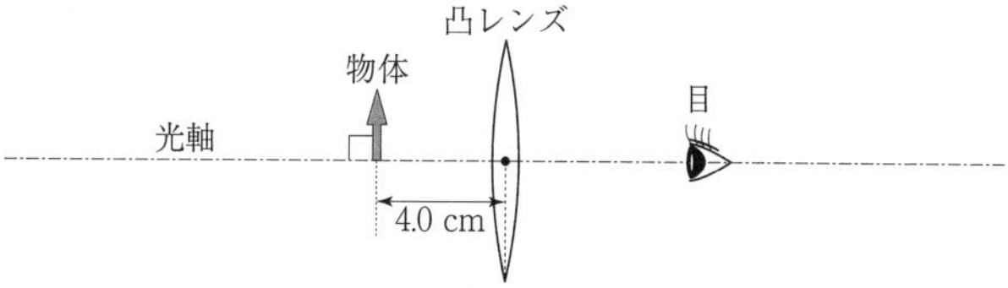

図2

①　1.2cm　　②　2.4cm　　③　4.0cm
④　6.0cm　　⑤　9.0cm　　⑥　12 cm

〔2〕　図3のように，x軸をとり，x軸上の点A（$x = -a$），点B（$x = a$）（$a > 0$）に，それぞれ電気量がQ，$-Q$（$Q > 0$）の点電荷を固定した。点Aに固定された電気量Qの点電荷によって生じる電場（電界）の，原点Oにおける強さをE_0とする。また，点Aと点Oの中点をC（$x = -\frac{1}{2}a$）とする。

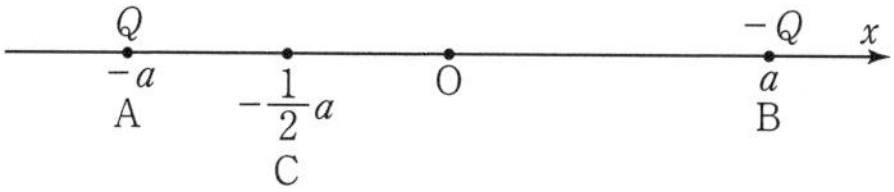

図3

問4　点Aに固定された電気量Qの点電荷によって生じる電場の，点Cにおける強さとして最も適当なものを，次の中から1つ選び，番号をマークしなさい。　**エ**

①　$\frac{1}{4}E_0$　　②　$\frac{1}{2}E_0$　　③　E_0　　④　$2E_0$　　⑤　$4E_0$

問5　点Bに固定された電気量$-Q$の点電荷によって生じる電場の，点Cにおける強さとして最も適当なものを，次の中から1つ選び，番号をマークしなさい。　**オ**

①　$\frac{4}{9}E_0$　　②　$\frac{2}{3}E_0$　　③　E_0　　④　$\frac{3}{2}E_0$　　⑤　$\frac{9}{4}E_0$

問6　点Cに電気量Qの点電荷を置いたとき，この点電荷が受ける静電気力の大きさとして最も適当なものを，次の中から1つ選び，番号をマークしなさい。 **カ**

① $\dfrac{32}{9}E_0Q$　② $4E_0Q$　③ $\dfrac{40}{9}E_0Q$

④ $\dfrac{32}{9}E_0Q^2$　⑤ $4E_0Q^2$　⑥ $\dfrac{40}{9}E_0Q^2$

化学

（60 分）

必要があれば，次の数値を使いなさい。
原子量　H = 1.0，C = 12，O = 16，Cl = 35.5，Fe = 56
標準状態で 1 mol の気体が占める体積　22.4 L
問題文中の体積の単位記号 L は，リットルを表す。

I　次の問いに答えなさい。

問 1　蒸留を行うために次の図のように装置を組み立てた。装置の説明として最も**不適当な**ものを，下の選択肢の中から 1 つ選び，番号をマークしなさい。　ア

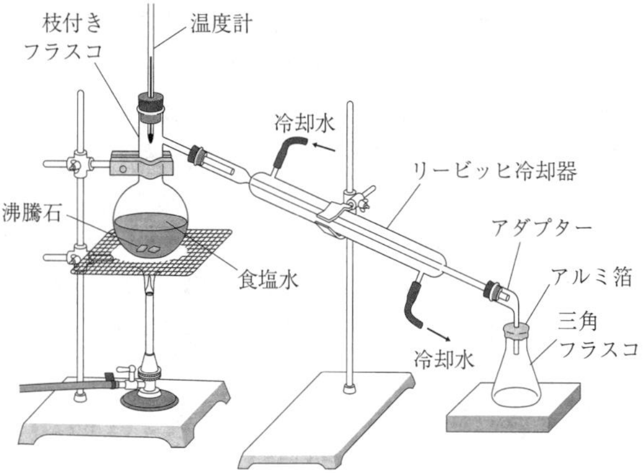

① 温度計の先端は，枝付きフラスコの枝の根元付近の高さにする。
② 食塩水は，枝付きフラスコの半分以下の量にする。
③ 食塩水には，沸騰石を入れる。
④ リービッヒ冷却器の冷却水を，上から下向きに流す。
⑤ アダプターと三角フラスコとの間をアルミ箔などでおおい，密閉しない。

問2　次の記述a～cのうち，正しい記述のみを選んだものとして最も適当なものを，下の選択肢の中から1つ選び，番号をマークしなさい。　**イ**

a　原子の中心には原子核が存在し，陽子と電子からなる。

b　中性子の質量は，陽子や電子の質量の約1840分の1である。

c　電子殻に入ることができる電子の最大数は，K殻から順に2個，8個，18個，32個，…，$2n^2$個（内側からn番目の電子殻）である。

① aのみ　② bのみ　③ cのみ

④ aとb　⑤ aとc　⑥ bとc

問3　次のa～eの化合物のうち，分子内の結合には極性があるが，分子全体としては極性をもたない分子は何種類存在するか。最も適当なものを下の選択肢の中から1つ選び，番号をマークしなさい。　**ウ**

a　N_2　b　H_2S　c　CO_2　d　CCl_4　e　NH_3

① 1種類　② 2種類　③ 3種類

④ 4種類　⑤ 5種類　⑥ 存在しない

問4　天然の酸素原子には^{16}O，^{17}O，^{18}Oの3種類が存在し，炭素原子には^{12}C，^{13}Cの2種類が存在する。これらの酸素原子と炭素原子を組み合わせた二酸化炭素分子は何種類存在するか。最も適当なものを，次の中から1つ選び，番号をマークしなさい。　**エ**

① 5種類　② 6種類　③ 8種類

④ 10種類　⑤ 12種類　⑥ 18種類

問5　ある金属Mの塩化物は，組成式$MCl_2 \cdot 2H_2O$の水和物をつくる。この水和物441mgを加熱して完全に無水物にしたMCl_2の質量は333mgになった。この金属Mの原子量として最も適当なものを，次の中から1つ選び，番号をマークしなさい。　**オ**

① 24　② 40　③ 56

④ 64　⑤ 119　⑥ 137

問6　メタン（CH_4）とプロパン（C_3H_8）の混合気体を十分な量の酸素を用いて完全に燃焼させたところ，二酸化炭素が1.0 mol，水が1.6 mol生成した。反応前の混合気体中のメタンとプロパンの物質量の組合せとして最も適当なものを，次の中から１つ選び，番号をマークしなさい。　カ

	CH_4の物質量〔mol〕	C_3H_8の物質量〔mol〕
①	0.30	0.30
②	0.30	0.20
③	0.35	0.30
④	0.35	0.20
⑤	0.40	0.30
⑥	0.40	0.20

Ⅱ　中和反応，酸化還元反応に関する次の文〔１〕，〔２〕を読んで，あとの問いに答えなさい。

〔１〕 0.060 mol/Lの硫酸50 mLが入った容器にある量のアンモニアを加え，よく振ってアンモニアをすべて吸収させた。このとき，溶液の体積は変わらなかったものとする。この溶液に0.050 mol/Lの水酸化ナトリウム水溶液を加えていったところ，中和点に達するまでに20 mLを要した。

問1　酸・塩基に関する次の記述ａ～ｃのうち，正しい記述のみを選んだものとして最も適当なものを，下の選択肢の中から１つ選び，番号をマークしなさい。　ア

ａ　アンモニアを水に溶かすと$NH_3 + H_2O \rightarrow NH_4^+ + OH^-$のように$OH^-$を生じるため，塩基性の水溶液になる。

ｂ　リン酸は硫酸よりも１分子あたりの水素原子の数が多いので，強い酸である。

ｃ　水酸化ナトリウム水溶液はH^+を含まず，OH^-のみ存在するため強塩基性を示す。

①　ａのみ　　②　ｂのみ　　③　ｃのみ
④　ａとｂ　　⑤　ａとｃ　　⑥　ｂとｃ

問2　―――線部の中和点に関する次の記述ａ～ｃのうち，正しい記述のみを選んだものとして最も適当なものを，下の選択肢の中から１つ選び，番号をマークしなさい。　イ

a　フェノールフタレインを指示薬とし，赤色が消えなくなった点を中和点とする。

b　メチルオレンジを指示薬とし，赤色から黄色に変わった点を中和点とする。

c　中和点付近では，pHの値が大きく変化するため水酸化ナトリウム水溶液は少しずつ加える。

① aのみ　② bのみ　③ cのみ

④ aとb　⑤ aとc　⑥ bとc

問 3　この実験で吸収させたアンモニアの体積は，0℃，1.01×10^5Pa（標準状態）で何Lか。最も適当なものを，次の中から１つ選び，番号をマークしなさい。 ウ

① 0.023L　② 0.045L　③ 0.055L

④ 0.090L　⑤ 0.11L　⑥ 0.14L

〔２〕　濃度未知の過酸化水素水の濃度を求めるために次の**操作**を行った。

操作 1　過酸化水素水20.0mLを，ホールピペットを用いて正確にはかり取り，200mLメスフラスコに入れ，純水を加えて200mLにした。

操作 2　**操作 1**で調製した希釈溶液20.0mLを，ホールピペットを用いて正確にはかり取り，三角フラスコに入れた。ここに，過剰のヨウ化カリウムの硫酸酸性水溶液を加え，ヨウ素を生成させた。

操作 3　**操作 2**の水溶液に指示薬を加えて，0.100mol/Lチオ硫酸ナトリウム水溶液をビュレットから滴下し，色が変化したところで滴定を終了した。このとき終点までの滴下量は20.0mLであった。

なお，ヨウ素とチオ硫酸ナトリウムは次のように反応する。

$$I_2 + 2Na_2S_2O_3 \rightarrow Na_2S_4O_6 + 2NaI$$

問 4　この実験に関する次の記述a～cのうち，正しい記述のみを選んだものとして最も適当なものを，下の選択肢の中から１つ選び，番号をマークしなさい。 エ

a　過酸化水素は酸化剤としてはたらいている。

b　ヨウ素とチオ硫酸ナトリウムの反応では，I_2は還元剤としてはたらいている。

c　実験で使用したビュレットは水でぬれたまま用いる。

① aのみ　② bのみ　③ cのみ

④ aとb　⑤ aとc　⑥ bとc

問5　**操作2**の化学反応式を表すと次のようになる。空欄 A ～ F に当てはまる係数の組合せとして最も適当なものを，下の選択肢の中から1つ選び，番号をマークしなさい。ただし，係数の1も省略しないものとする。 オ

A H_2O_2 + B H_2SO_4 + C KI
→ D I_2 + E K_2SO_4 + F H_2O

	A	B	C	D	E	F
①	2	2	2	1	1	4
②	2	1	2	1	1	3
③	1	2	4	2	2	3
④	1	1	4	2	2	3
⑤	1	1	2	1	1	2

問6　**操作3**で用いた指示薬と色の変化の組合せとして最も適当なものを，次の中から1つ選び，番号をマークしなさい。 カ

	指示薬	色の変化
①	デンプン溶液	無色→青紫色
②	デンプン溶液	青紫色→無色
③	BTB溶液	黄色→緑色
④	BTB溶液	緑色→黄色
⑤	フェノールフタレイン溶液	無色→赤色
⑥	フェノールフタレイン溶液	赤色→無色

問7　この実験で用いた希釈前の過酸化水素水のモル濃度〔mol/L〕として最も適当なものを，次の中から1つ選び，番号をマークしなさい。 キ

① 0.10 mol/L　② 0.20 mol/L　③ 0.30 mol/L
④ 0.40 mol/L　⑤ 0.50 mol/L　⑥ 0.60 mol/L

III ハロゲン，鉄の単体と化合物に関する次の文〔1〕，〔2〕を読んで，あとの問いに答えなさい。

〔1〕 ハロゲン元素は周期表17族の元素で，フッ素，塩素，臭素，ヨウ素が挙げられる。

問1 ハロゲンの単体に関する記述として最も**不適当な**ものを，次の中から1つ選び，番号をマークしなさい。 ア

① 常温ではフッ素と塩素が気体，臭素が液体，ヨウ素が固体である。

② 塩素や臭素は水に少し溶けるが，ヨウ素は水に難溶である。

③ フッ素は水と激しく反応して水素を発生する。

④ ヨウ化カリウム水溶液に臭素を加えるとヨウ素が生成する。

⑤ 単体は二原子分子で，すべて有色で有毒である。

問2 次の図は，塩素の実験室的製法を示した図である。この実験に関する記述として最も**不適当な**ものを，下の選択肢の中から1つ選び，番号をマークしなさい。 イ

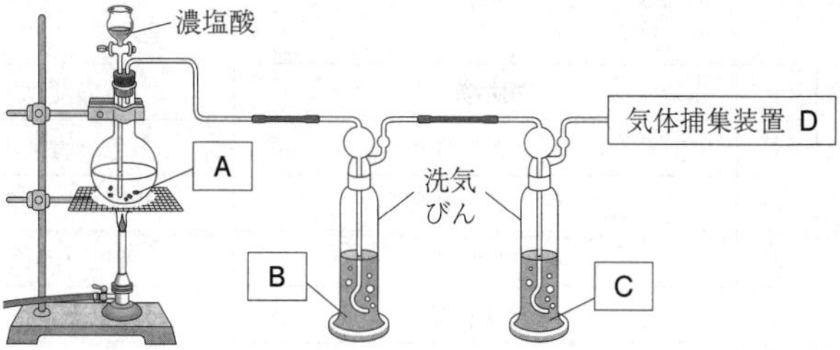

① Aには触媒として酸化マンガン(Ⅳ)を加える。

② 洗気びんの中のBは塩化水素を除くために水を入れる。

③ 洗気びんの中のCは水を除くために濃硫酸を入れる。

④ 洗気びんに入れるBとCは逆にしてはいけない。

⑤ 気体捕集装置Dは下方置換法を用いる。

問3 ハロゲンの化合物であるハロゲン化水素に関する記述として最も**不適当な**ものを，次の中から1つ選び，番号をマークしなさい。 ウ

① HF，HCl，HBr，HIのうち，弱酸はHFのみである。

② HFはホタル石に濃硫酸を加えて加熱することで得られる。

③ HFの水溶液はガラス瓶に入れて保存する。

④ HClは塩化ナトリウムに濃硫酸を加えて加熱することで得られる。

⑤ HClにアンモニアを近づけると白煙が生じる。

問4　ハロゲンの化合物であるハロゲン化銀に関する次の記述a～cのうち，正しい記述のみを選んだものとして最も適当なものを，下の選択肢の中から1つ選び，番号をマークしなさい。　**エ**

a　臭化銀に光を当てると銀が遊離する。

b　塩化銀は水にもアンモニア水にも溶けない。

c　フッ化銀，臭化銀，ヨウ化銀はすべて水に可溶である。

①　aのみ　　②　bのみ　　③　cのみ
④　aとb　　⑤　aとc　　⑥　bとc

〔2〕　鉄は酸化物として鉱石中に含まれていることが多く，(1)溶鉱炉中で赤鉄鉱（主成分Fe_2O_3）をコークスC，石灰石$CaCO_3$とともに高温で反応させることで鉄の単体はつくられる。また，(2)鉄の化合物には，鉄の酸化数が+2と+3のものが存在し，それぞれ異なる性質を示す。

問5　次の文章は，―― 線(1)の鉄の製法に関してまとめたものである。空欄 **A** ～ **D** に当てはまる語句の組合せとして最も適当なものを，下の選択肢の中から1つ選び，番号をマークしなさい。　**オ**

> 鉄鉱石は主にコークスの燃焼で生じた **A** によって還元されることで得られる。このようにして得られた鉄は **B** と呼ばれ硬くてもろい。この **B** を転炉に移して **B** に含まれる **C** を減らすことで，硬くて粘り強い **D** が得られる。

	A	B	C	D
①	一酸化炭素	銑鉄	酸素	鋼
②	一酸化炭素	銑鉄	炭素	鋼
③	一酸化炭素	鋼	酸素	銑鉄
④	二酸化炭素	銑鉄	炭素	鋼
⑤	二酸化炭素	銑鉄	酸素	鋼
⑥	二酸化炭素	鋼	炭素	銑鉄

問6　――― 線(1)の方法でFe_2O_3の含有率（質量%）が90%の赤鉄鉱1000kgから純粋な鉄は何kg得られるか。最も適当なものを，次の中から1つ選び，番号をマークしなさい。　カ

① 600kg　② 630kg　③ 700kg
④ 770kg　⑤ 900kg　⑥ 1050kg

問7　――― 線(2)に関する次の記述a～cのうち，正しい記述のみを選んだものとして最も適当なものを，下の選択肢の中から1つ選び，番号をマークしなさい。　キ

a　Fe^{3+}を含む水溶液に水酸化ナトリウム水溶液を加えると黄褐色の沈殿ができる。

b　Fe^{2+}を含む水溶液にヘキサシアニド鉄(Ⅱ)酸カリウムを加えると濃青色の沈殿ができる。

c　Fe^{3+}を含む水溶液にチオシアン酸カリウム水溶液を加えると血赤色の溶液となる。

① aのみ　② bのみ　③ cのみ
④ aとb　⑤ aとc　⑥ bとc

Ⅳ **アセチレンの反応，有機化合物の分離に関する次の文〔1〕，〔2〕を読んで，あとの問いに答えなさい。**

〔1〕 分子内に$C \equiv C$を1つ含む鎖式不飽和炭化水素をアルキンといい，一般式C_nH_{2n-2}で表される。$n=2$のアルキンはアセチレンといわれ，付加反応を起こしやすく，さまざまな化合物と反応する。

問1 アセチレンに関する記述として最も**不適当な**ものを，次の中から1つ選び，番号をマークしなさい。 ［ア］

① アセチレンの炭素原子，およびそれに結合している水素原子はすべて同一直線上にある。

② アセチレンの$C \equiv C$結合の距離はエチレンの$C=C$結合よりも長い。

③ 酸素を十分に供給して完全燃焼させると，高温の炎を生じる。

④ カーバイドに水を加えることでアセチレンが得られる。

⑤ シアン化水素を反応させるとアクリロニトリルが得られる。

問2 アセチレンに水を付加したときにできる安定な化合物に関する次の記述a～cのうち，正しい記述のみを選んだものとして最も適当なものを，下の選択肢の中から1つ選び，番号をマークしなさい。 ［イ］

a　アンモニア性硝酸銀水溶液に加えて加熱すると，銀が析出する。

b　濃硫酸を加えて約170℃で加熱すると，脱水反応が起こる。

c　金属ナトリウムを加えると，水素が発生する。

① aのみ　② bのみ　③ cのみ

④ aとb　⑤ aとc　⑥ bとc

問3 あるアルキン6.00gに水素を加えて完全に飽和させたところ，0℃，1.01×10^5Pa（標準状態）で6.72Lの水素を要した。このアルキンの分子式として最も適当なものを，次の中から1つ選び，番号をマークしなさい。 ［ウ］

① C_2H_2　② C_3H_4　③ C_4H_6　④ C_5H_8　⑤ C_6H_{10}　⑥ C_7H_{12}

〔2〕 次の図は，アニリン，安息香酸，フェノール，ナフタレンを溶かしたジエチルエーテルの混合液から各物質を分離する方法について表したものである。

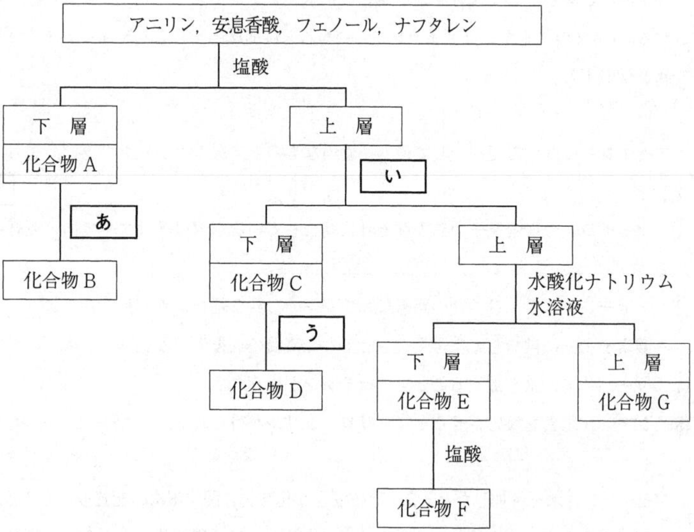

問 4　混合物を分離する際に使用する実験器具として最も適当なものを，次の中から1つ選び，番号をマークしなさい。　**エ**

①

②
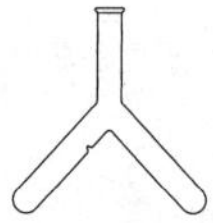

③
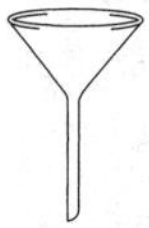

④
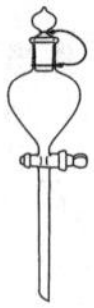

⑤
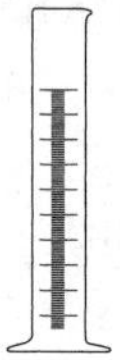

⑥
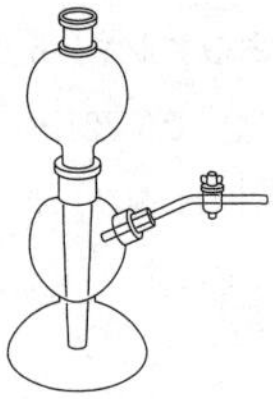

問5　化合物A，Bの性質に関する次の記述a～cのうち，正しい記述のみを選んだものとして最も適当なものを，下の選択肢の中から1つ選び，番号をマークしなさい。 **オ**

a　化合物Aはニトロベンゼンにスズと濃塩酸を加えて加熱することで得られる。

b　**あ** で加える試薬として水酸化ナトリウム水溶液がある。

c　化合物Bに塩化鉄(Ⅲ)水溶液を加えると，青紫色に呈色する。

①　aのみ　　②　bのみ　　③　cのみ

④　aとb　　⑤　aとc　　⑥　bとc

問6　化合物Dはトルエンを酸化することで得られる化合物である。 **い** と **う** で加える試薬の組合せとして最も適当なものを，次の中から1つ選び，番号をマークしなさい。

カ

	い	う
①	炭酸水素ナトリウム水溶液	二酸化炭素
②	炭酸水素ナトリウム水溶液	酢酸
③	炭酸水素ナトリウム水溶液	塩酸
④	二酸化炭素	炭酸水素ナトリウム水溶液
⑤	二酸化炭素	酢酸
⑥	二酸化炭素	塩酸

問7　化合物E，F，Gの性質に関する次の記述a～cのうち，正しい記述のみを選んだものとして最も適当なものを，下の選択肢の中から1つ選び，番号をマークしなさい。 **キ**

a　化合物Eは昇華性をもつ化合物である。

b　化合物Fに金属ナトリウムを加えると水素が発生する。

c　化合物Gにさらし粉水溶液を加えると赤紫色を呈する。

①　aのみ　　②　bのみ　　③　cのみ

④　aとb　　⑤　aとc　　⑥　bとc

生物

(60分)

I　次の問いに答えなさい。

問1　生物の共通性と多様性に関して，脊椎動物の一般的な特徴を比較した記述として，最も適当なものを，次の中から1つ選び，番号をマークしなさい。　ア

① 魚類は，淡水生のものも海水生のものも，体液濃度の調節ができない。

② 魚類にはえらがあるが，両生類は幼生の時期からえらがない。

③ 魚類には四肢がないが，両生類には四肢がある。

④ 両生類は水中で殻のない卵を産むが，は虫類は陸上で殻のない卵を産む。

⑤ 鳥類のなかには，哺乳類と同じ胎生で子を産むものがある。

問2　細胞内共生に関する記述として，最も適当なものを，次の中から1つ選び，番号をマークしなさい。　イ

① 原始的な真核生物に好気性細菌が共生してミトコンドリアとなり，そのあとにシアノバクテリアが共生して葉緑体となった。

② 原始的な真核生物に好気性細菌が共生して葉緑体となり，そのあとにシアノバクテリアが共生してミトコンドリアとなった。

③ 原始的な真核生物にシアノバクテリアが共生して葉緑体となり，そのあとに好気性細菌が共生してミトコンドリアとなった。

④ 原始的な真核生物にシアノバクテリアが共生してミトコンドリアとなり，そのあとに好気性細菌が共生して葉緑体となった。

⑤ 原始的な真核生物に好気性細菌とシアノバクテリアが同時に共生して，それぞれ，ミトコンドリアと葉緑体になった。

⑥ 原始的な真核生物に好気性細菌とシアノバクテリアが同時に共生して，それぞれ，葉緑体とミトコンドリアになった。

問3　遺伝子の発現に関する次の文中の空欄 A ， B に入る記号や数値の組合せとして，最も適当なものを，下の選択肢の中から1つ選び，番号をマークしなさい。　ウ

DNAにおける，TAACGGTCの塩基配列が鋳《い》型となってつくられるmRNAの塩基配列は，A である。このmRNAにおける3つの連続した塩基配列がすべてアミノ酸を指定している場合，このmRNAの塩基配列が翻訳されるときに B 通りのアミノ酸配列が考えられる。

	A	B
①	TAACGGTC	2
②	TAACGGTC	3
③	UAACGGUC	2
④	UAACGGUC	3
⑤	ATTGCCAG	2
⑥	ATTGCCAG	3
⑦	AUUGCCAG	2
⑧	AUUGCCAG	3

問4　腎臓に関する次の文中の空欄 C ～ E に入る語の組合せとして，最も適当なものを，下の選択肢の中から1つ選び，番号をマークしなさい。　エ

腎臓に血液が流入すると，糸球体から C に向けてろ過が行われることで原尿が生成されたのち，続く D と集合管で必要な物質が再吸収され，不要な物質が濃縮された尿が E を経由して，輸尿管に入る。

	C	D	E
①	ボーマンのう	細尿管	腎う
②	ボーマンのう	腎う	細尿管
③	細尿管	ボーマンのう	腎う
④	細尿管	腎う	ボーマンのう
⑤	腎う	ボーマンのう	細尿管
⑥	腎う	細尿管	ボーマンのう

問5　ホルモンとそのはたらきに関する記述として，最も適当なものを，次の中から1つ選び，番号をマークしなさい。　オ

① 脳下垂体前葉から分泌される刺激ホルモンは，間脳の視床下部のホルモン分泌を促進するはたらきをもつ。

② 脳下垂体後葉から分泌されるバソプレシンは，血液中のナトリウムイオン濃度を上昇させるはたらきをもつ。

③ 甲状腺から分泌されるチロキシンは，血液中のカルシウムイオン濃度を上昇させるはたらきをもつ。

④ すい臓のランゲルハンス島Ａ細胞から分泌されるインスリンは，血糖濃度を低下させるはたらきをもつ。

⑤ 副腎髄質から分泌されるアドレナリンは，体温を上昇させるはたらきをもつ。

問6 植生の遷移に関して，次の記述ａ～ｃを時間経過順に正しく並べたものとして，最も適当なものを，下の選択肢の中から１つ選び，番号をマークしなさい。 [カ]

ａ 明るい場所で幼木の成長が速い樹木が林冠を形成する。

ｂ 薄暗い場所で幼木の成長が可能な樹木が林冠を形成する。

ｃ 林床の明るさが変化し，幼木の成長に関して樹木ごとに差が生じる。

① ａ→ｂ→ｃ　② ａ→ｃ→ｂ　③ ｂ→ａ→ｃ
④ ｂ→ｃ→ａ　⑤ ｃ→ａ→ｂ　⑥ ｃ→ｂ→ａ

問7 窒素循環に関して，次の文中の空欄 [F] ～ [H] に入る語の組合せとして，最も適当なものを，下の選択肢の中から１つ選び，番号をマークしなさい。 [キ]

生物の排出物や遺体は分解者によって分解され， [F] が土中に放出される。放出された [F] を， [G] が [H] まで変化させると，植物が根から [H] を吸収して窒素同化に用いる。

	F	G	H
①	硝酸イオン	硝化菌	アンモニウムイオン
②	硝酸イオン	脱窒素細菌	アンモニウムイオン
③	硝酸イオン	窒素固定細菌	アンモニウムイオン
④	アンモニウムイオン	硝化菌	硝酸イオン
⑤	アンモニウムイオン	脱窒素細菌	硝酸イオン
⑥	アンモニウムイオン	窒素固定細菌	硝酸イオン

II **細胞の構造と酵素のはたらき，およびヒトの循環系と免疫に関する次の文〔1〕，〔2〕を読んで，あとの問いに答えなさい。**

〔1〕 次の図1は，分化(1)した植物細胞の模式図であり，a～dは，この細胞にみられる細胞小器官を模式的に示したものである。細胞膜の外側は細胞壁でおおわれており，細胞内部には，さまざまな酵素(2)が含まれている。

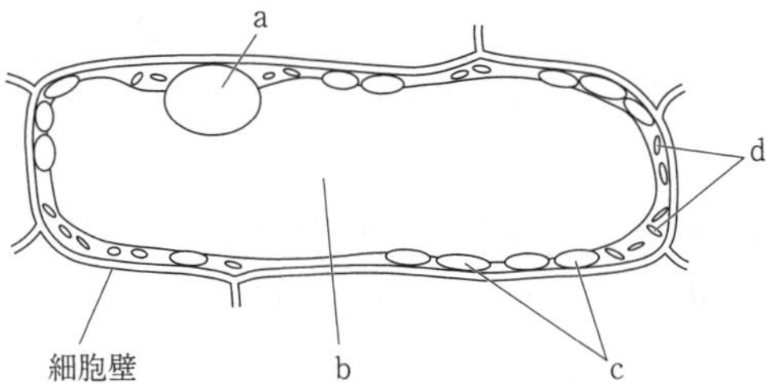

図1

問1 図1のa～dに関して，次の**(あ)**，**(い)**の特徴にあてはまる細胞小器官のみを選んだものとして，最も適当なものを，下の選択肢の中から1つずつ選び，番号をマークしなさい。

(あ) ［ア］
(い) ［イ］

(あ) 細胞小器官の内部にDNAをもつ。
(い) 細胞小器官の内部でATPを合成することができる。

① a，b　② a，c　③ b，c　④ c，d
⑤ a，c，d　⑥ b，c，d

問2 ——線(1)に関連して，細胞分裂を繰り返しているある細胞が，分裂を停止して細胞周期を離れたのちに水晶体に分化した。細胞周期を離れた時期と，分化した細胞内で新たに発現した遺伝子の組合せとして，最も適当なものを，次の中から1つ選び，番号をマークしなさい。 ［ウ］

① G_1期，ケラチン遺伝子　② G_1期，クリスタリン遺伝子
③ S期，ケラチン遺伝子　④ S期，クリスタリン遺伝子
⑤ G_2期，ケラチン遺伝子　⑥ G_2期，クリスタリン遺伝子

問3 ——線(2)に関連して，ある組織片をすりつぶして得られた液Xに，過酸化水素水を加えると気体が発生したが，数分経過すると気体が発生しなくなった。この状態の液体に，

液Xを追加したときの**様子A**と，過酸化水素水を追加したときの**様子B**の組合せとして，最も適当なものを，次の中から1つ選び，番号をマークしなさい。　[エ]

	様子A	様子B
①	気体が発生する	気体が発生する
②	気体が発生する	気体が発生しない
③	気体が発生しない	気体が発生する
④	気体が発生しない	気体が発生しない

〔2〕 ヒトの体液は，(3)血液・組織液・リンパ液からなる。次の図2は，ヒトの体液循環や排出において，血液や胆汁が経由する部位の一部分を示したものである。リンパ液が流れるリンパ系は(4)胸腺やリンパ節を含み，免疫に関与する。(5)ヒトの免疫には，自然免疫と適応免疫（獲得免疫）がある。

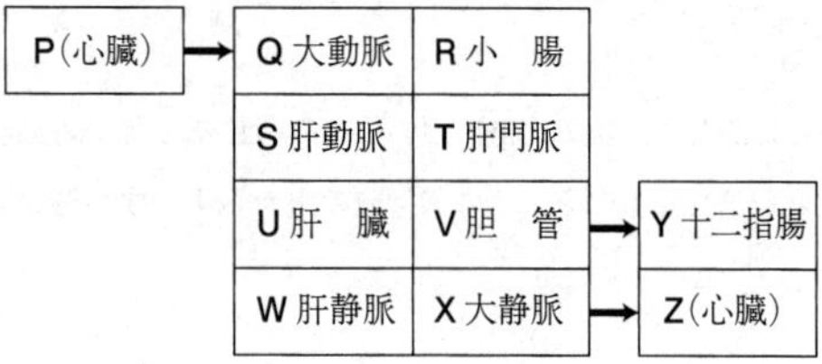

図2

問4 ――― 線(3)に関する次の文中の空欄 [A] ， [B] に入る語句の組合せとして，最も適当なものを，下の選択肢の中から1つ選び，番号をマークしなさい。　[オ]

血液の成分のうち， [A] などが毛細血管の外に出て組織液の成分となり，細胞の周辺を満たす。組織液のうちの [B] が毛細血管に戻り，残りの組織液がリンパ管に入ってリンパ液となる。

	A	B
①	グルコース	ごく一部
②	グルコース	大部分
③	赤血球	ごく一部
④	赤血球	大部分
⑤	リゾチーム	ごく一部
⑥	リゾチーム	大部分

問5　図2について，次の(a)，(b)に答えなさい。

(a)　P，Zにあてはまる心臓の部位の組合せとして，最も適当なものを，次の中から1つ選び，番号をマークしなさい。　カ

	P	Z
①	右心房	左心室
②	左心房	右心室
③	右心室	左心房
④	左心室	右心房

(b)　Pを起点とした，循環の経路として，最も適当なものを，次の中から1つ選び，番号をマークしなさい。　キ

① P → Q → R → S → U → V → Y

② P → Q → R → T → U → W → X → Z

③ P → Q → S → T → U → V → X → Z

④ P → Q → S → U → V → X → Z

⑤ P → Q → S → U → W → V → Y

問6　―――線(4)に関して，胸腺とリンパ節で行われることの組合せとして，最も適当なものを，次の中から1つ選び，番号をマークしなさい。　ク

	胸腺	**リンパ節**
①	B細胞の分化	T細胞の成熟
②	B細胞の分化	T細胞への抗原提示
③	T細胞の分化・成熟	B細胞の分化
④	T細胞の分化・成熟	T細胞への抗原提示
⑤	樹状細胞の抗原提示	B細胞の分化
⑥	樹状細胞の抗原提示	T細胞の成熟

問7　―――線(5)に関する記述として，最も適当なものを，次の中から1つ選び，番号をマークしなさい。　ケ

① 樹状細胞は自然免疫にも適応免疫にも関与する。

② 樹状細胞は自然免疫に関与し，適応免疫には関与しない。

③ キラーT細胞は自然免疫にも適応免疫にも関与する。

④ キラーT細胞は自然免疫に関与し，適応免疫には関与しない。

⑤ B細胞はT細胞から抗原提示を受けたのち，組織に出て自然免疫を行う。

⑥ B細胞はT細胞から抗原提示を受けたのち，組織に出て抗体を産生する。

Ⅲ 呼吸と遺伝子発現に関する次の文〔1〕，〔2〕を読んで，あとの問いに答えなさい。

〔1〕 次の図1は，C_6化合物（C_6と表記，以下同様）であるグルコースを基質とする呼吸経路の一部分を示したもので，P～Vの反応過程に示す矢印は，複数の化学反応を含む場合がある。この後に行われる過程も含めて，呼吸は，(1)解糖系・クエン酸回路・電子伝達系の3つの過程で生命活動に必要なATPを合成する。

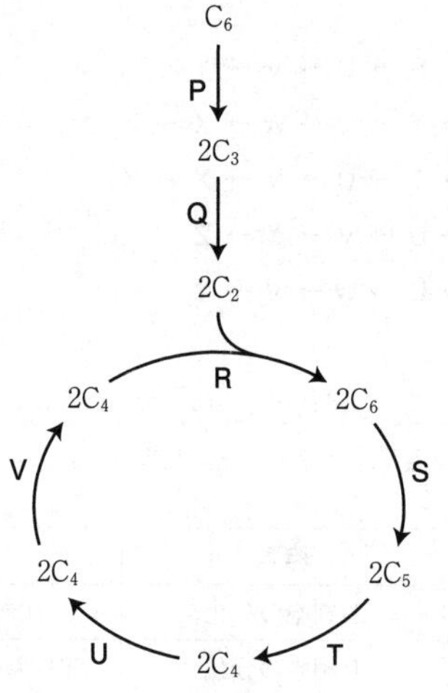

図1

問1 図1について，次の(a)，(b)に答えなさい。

(a) 反応過程P～Vのうち，二酸化炭素が放出される反応過程の組合せとして，最も適当なものを，次の中から1つ選び，番号をマークしなさい。　ア

① P，Q，S　② P，R，S　③ Q，R，T

④ Q，S，T　⑤ R，S，T　⑥ R，T，V

(b) ATPに関する次の文中の空欄 A ～ F に入る語の組合せとして，最も適当なものを，下の選択肢の中から1つ選び，番号をマークしなさい。 イ

反応過程**P**では， A が B に変化し，反応過程**Q**では， C が D に変化する。また，反応過程**T**では， E から F が合成される。

	A	B	C	D	E	F
①	2ADP	2ATP	4ADP	4ATP	2ADP	2ATP
②	2ADP	2ATP	4ADP	4ATP	2ATP	2ADP
③	2ADP	2ATP	4ATP	4ADP	2ADP	2ATP
④	2ADP	2ATP	4ATP	4ADP	2ATP	2ADP
⑤	2ATP	2ADP	4ADP	4ATP	2ADP	2ATP
⑥	2ATP	2ADP	4ADP	4ATP	2ATP	2ADP
⑦	2ATP	2ADP	4ATP	4ADP	2ADP	2ATP
⑧	2ATP	2ADP	4ATP	4ADP	2ATP	2ADP

問2　―――線(1)に関して，次の**(あ)**，**(い)**の反応がみられる過程の組合せとして，最も適当なものを，下の選択肢の中から1つ選び，番号をマークしなさい。 ウ

(あ) NAD^+（酸化型補酵素）が，NADH（還元型補酵素）となる反応
(い) NADH（還元型補酵素）が，NAD^+（酸化型補酵素）となる反応

	(あ)	(い)
①	解糖系	クエン酸回路と電子伝達系
②	解糖系とクエン酸回路	電子伝達系
③	解糖系と電子伝達系	クエン酸回路
④	クエン酸回路	解糖系と電子伝達系
⑤	クエン酸回路と電子伝達系	解糖系
⑥	電子伝達系	解糖系とクエン酸回路

問3　ミトコンドリア内膜をはさんだ水素イオンの濃度勾配を消失させると，酸素消費速度が上昇する。この事実から考えて，細胞内のATPが少なくなったときの酸素消費速度の変化に関する次の文中の空欄 G ～ I に入る語の組合せとして，最も適当なものを，下の選択肢の中から1つ選び，番号をマークしなさい。 エ

細胞内のATPが少なくなるとATP不足を補うためATP合成速度が上昇する。このことにより，ミトコンドリア内膜をはさんだ水素イオンの濃度勾配が [G] するため，電子の伝達速度が [H] して，酸素消費速度が [I] する。

	G	H	I
①	増加	上昇	上昇
②	増加	低下	低下
③	減少	上昇	上昇
④	減少	低下	低下

〔2〕 遺伝子発現は原核細胞でも真核細胞でも行われるが，それぞれの遺伝子発現の過程やその調節のしくみには，いくつか異なる点がある。次の図2は，大腸菌のβガラクトシダーゼ遺伝子と，その上流のようすを模式的に示したものである。

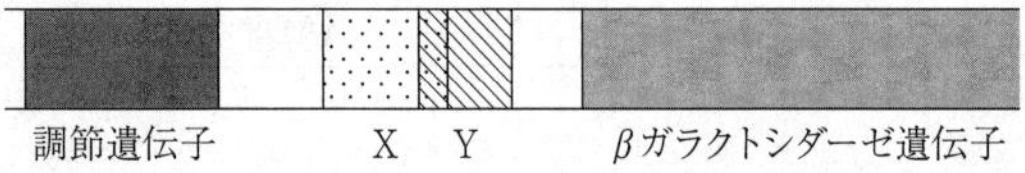

図2

問4 遺伝子発現の特徴や利点を示す次の記述a～cのうち，原核生物に関するものと，真核生物に関するものの組合せとして，最も適当なものを，下の選択肢の中から1つ選び，番号をマークしなさい。 [オ]

a　1つの遺伝子が転写されたものから，異なる種類のmRNAを合成できる。

b　転写された1本のmRNAから，関連する複数のタンパク質を合成できる。

c　転写途中のmRNAに対して，直ちに翻訳を開始することができる。

	原核生物	真核生物
①	a	b，c
②	b	a，c
③	c	a，b
④	a，b	c
⑤	a，c	b
⑥	b，c	a

問5 図2に関する次の文中の空欄 [J] ～ [L] に入る記号や語の組合せとして，最も適当なものを，下の選択肢の中から1つ選び，番号をマークしなさい。 [カ]

調節遺伝子の転写・翻訳によって合成されたタンパク質は， [J] の領域と結合して転写を抑制する。また， [K] の領域と結合するタンパク質は [L] と呼ばれ，βガラクトシダーゼ遺伝子の領域に移動してはたらく。

	J	K	L
①	X	Y	DNAポリメラーゼ
②	X	Y	RNAポリメラーゼ
③	X	Y	リプレッサー
④	Y	X	DNAポリメラーゼ
⑤	Y	X	RNAポリメラーゼ
⑥	Y	X	リプレッサー

問6　真核生物の遺伝子発現の調節について，ある遺伝子Zには，次の図3の(i)に示すような3つの転写調節領域 **(う)**～**(お)** がある。これらの転写調節領域のはたらきを調べるため，転写調節領域の構造を図3の(ii)～(vii)に示すように変えた遺伝子Zをつくり，マウスの肝臓と腸の細胞に導入した。導入した遺伝子Zが肝臓と腸で発現しているかを調べ，発現しているものには○，発現していないものには×を，図3の右側に示した。図3の結果から，肝臓と腸において，遺伝子Zの発現に対する転写調節領域 **(う)**～**(お)** のはたらきに関する記述として，最も適当なものを，下の選択肢の中から1つずつ選び，番号をマークしなさい。

肝臓 **キ**

腸 **ク**

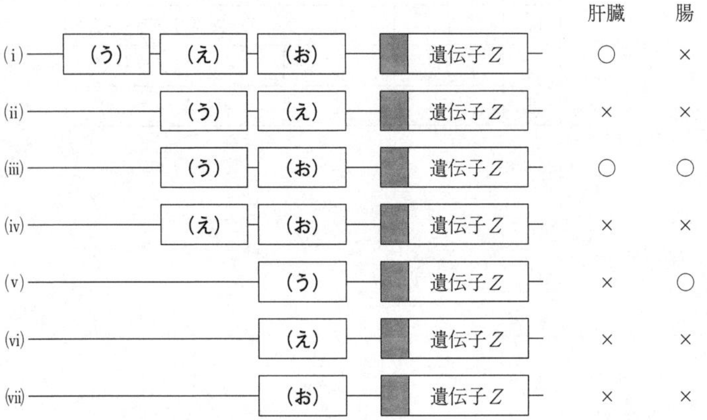

図3

① **(う)** がはたらいたときに促進され，**(え)** や **(お)** によって抑制されない。
② **(う)** がはたらいたときに促進されるが，**(え)** によって強く抑制される。
③ **(お)** がはたらいたときに促進され，**(う)** や **(え)** によって抑制されない。
④ **(お)** がはたらいたときに促進されるが，**(え)** によって強く抑制される。
⑤ **(う)** と **(お)** がともにはたらいたときにだけ促進され，**(え)** によって抑制されない。
⑥ **(う)** と **(お)** がともにはたらいたときにだけ促進されるが，**(え)** によって強く抑制される。

Ⅳ　動物や植物の応答に関する次の文〔1〕,〔2〕を読んで，あとの問いに答えなさい。

〔1〕 反射は，刺激に対する決まった応答であり，反射が連続して行われる行動は，生得的行動(1)に分類される。ヒトの反射には，瞳孔反射や膝蓋腱《しつがいけん》反射(2)などがある。次の図1は，ヒトの膝蓋腱反射のようすを示したものである。また，図2は，膝蓋腱反射の経路を模式的に示したものであり，図2中の●はニューロンの細胞体，実線は軸索，＜は軸索の末端を示す。

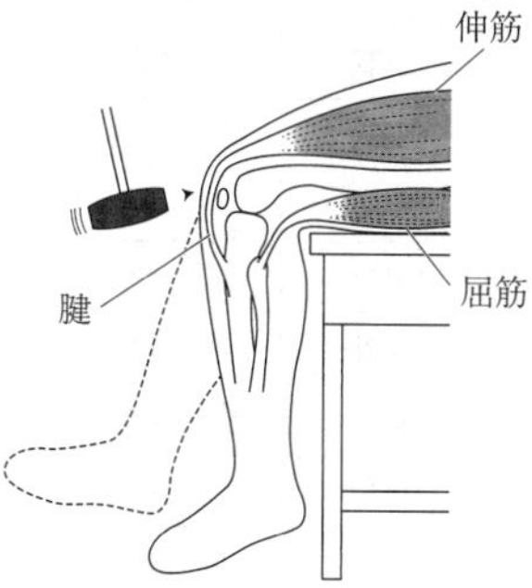

図1

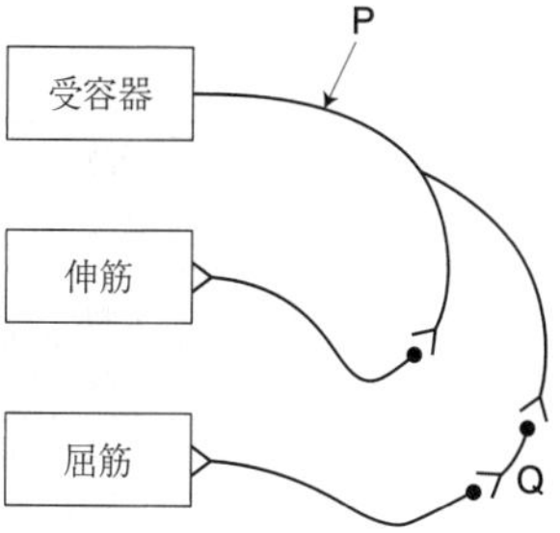

図2

問1　――― 線(1)に関する記述として，最も適当なものを，次の中から1つ選び，番号をマークしなさい。　ア

① 生得的行動は，親の行動を見ていないと行われないことが多い。

② 生得的行動の代表的な例として，アヒルのひなの刷込みがある。

③ 生得的行動は，かぎ刺激に対する反応が一定の順序で連鎖して起こるので，行動が途中で中断されると次回の行動は一般に中断された続きから行われる。

④ 生得的行動のなかには，特定の季節だけにみられるものがある。

⑤ 生得的行動は，その個体においてより生存に有利となるように修正される。

問2　―――線(2)に関する次の文中の空欄［A］～［D］に入る語の組合せとして，最も適当なものを，下の選択肢の中から1つ選び，番号をマークしなさい。［イ］

瞳孔反射の中枢は［A］にあり，光の情報に対して［B］がはたらいて反射が行われる。膝蓋腱反射の中枢は［C］にあり，筋の伸長を受容した［D］が興奮することで，反射が行われる。

	A	B	C	D
①	脊髄	運動神経	中脳	筋紡錘
②	脊髄	運動神経	中脳	筋原繊維
③	脊髄	自律神経	中脳	筋紡錘
④	脊髄	自律神経	中脳	筋原繊維
⑤	中脳	運動神経	脊髄	筋紡錘
⑥	中脳	運動神経	脊髄	筋原繊維
⑦	中脳	自律神経	脊髄	筋紡錘
⑧	中脳	自律神経	脊髄	筋原繊維

問3　図2について，次の(a)，(b)に答えなさい。

(a)　1本の軸索のPの位置に強さXの電気刺激を1回与えると，強さYの応答（膝蓋腱反射）が1回みられたとする。次に，Pの位置に強さXの2倍の強さで同じ長さの電気刺激を1回与えた場合にみられる応答の強さに関する記述として，最も適当なものを，次の中から1つ選び，番号をマークしなさい。［ウ］

① 軸索の興奮は全か無かの法則に従うので，応答は強さYと同じになる。
② 軸索の興奮は全か無かの法則に従うので，応答は強さYの2倍になる。
③ 軸索の興奮は全か無かの法則に従わないので，応答は強さYと同じになる。
④ 軸索の興奮は全か無かの法則に従わないので，応答は強さYの2倍になる。

(b)　Qのニューロンの役割に関する次の文中の空欄 E ～ G に入る語句の組合せとして，最も適当なものを，下の選択肢の中から1つ選び，番号をマークしなさい。

エ

Qのニューロンの軸索末端からは E の神経伝達物質が放出され，屈筋の収縮を起こし F することで，膝蓋腱反射の反応が表れ G なる。

	E	F	G
①	興奮性	やすく	やすく
②	興奮性	やすく	にくく
③	興奮性	にくく	やすく
④	興奮性	にくく	にくく
⑤	抑制性	やすく	やすく
⑥	抑制性	やすく	にくく
⑦	抑制性	にくく	やすく
⑧	抑制性	にくく	にくく

〔2〕　植物の反応には，屈性と傾性(3)がある。根の重力屈性には，植物ホルモン(4)のオーキシンが関わっている。ある植物を用いて，次の**実験1～4**を行い，下の図3に示す結果を得た。なお，図3のa～hは，根の細胞が伸長する部位を示している。

実験1　(i)の根を横にすると，(ii)のように，重力方向に屈曲した。

実験2　(i)の根の根冠をすべて除去すると，(iii)のように，(i)と伸長方向は変わらず，伸長が(i)よりもやや促進された。

実験3　(i)の根の根冠を半分除去すると，(iv)のように，根冠を残した側に屈曲した。

実験4　さまざまな濃度のオーキシンを根に与え，オーキシン濃度と伸長との関係を測定し，図4の結果を得た。次に，図3のaの部位とeの部位のオーキシン濃度（濃度a，濃度eと表記。以下同様）を測定したところ，濃度aが図4のTであり，濃度eが図4のRであった。

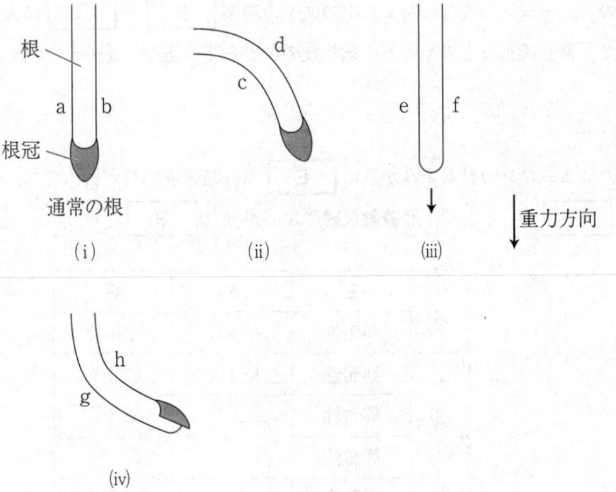
根
a
b
根冠
通常の根
(i)
d
c
(ii)
e
f
(iii)
重力方向
h
g
(iv)

図 3

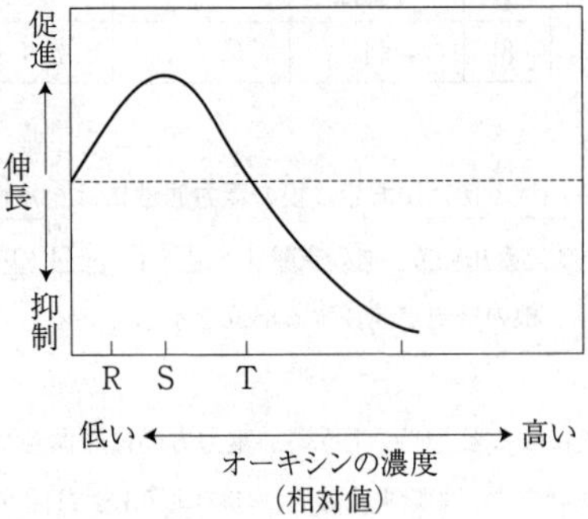
促進
伸長
抑制
R
S
T
低い
高い
オーキシンの濃度
(相対値)

図 4

問4　――― 線(3)に関して，正の接触屈性と接触傾性の例の組合せとして，最も適当なものを，次の中から1つ選び，番号をマークしなさい。　**オ**

	正の接触屈性	接触傾性
①	オジギソウの葉	キュウリの巻きひげ
②	オジギソウの葉	チューリップの花
③	キュウリの巻きひげ	オジギソウの葉
④	キュウリの巻きひげ	チューリップの花
⑤	チューリップの花	オジギソウの葉
⑥	チューリップの花	キュウリの巻きひげ

問5　――― 線(4)に関する次の文中の空欄 H ～ J に入る語句の組合せとして，最も適当なものを，下の選択肢の中から1つ選び，番号をマークしなさい。　**カ**

一般に，ある植物ホルモンが分泌される器官は H ，その植物ホルモンが作用する標的器官は I 。また，異なる植物ホルモンが同じ標的器官に対して拮抗的に作用する場合があり，ジベレリンが発芽を促進するのに対して， J は発芽を抑制する。

	H	I	J
①	一つであり	一つである	エチレン
②	一つであり	一つである	アブシシン酸
③	一つであり	一つとは限らない	エチレン
④	一つであり	一つとは限らない	アブシシン酸
⑤	一つとは限らず	一つである	エチレン
⑥	一つとは限らず	一つである	アブシシン酸
⑦	一つとは限らず	一つとは限らない	エチレン
⑧	一つとは限らず	一つとは限らない	アブシシン酸

問6　**実験1～4**について，次の(a)，(b)に答えなさい。

(a)　重力が関与しない場合のオーキシン輸送に関する次の文中の空欄 [K] ～ [N] に入る記号の組合せとして，最も適当なものを，下の選択肢の中から１つ選び，番号をマークしなさい。 [キ]

オーキシンは，根の維管束を通って根冠まで輸送されたのち，根冠から折り返して基部の方向に輸送され，根の伸長に関与することが知られている。これらをふまえると，図３の濃度ｂは [K] ，濃度ｆは [L] ，濃度ｇは [M] ，濃度ｈは [N] と推測され，**実験2**と**実験3**の結果を説明できる。

	K	L	M	N
①	R	R	T	T
②	R	T	R	T
③	R	T	T	R
④	T	R	R	T
⑤	T	R	T	R
⑥	T	T	R	R

(b)　図３の(ii)の結果は，根冠まで輸送されたオーキシンが重力刺激を受けた根冠の細胞によって特定の方向に輸送されたのちに基部へと輸送されていることを示している。このとき，濃度ｃと濃度ｄの大小関係はどのようになると推測されるか。最も適当なものを，次の中から１つ選び，番号をマークしなさい。 [ク]

①　濃度ｃ＜Ｒ＜濃度ｄ　　②　濃度ｄ＜Ｒ＜濃度ｃ
③　濃度ｃ＜Ｓ＜濃度ｄ　　④　濃度ｄ＜Ｓ＜濃度ｃ
⑤　濃度ｃ＜Ｔ＜濃度ｄ　　⑥　濃度ｄ＜Ｔ＜濃度ｃ

4　「鉄面皮」とは「［エ］」という意味である。

①　恥知らずな態度をとること　②　人に冷たく接すること

③　表情をあまり変えないこと　④　常に冷静沈着であること

5　①～④の中で、正しい敬語の表現は「［オ］」である。

①　その件につきましては、案内係に伺って下さい。

②　先ほど、山田先生が参られました。

③　その方のお名前は存じ上げません。

④　先生は僕が留学中に撮った写真を拝見された。

4　徳永直の作品。　エ

①『太陽のない街』　②『梨の花』　③『蟹工船』　④『セメント樽の中の手紙』

5　文学史上、第三の新人に属すると言われる作家。　オ

①村上春樹　②吉行淳之介　③大江健三郎　④久米正雄

Ⅳ

次の空欄 ア ～ オ に入れるのに最も適当なものを、それぞれの選択肢の中から一つ選び、番号をマークしなさい。

1　①～④の文の傍線部の中で、正しい表現は「ア」である。

① 就職内定の吉報が届いて、彼女は色を失って大喜びした。

② 細かな気配りができる彼は、懐が深い。

③ 大きな取り引きが決まったのに、流れにさおさすように材料入荷の遅れの連絡が入った。

④ 自分の気に入らないことがあると、彼はすぐにつむじを曲げて黙り込む。

2　①～④の文の傍線部の中で、正しい漢字で書かれているものは「イ」である。

① 事故の遺族に保障金が支払われた。　② 交通安全の評語コンクールに入選する。

③ 一時的に報道管制を敷く。　④ 中学校の音楽観賞会のために演奏する。

3　見かけばかりりっぱで内容がともなわないことを「ウ」と言う。

①鶏口牛後　②竜頭蛇尾　③羊頭狗肉　④才子佳人

問5　本文の内容に合うものを、次の中から二つ選び、番号をマークしなさい。ただし、解答の順序は問わない。　サ　シ

① 善と悪の行為は倫理的に区別されるため、動機次第では他者の破滅に対して祝福してもよい場合がある。

② 「文化」は他者を攻撃することによって成立するというフロイトの説に対して、ローレンツやストーも同様の考えを示している。

③ 中河伸俊によれば、すでにある区別において利がある側はみな、それを差別と認識し、否応なく負い目を感じる必然性に至る。

④ 差別において得をしている側が常に負い目を感じることによって、差別問題を解くきっかけが見えてくる。

⑤ フッサールは「現象学的還元」を提案したが、一方で彼は差別問題においては思考を停止するような怠惰な態度の持ち主である。

⑥ 差別問題に関する考察に際して注意すべき人物を明らかにしたければ、その人が悪意を持って「あたりまえ」「当然」「自然」という言葉を用いているかどうかを調べればよい。

Ⅲ

次の1～5の説明に当てはまるものを、それぞれの選択肢の中から一つ選び、番号をマークしなさい。

1　二葉亭四迷の作品。　ア

① 『当世書生気質』　② 『平凡』　③ 『普請中』　④ 『十三夜』

2　文学史上、自然主義に属すると言われる作家。　イ

① 徳富蘇峰　② 徳田秋声　③ 山田美妙　④ 里見弴

3　有島武郎の作品。　ウ

① 『女坂』　② 『女生徒』　③ 『或る女』　④ 『女の一生』

あ　①　また　②　ところで　③　しかし　④　やむをえず　［ア］

い　①　ときには　②　しいて言えば　③　いいかえれば　④　ひるがえってみれば　［イ］

う　①　そうではなくて　②　また　③　けれども　④　折に触れて　［ウ］

え　①　あるいは　②　ちなみに　③　ようするに　④　むしろ　［エ］

問2　空欄［A］～［D］に入れるのに最も適当なものを、それぞれ次の中から一つ選び、番号をマークしなさい。

A　①　懐疑的　②　現実的　③　倫理的　④　理想的　［オ］

B　①　悪意のうちに　②　善意のうちに　③　努力のうちに　④　敵意のうちに　［カ］

C　①　意図的　②　刺激的　③　偶然的　④　感動的　［キ］

D　①　因習的　②　自覚的　③　可逆的　④　作為的　［ク］

問3　本文中、次の一文が省略されている。（①）～（⑤）のどこに入れるのが最も適当か、番号をマークしなさい。［ケ］

これは、必ず差別をしている者の側から発せられる。

問4　――線「こうした努力」とあるが、どのような努力か。最も適当なものを、次の中から一つ選び、番号をマークしなさい。［コ］

①　自らや、他者の心の中で生まれる攻撃心を押し止めようとする努力。

②　人間の文化的生活を保障している集団を否定し、一掃しようとする努力。

③　別の集団を軽蔑することで生まれる不可避的な罪責感と闘い続ける努力。

④　あらゆる悪意とその発露が根絶できない社会を認め続ける努力。

た膨大《ぼうだい》な数の人々に対して、とりわけ劣悪な資質のもとに生まれた人々や不運にあえぐ人々に対して負い目をもたねばならない。（⑤）

もちろん、それが最終的解決にはならない。最終的解決はないかもしれない。だからこそ、その感情から眼を逸らすのではなく、そこに視点を固定して無理にでも自分のうちにうごめくさまざまな感情を捉えなおしてみること、こうした態度からこそ差別問題解決の糸口が見えてくるように思われる。

こうした態度は、「自然である」という言葉を[D]・非反省的に使用する態度からの決別と言いなおしてもよい。フッサールの言葉を使えば、各人が自然的態度から「現象学的還元」を遂行して、そこに開かれる新たな世界を見渡すことがここに要求されている。なぜなら、差別問題において「これは、差別ではなく区別だ」と言い張る人は、「自然である」という言葉を[D]・非反省的に使いたくてうずうずしているからである。それは男として自然だ、女として不自然だ、中学生として自然だ、日本人として不自然だ……というように。彼はこうした反省を加えない「自然である」という言葉に行き着くことによって、すべての議論を終らせようとする怠惰な「自然主義者」なのである。

彼は、そこに潜む問題をあらためて見なおすことを拒否し、思考を停止させる人である。「結婚するのはあたりまえ、女が子供を産むのは自然」という結論をいつも手にしており、その鈍い刀ですべてをなぎ倒すのだ。

ある人が、差別におけるコンテクストにおいて「あたりまえ」「当然」「自然」という言葉を使用したら用心しなければならない。差別感情の考察において、「子供が学校に行くのはあたりまえ、大人の男が働くのは当然」と真顔で語る人こそ、差別問題を真剣に考えている人にとって最も手ごわい敵である。なぜなら、彼らはまったく自らの脳髄で思考しないで、ただ世間を支配する空気に合わせてマイノリティー（少数派）を裁いているのだから。しかも、そのことに気づかず、気づこうとしないのだから。

（出典　中島義道『差別感情の哲学』講談社　なお、問題作成上、一部省略してある。）

問1　空欄[あ]～[え]に入れるのに最も適当なものを、それぞれ次の中から一つ選び、番号をマークしなさい。

済財や地位、権力へのアクセスに有利な制度的アレンジメントにもたれかかっているという意味で、好むと好まざるとにかかわらず自分が「足を踏んでいる」側にいると認めざるをえないということである。（渡辺恒夫編『男性学の挑戦』新曜社）

ある区別Dにおいて、現に得をしている側の者は、Dがただの区別であることを——たとえそう確信しても——認めてはならない、という提案である。既存の区別によって結果として利益を得ている者は、負い目をもたねばならない、無理にでもうしろめたい思いをしなければならない、という提案である。たまたま障害者に生まれなかったことを「感謝する」のではなく、障害者に対して負い目を抱く態度が必要だということ、たまたま美人に生まれたことに、たまたま秀才に生まれたことに感謝するのではなく、それを正真正銘の負い目として捉《とら》えねばならないということである。（②）

あらゆる提案と同じく、その根拠は確固としたものではない。最終的には原理原則、例えば「人間は平等だから」という抽象的原理に基づくのではない。［う］、何度考えても全身で「そう感じられる」というところに行き着く。

さまざまな分野で成功している人がいる。その「原因」を尋ねれば、知的・肉体的に恵まれた資質、恵まれた環境、あるいはさまざまな［C］出会いであることを否定することはできない。たとえ、その相当部分が当人の慧眼《けいがん》や努力に帰するとしても、そうした能力そのものに遺伝形質が参与しているかもしれないのであるから。（③）

その場合、——ここを強調したい——当人が謙虚であるだけでは、このことが提起する問題（人生の理不尽そのものである問題）の解決にはならない。優れた資質をもつ者、［え］賞賛すべき業績を上げた人が謙虚であることほど簡単なことはない。彼（女）はすでに多くの人々によって賛美されているのであるから、そのうえ傲慢《ごうまん》になる必要がないのである。こうした人々が謙虚であることは、（いわゆる）劣った形質をもつ者、仕事の上で失敗した者、人生において幸運から見放された者が、卑屈にならず、自殺せず、犯罪に走らずに生き抜くことに比べて無限に容易である。（④）

だから、優れた資質をもつ者や仕事上の成功者は、——謙虚になるのはもちろんのこと——そういう「星のもと」に生まれてこなかっしないのだから、一致団結して敵に立ち向かい味方を守るという勇敢な行為、集団のために自分を犠牲にするという感動的な行為も消え去る。友情も恋愛も家族愛も……それを妬《ねた》み破壊しようとする敵がいてこそ大切な絆《きずな》なのである。

　こうした攻撃心を、動物行動学や精神病理学の成果から無批判的に受容し肯定するのは危険であろう。［あ］、これを無批判的に排除し否定するのもやはり危険なのだ。差別感情というテーマにおいて、われわれのうちに否定しようもなく認められるこうした広い意味での攻撃＝悪意を一掃することを目標にしてはならない、とは言えるであろう。

　あらゆる悪意とその発露が根絶された理想社会を掲げて現状を嘆くのではなく、自他の心に住まう悪意と闘い続けること、その暴走を許さずそれをしっかり制御すること、こうした努力のうちにこそ生きる価値を見つけるべきなのだ。人間の悪意を一律に抹殺することを目標にしてはならない。誤解を恐れずに言えば、［B］こそ人生の豊かさがある。それをいかに対処するかがその人の価値を決めるのである。

　自分のうちに潜む攻撃心を圧殺してはならないということは、それを容認することではなく、ましてそれをそのまま肯定することではない。われわれは、むしろ差別感情に伴う攻撃心や悪意を保持したまま、自己を正当化することが多い。ここに、剝《む》き出しの攻撃心や悪意よりはるかに悪質な、巧妙に隠された攻撃心が育っていく。ここには、差別をしていないと言いながら紛れもない差別をしているという狡《ずる》さが悪臭を放っている。

　人間はさまざまな場面で狡いが、差別問題はこれが露出する場面である。そのうち最たるものは、「区別があるのであって差別はない」という主張であろう。（①）

　性差別に関して中河伸俊は、（もって回った言い方だが）次のように語っている。

> 　そして、少なくとも「先進産業社会」では、現実の不平等や支配の制度的な根強さとは対照的に、理念のレベルではその要求をめぐる勝負はついているといっていいだろう。これは、［い］、近代の物差しをあてて女性／男性関係を測るかぎり、多くの男性は、経

Ⅱ　次の文章を読んで、あとの問いに答えなさい。

差別は、われわれ人間の中の悪意に基づく。だが、だからといってわれわれの心に住まう悪意をことごとく消去すべきなのだろうか？　これまであらゆる宗教家はそう教えてきたし、哲学者の中にもそう説いてきた者が少なくない。

われわれは他人を騙《だま》し、貶《おとし》め、他人に危害を加え、破滅させる。純粋に（さまざまな意味で）気に入らない他人に禍《わざわい》をもたらそうと企《たくら》む場合もある。正義を全うするため、国家や家族を守るため、などの美名のもとにそうする場合もある。復讐《ふくしゅう》の場合もあり、自分の身や地位を守る場合もある。

外形的に他人に危害を加える行為のうち、動機によって正しい行為と誤った行為とを区別することは有効ではないであろう。理念的には分けられるであろうが、［A］には外形的に他人に危害を加える行為の内的動機を抉《えぐ》り出すことは虚《むな》しいであろう。当人にも不明な要因が残るであろう。ありとあらゆる動機によって、われわれは他人に危害を加える存在者なのだ。他人を苦しめようとし、その苦しみを喜び、他人を破滅させようとし、その破滅を祝う存在者なのである。

フロイトは『文化における不安』において、こうした「攻撃衝動」をエロスと並ぶ人間存在の自然本性とみなした。子供は攻撃することが禁じられている権威（例えば父親）を「同一化」を経て自己の中に取り入れることによって、困難な状況から脱する。そして、ここに「罪責感」が生まれるのである。よって、人間は攻撃衝動を抑える代わりに、生涯を通じて罪責感と闘い続ける。「文化」は、自他を攻撃し破壊し、他人を排除し抹殺し、他人に嘘をつき騙したぶらかし利用するところに、ある集団を尊敬し別の集団を軽蔑するところに成立するのである。

この線上に動物行動学者のK・ローレンツや、精神病理学者のA・ストーが位置する。ローレンツは、人間のみが文化を有するが、それを人間のみが「種内攻撃」をするところに求める。地上の動物が「高級」になればなるほど、集団や個体の差異に敏感になり、ある集団や個体を好み、別の集団や個体を嫌うのである。ある集団や個体は味方であり、ある集団や個体は敵なのだ。こうした濃淡のある差異の体系が形成されるところに文化は芽生え生育するのである。言い換えれば、いかなる敵も存在しないところには、いかなる味方も存在

④「黙読」が支配的な空間である図書館では、人々は漢文素読的な伝統の後進性を痛感し、西洋的な習俗の摂取に拍車がかかった。

問5　――線(2)「家庭や地域共同体の読書文化」の説明として、最も**不適当な**ものを、次の中から一つ選び、番号をマークしなさい。 [サ]

① 夕食後には家族のために父親が新聞を音読した。
② 地域の老人や僧侶などが古文書を読み上げた。
③ 子どもを寝つかせる時に、乳母や母親、あるいは兄や姉が絵本を読み聞かせた。
④ 都市部に図書館ができると、商工徒弟・職工層も本を読むようになった。

問6　本文の内容に合うものを、次の中から一つ選び、番号をマークしなさい。 [シ]

① 図書館での読書体験を通じて人々は近代的な読書習慣を獲得し、学生が勉強の合間に小説を読む傾向は弱まった。
② 山縣悌三郎の事例にあるような、後続世代の学生たちを視野に入れた書籍の寄付は、中産知識人層の再生装置としての図書館の機能不全を露呈している。
③ 明治期の図書館の利用者公衆は中産知識人層とその子弟が大半を占め、彼らは全国に流通する同じ出版物の受容層となっていった。
④ 明治三〇年代後半からの東京をはじめとする都市部の図書館では、商工徒弟・職工にまで利用者層が拡大されたが、児童がそれに含まれるには至らなかった。

い ① そして ② だが ③ ようするに ④ もし　イ

う ① ゆえに ② また ③ つまり ④ むしろ　ウ

え ① しかし ② あるいは ③ さらに ④ きわめて　エ

問2 空欄 A ～ D に入れるのに最も適当なものを、それぞれ次の中から一つ選び、番号をマークしなさい。

A ① 象徴 ② 文化 ③ 末端 ④ 公共　オ

B ① 道義 ② 限定 ③ 融和 ④ 支配　カ

C ① 平均 ② 多義 ③ 禁欲 ④ 恒常　キ

D ① 吟遊 ② 前衛 ③ 朗誦 ④ 文芸　ク

問3 本文中、次の一文が省略されている。（①）～（⑤）のどこに入れるのが最も適当か、番号をマークしなさい。　ケ

このことは、明治期の図書館が中産知識人読者の再生産装置として機能していたことを意味している。

問4 ――線(1)「図書館での読書体験が近代的な読書習慣獲得の訓練を意味していた」の説明として最も適当なものを、次の中から一つ選び、番号をマークしなさい。　コ

① 図書館では閲覧者としての人々の平等が保たれていたように見えたが、貧富の差は克服できていなかったと気づかされ、近代化への意欲をかき立てられた。

② 「孤独」な空間である図書館で黙読を貫徹した結果、家族・友人・地域などの共同体的な読書習慣のよさが再発見された。

③ 私生活でのまったく自由な読書とは異なり、公共の場である図書館では人々は「公共心」を喚起され、自己規律を身につけていった。

上級学校へと進み、卒業後は官界や教育界や実業の世界で中産層を形成していく。読書の世界においても、彼等は全国にわたる中産知識人読者層を形成し、何年かの後には、今度は彼等の子弟が図書館で読書の訓練を始めるようになる。こうして、図書館という読書装置は、中産知識人読者層の世代を越えた再生産装置として機能した。そして、この中産知識人読者が形成途上の読書国民の中核となり、その後大正期以降の大衆的読者層成長を促す先駆けとなった。（④）

東京師範学校に入学後、隣接する東京書籍館で読書三昧の生活を送った山縣悌三郎が次のように述べるとき、彼は図書館の効用を身を以て体験し、図書館での読書によってひとりの読書人へと成長できたことの感謝を、後続する世代の学生達に還元しようとしている。（⑤）

「書籍館で読んだ書物の数は幾百千巻の多きに達した。フードの大博物書やペルリの日本往訪記などといふ大部の書籍をも、此時皆通読してしまつた。私は図書館に出入する青年諸君に対し深き同情を有つてゐるのは、右に陳《の》べた自分の境遇から起つたのである。故に私が日比谷公園の市立図書館を初め其他各地の図書館へ、これまで毎月少なからざる書籍を寄附し来つたのも、全く右の次第からである」

このように、図書館での読書体験を通じて訓練された利用者公衆は、図書館を離れても活字の世界を自らの力で享受できる自立した読者へと成長し、[え]、今度は後続する世代を新たな読者として育成していった。近代日本の図書館が生み出してきたのは、このような読書国民の中核となる図書館利用者公衆に他ならなかった。

（出典　永嶺重敏『〈読書国民〉の誕生』なお、問題作成上、一部改変してある。）

注　山縣悌三郎＝一八五九年～一九四〇年。教育者、社会教育家。明治三一（一八九八）年、東京の自宅に図書館を開設。苦学生に蔵書を無料で貸し出した。

問1　空欄[あ]～[え]に入れるのに最も適当なものを、それぞれ次の中から一つ選び、番号をマークしなさい。

あ　①　なぜなら　②　すなわち　③　ところが　④　たとえば　[ア]

生、何れも同じ椅子で同じ机に対して書籍と首ッ引だ」

年齢制限が設けられているケースがあったとしても、あどけない子供といかめしい紳士とがまったく同じ立場で同じ椅子同じ机で読書している光景は、図書館でのみ見られる光景であった。

　もちろん、以上の諸点にはさまざまな留保がともなうのはいうまでもないが、このように、図書館での読書体験を通じて人々が学んだのは近代的な読書習慣の獲得であった。すなわち、図書館での読書体験は、利用者を家庭や地域共同体といった音読的共同体的な読書への埋没から解き放ち、規律にしたがって自らの個性的興味に応じた個人的読書へと進むための訓練となった。このことは決して一部の利用者にのみ合致することではなく、図書館利用者の大多数を占めた学生にもいえることである。当時の雑誌記事によれば、学生は一回の請求冊数三冊のうち一冊は必ず小説等の文学書を借りる傾向が強かった。その原因は勉強に疲れた時に小説で息抜きするためであったという。すなわち、彼等は勉強の合間にそれぞれ好みの小説を読むことを通じて、中央出版資本の受容者層として形成されていくことになる。明治三八年一二月の大橋図書館において最も多く閲覧された図書は小説であり、当時の批評子は

　「多数の閲覧者は学生にして、又最も多く読まるゝ書は小説とすれば、如何に学生が小説熱に浮され居るかを知るに足るべし」

と学生の小説熱を嘆いているほどである。（②）

　以上のように、明治期の図書館利用者公衆の大多数を占めたのは、中産知識人層とその子弟たる学生層（生徒も含む）であった。（③）読書史的にみた場合、学生を取り巻く家庭や生活圏はまだ近世以来の共同体的な読書文化の影響が根強く残っていた。明治期の中学校や高等学校の学寮規則には「黙読時間」という制度が設けられ、黙読の励行が行なわれていたが、学生生徒の通常の読書習慣は依然として音読的方法が支配的であった。しかし、図書館という読書の新しい公的装置で訓練されることを通じて、彼等は(2)家庭や地域共同体の読書文化から引き離され、黙読を基礎とする近代的読書習慣を身につけ、中央活字メディアの受容者層として形成されていった。

　全国各地の無数の図書館の閲覧室で、黙読と孤独と規律の中で同じ参考書、同じ小説、同じ雑誌を読むことによって、彼等は同じ中央活字メディアの読者として一種の仲間意識、連帯感を育んでいく。彼等はその後地域ブロックの学校を経て、さらに一部の者は大都市の

入館禁止の制裁を科すこともあった。

「X区X町学生X某。館内にて不徳義なる行為をなしたるにつき、向Xケ月間登館を拒絶す」

ここで目指されているのは、利用者一人一人の身体を通じての「公徳」の貫徹、あえて言えば「公共心」の喚起であった。この規律空間内で人々は、居眠りした場合には看守人に呼び起こされながら、公徳を守りひたすら読書に励むことを求められた。私生活でのまったく自由な読書から、規律にしたがって [C] 的な読書空間で訓練されることによって、人々は読書の領域における自己規律の習慣を学ぶようになる。

第三に、図書館は「黙読」の支配する空間であった。明治社会は漢文素読的伝統の根強さのために依然として音読的読書慣行が支配的であり、個人で読書する際にも声に出して音読する傾向が強かった。これに対し、図書館の空間は音読が厳しく禁止された完全な黙読が支配する空間であり、その中で読者は [D] 的で美文的な読書ではなく、自己と対話しながら内面的な読書を行なうように促されていった。

第四に、黙読の貫徹の結果として、図書館は「孤独」の空間となった。明治前期の社会においては読書は現在のように個人で読むよりも、[う] 家族や友人間あるいは地域の「共同体」を通じて読まれる傾向が強かった。例えば新聞もひとりで読むよりも家庭内において読み聞かせを通じて共同体的に享受されることが多かった。これに対し、図書館内では読者は相互に全く無関係の個人であり、孤独の中でひとりで読書していた。明治末の帝国図書館を舞台にした短篇小説中で、主人公の青年は閲覧室で「此室に居ると、具体的に絶対孤独の感がある」と感じている。図書館は共同体から離れてひとりで孤独の中で黙読する空間であった。（①）

第五に、図書館は「平等」の空間であった。閲覧室においては士族・平民の区別はおろか、子供・学生・大人の別なく、人々は一閲覧者として全く平等の立場であった。特別閲覧室にしても、それは少し高めの閲覧料金を出せばより多くの冊数が閲覧できるという程度にすぎなかった。明治三六年の大橋図書館の見学記事には次のような一節がある。

「あどけない子供の傍には、いかめしき美髯《びぜん》を蓄へた紳士が居る、短い袴《はかま》長い袴《はかま》、蓬髪《ほうはつ》のうるさゝうなの、カスメチックのハイカラ先物を好きなだけ読むことが可能であった。内外の古典や漢籍のみならず、日々出版される新作の小説・専門書・参考書・洋書から、さらには新聞雑誌まで古今東西のあらゆる出版物を望むままに読むことができた。[注]山縣悌三郎が東京図書館で「縦《ほしいまま》に群書を渉猟《しょうりょう》し」「書籍館で読んだ書物の数は幾百千巻の多きに達した」と書くとき、彼は少数のテクストの読書百遍的世界から、数多くのテクストの多読的読書世界への移行を経験したのである。このような多読的な読み方は、精読的価値観に立つ当時の識者にとっては甚《はなは》だ不真面目な態度に映った。

「東京図書館に出入するものにして或るは物理書を繙《ひもと》き或るは地理書を閲《けみ》し或るは植物書を見或るは歴史を読み或るは小説を借り或るは心理書を求むるなと僅々四五時の間にして数十部の書を借覧するものありて未だ一定の見識なく慰み半分に図書館に入るか若《ごと》きもの少なからすとかや」

しかしながら、第二に、図書館は規律によって律せられた読書空間であった。その典型的な例を帝国図書館にみることができる。まず、厳めしい鉄柵で囲われた帝国図書館の入口は、人々に監獄の入口を連想させた。館内では、閲覧者の守るべき心得として入館年齢・閲覧券・閲覧冊数・静粛保持等を内容とする閲覧人心得が、閲覧室の壁に張られてその厳守が励行《れいこう》されていた。

「此館の閲読者に対する掲示の多いには驚く、曰くインキを持て入る事を禁ずる、曰く階段を静に昇降す可し、曰く此辺りで談話をするな、曰くカードの抽出開閉に音をさすな、曰く引出の金具を弄《もてあそ》ぶ可らず、曰く何、曰く何と全く応接に遑《いとま》無い程到る所に雑多の掲示がある」

さらに秩序維持のために任命された監視人・看守が絶えず館内を巡回して、閲覧者の挙動を監視していた。明治三八年の帝国図書館の監視状態は次のようであった。

「次に不快に感ずるのは閲覧室はじめ館内隅々隈々を看守が巡覧することである。則ち図書館は図書館の光景でなくて監獄の光景である。則ち図書館の看守人は恰《あたか》も監獄の看守人の如く、閲覧者は恰《あたか》も監獄の囚徒の如き関係を持て居るのである」

[い]、この看守人は書物の盗難や切り取り・書込汚損等好ましからざる行動をとった閲覧者を摘発し、掲示板にその氏名を掲げて

ま来館する様子が新聞の注目を浴びている。事実大正期には深川図書館の閲覧者の六、七割は労働者によって占められるまでになっている。また、日比谷図書館に設置された児童閲覧室も、児童に対する本格的なサービスの開始として非常な歓迎を受け、殺到した児童達で大混雑をきわめるほどであった。その意味では、東京市立図書館網の登場は、従来からの学生・中産知識人層を主体とする狭い図書館利用者「公衆」から、労働者・都市下層・児童をも包含する、より広範な図書館利用者「大衆」の形成へという新たな発展段階への起動力となったといえよう。

他方、日露戦後期に上からの主導で強力に推し進められた地方改良運動の一環としての図書館設立ブームによって、地方においても図書館数の大幅な伸びがみられた。こうして設立された図書館が内実をともなわない形式的なものに堕しやすかったことはよく指摘されることではあるが、しかし、それを割り引くとしても、閲覧者数の増加ペースは一定程度評価されてよいのではなかろうか。[あ]、ここにはじめて全国的規模において図書館利用者公衆が形成されてきたといえる。

明治一〇年代から「公衆」という名で呼ばれ始めた図書館利用者層は、明治四〇年までに延べ数にして年間一〇〇万人規模に達し、明治末年までにその数は三〇〇万人を越えるまでに至っている。ここで、次に問われるべきことは、これら明治期の図書館利用者にとって、図書館での読書体験はどのような意味をもっていたかという問題である。

その持つ意味は、各利用者毎にそれぞれ異なっていることはいうまでもない。高等学校や大学の受験生にとっての図書館と、職工や丁稚小僧にとっての図書館とを同列に論じることはできない。しかしながら、立場は異なってもどの利用者にもほぼ共通して指摘されるのは、(1)図書館での読書体験が近代的な読書習慣獲得の訓練を意味していたという点である。

西洋からの輸入制度である明治期の図書館の読書空間は、明治社会のただ中に人為的に創出された「近代読書」のモデル空間であった。その特徴を分析すると、まず第一に、図書館は書物の「多読的」な読書空間であった。明治前期の社会にあっては書物の普及がまだ弱く個人で利用できる書物はきわめて少なかったために、人々は特定の限られた書物を繰り返し熟読する「読書百遍」的精読法が[B]的であった。これに対し、図書館では冊数制限こそ設けられていたものの、利用者は各自の読書興味に応じてあらゆるジャンルの多様な書

国語

（六〇分）

I　次の文章を読んで、あとの問いに答えなさい。

明治一〇年代から形成され始めた初期の図書館利用者公衆は、階層的には中産知識人層とその子弟たる学生、性的には男性中心の、また距離的にも図書館所在地区の住民を中心とするかなり限定された層からなっていた。

しかしながら、明治三〇年代後半からこの図書館利用者公衆の拡大が始まる。明治三五年頃から全国閲覧者数の爆発的な伸びが観察されるが、この原因としてあげられるのは、まず第一に図書館がすでに設置されている都市部において利用者層がより下層へと拡大したこと、第二に地方において図書館数が急激に増加し、それにともなって地方郡部での利用者数が増大した点である。

まず、都市下層への図書館利用の拡大は端的には商工徒弟・職工層の増加として現われてくる。この現象は明治三〇年代後半から四〇年代にかけて、特に東京をはじめとする大都市部の図書館においてほぼ共通して観察されており、当時の諸新聞も新しい動きとして注目するところとなった。「同館近来の現象として見るべきは職工体商人体の閲覧者増加せし事にして同月中に於ても二〇〇名余来館者ありたり」（大橋図書館、明治三八年）、「近来は縞の羽織に前垂掛の番頭連又は小僧をも見受るに至れり」「前だれ掛したり、油くさき股引はいたものを近頃は多く見かけるやうになつた」（帝国図書館、明治三九年）。閲覧統計でも「職工」という職業分類の登場がみられ、例えば帝国図書館の明治三九年八月のある一日間の閲覧統計には八名の職工があげられている。この傾向に拍車を駆けたのが東京市立図書館網の登場であった。特に深川図書館はその［A］的存在であり、荷上人足船頭車夫、工夫、理髪師等さまざまな職種の人々が仕事着のま

一

(B)「関戸本古今集」

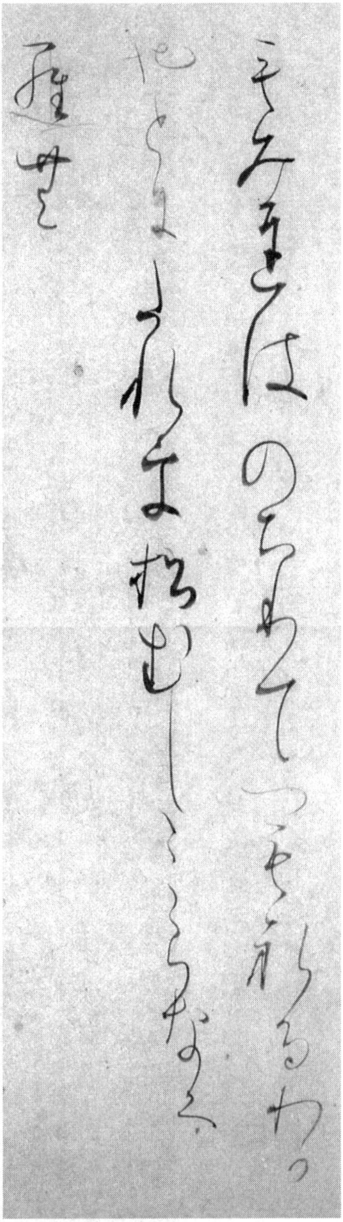

三

次の文を半紙に読みやすく書きなさい。

「自分の目も生長し深化するが時代的なこのみも常にうつり変わっていく人は今まで見なれた形にあきると新しいものを求める」

（漢字、かな変換不可、変体がな使用不可、句読点省略）

西川寧『書というもの』

一

(A)　「美人董氏墓誌銘」

■書道実技■

（七〇分　解答例省略）

一

(A) 別紙の「美人董氏墓誌銘」の指定部分を半紙に臨書しなさい。

「美人 董 氏 墓 誌」

(B) 別紙の「関戸本古今集」を半紙中央に原本と同形式で原寸臨書しなさい。

「歌一首」

二

次の(A)、(B)の内、いずれかを選択して半紙に創作しなさい。

(A) 「明珠在掌」　（行書体による）

(B) 「春日野《かすがの》の若菜《わかな》つみにやしろたへの袖《そで》ふりはへて人《ひと》のゆくらん」　（漢字かな変換可、変体がな使用可、ちらし自由）

解答編

英語

I **解答** 問1．A－③ B－② C－④ D－① E－③
問2．(1)－④ (2)－③ (3)－② (4)－④ (5)－①
問3．(1)－① (2)－① (3)－② (4)－② (5)－①

解 説 ≪タリンの持続可能性への取り組み≫

問1．A．「これらの戦略は昨年欧州委員会によって（　　），この都市は2023年の欧州グリーン首都賞に選ばれた」の穴埋め。第1段第1・2文（As cities around … the year 2050.）を見ると，持続可能性のための競争を牽引する都市として，タリンを取り上げている。したがって，「賞賛された」という意味の③ praised が適切。①「攻撃された」 ②「批判された」 ④「解決された」

B．「これ（タリンの公園のネットワークの占有率）は，パリのわずか9.5パーセントと（　　）」の穴埋め。前文に「タリンの公園のネットワークは現在，町の総陸地の19.5パーセントを占めている」とあるため，「対比する」という意味の② contrasts が適切。①「構成する」 ③「衰退する」 ④「抵抗する」

C．「そしてタリンの人口は増加し続けているが，最近の数字によると，首都には現在445,000人以上の住民がおり，持続可能性がこの（　　）の中心であり続けることを保証するために，多くの重要なプロジェクトが実施されている」の穴埋め。タリンの人口が増加し続けていることが述べられているので，「成長」という意味をもつ④ growth が適切。①「災害」 ②「疑い」 ③「失敗」

D．「町の周辺では，ハイランド牛の群れが Paljassaare 自然保護区の植物を食べているのを見ることができ，生物多様性を高め，野生動物の（　　）としてこの地域を維持するのを促進している」の穴埋め。よって，「生息地」という意味をもつ① habitat が適切。②「正義」 ③「記憶」

④「質問」

E.「自然の保護と人々の進歩が（　　　）である時代は過ぎた。私たちは，革新と開発を持続可能な経済と環境保護の思考とに結びつけるようになった」の穴埋め。前文にタリンが魅力的で，快適で，清潔で，未来の都市であるといった内容が述べられており，自然保護と技術の発達を両立していることが読み取れる。よって，「正反対」という意味をもつ③ opposites が適切。①「平等」 ②「方法」 ④「保証人」

問2．(1)leading the way は「先導する」という意味なので，④の「主導権を取る」を選ぶ。①「課題に直面する」 ②「苦難を経験する」 ③「変化をする」

(2)concrete は「具体的な」という意味なので，③の「特定の」を選ぶ。①「共通の」 ②「効果的な」 ④「大変な」

(3)adequate は「十分な」という意味なので，②「十分な」を選ぶ。①「平均の」 ③「巨大な」 ④「社会的な」

(4)boost は「～を高める」という意味なので，④「～を増やす」を選ぶ。①「～を取り消す」 ②「～を続ける」 ③「～を決める」

(5)inviting は「魅力的な」という意味なので，①「魅力的な」を選ぶ。②「利用可能な」 ③「不潔な」 ④「攻撃的な」

問3．(1)「タリンは2050年までにカーボンニュートラルを達成するための戦略で，2023年の欧州グリーン首都賞に選ばれた」 第1段第3文（These strategies were …）に，これらの戦略が昨年欧州委員会によって賞賛され，2023年の欧州グリーン首都賞に選ばれたとあるので，一致。

(2)「タリンの公園のネットワークの比率は，パリの2倍以上である」 第2段最終2文（Tallinn's network of … percent in Paris.）に，タリンの公園のネットワークは現在，町の総陸地の19.5パーセントを占めており，パリの場合はそれが9.5パーセントとあるので，一致。

(3)「批評家はタリンのグリーンウォッシングの善意の計画を非難する，なぜならタリンで何の変化も見つけられないからである」 第3段最終文（Such well-intentioned plans …）に，そのような善意の計画は常に批評家からグリーンウォッシングであるとの批判を受けるものだが，タリンのすばらしい称号の先を見れば，その称号の背後には真の変化がある，とあるため不一致。

解答編

(4)「ミツバチのための高速道路は6つの都市地区を通っており，タリンは人々がそれを使用することを許可していない」 第4段最終文（“The aim is…）に，より多くの人々をミツバチの高速道路を使用するよう引き付けているとあるので，不一致。

(5)「2013年，タリンは市民に無料で公共の交通機関を提供したが，そのことが広く注目を集めた」 第5段第2文（The city received…）に，2013年に住民が公共交通機関を無料で利用できるようにした際に，広く注目を集めたとあるので，一致。

Ⅱ　解答

問1．A―③　B―④　C―①　D―④　E―④

問2．(1)―①　(2)―③　(3)―②　(4)―④　(5)―③

問3．(1)―②　(2)―①　(3)―①　(4)―②　(5)―①

解説　≪AIの台頭に対するアメリカ人の懸念≫

問1．A．「顔認識，アルゴリズム，エクソスケルトンについてはより（　　）見通しがあったが，一般の人々は脳内のコンピュータチップの埋め込みの使用，自動運転乗用車の将来，遺伝子編集についてはるかに警戒していた」の穴埋め。よって，「前向きな」という意味の③ positive が適切。①「反対の」 ②「否定的な」 ④「珍しい」

B．「しかし，新しい技術を歓迎した人々は，特に職場で時間（　　），そして効率を高めると述べた」の穴埋め。よって，「～を節約する」という意味の④ save が適切。①「～を任命する」 ②「～を消費する」 ③「～を手渡す」

C．「これらのことに関する議論に皆の声（　　）は，人々がそれらについてのよい政策をつくり，技術者がこれらの技術が一般の人々の生活に展開されたときに，彼らが何を考えているかを理解するのに役立つ」の穴埋め。前文に，世論調査が開発施設に一般の人々の声をもたらすとある。よって，「～を加えること」という意味をもつ① Adding が適切。②「～を確認すること」 ③「～を取り除くこと」 ④「～を分けること」

D．「2020年の大統領選挙で見られるように，彼らは誤った情報を監視するためにそれ（　　）ことさえした」の穴埋め。よって，「～を使った」という意味をもつ④ used が適切。①「～を傷つけた」 ②「～を消した」 ③「～を抜いた」

E．「人間の能力に関しては，調査対象者の56パーセントは，脳内に埋め込まれたコンピュータチップは広範な使用には悪い考えであり，78パーセントは，どれだけ情報を（　　　）処理するかを向上させることができたとしても，自分のためにはそれを望まないだろうと述べた」の穴埋め。よって，「速く」という意味をもつ④quicklyが適切。①「誤って」②「重く」③「主に」

問2．⑴concernedは「心配して」という意味なので，①の「心配して」を選ぶ。②「喜んで」③「熱心に」④「助けになる」

⑵recognitionは「認識」という意味なので，③の「特定」を選ぶ。①「外見」②「特徴」④「動き」

⑶falseは「偽の」という意味なので，②「正しくない」を選ぶ。①「正確な」③「法律の」④「規則的な」

⑷completeは「全部の」という意味なので，④「全体の」を選ぶ。①「完成した」②「狭い」③「部分的な」

⑸seriousは「深刻な」という意味なので，③「重大な」を選ぶ。①「主要な」②「形式的な」④「誇りをもっている」

問3．⑴「アメリカの約7万人の成人回答者がAIの成長を懸念すると同時に興奮している」第2段第4文（About 45 percent …）に，約45パーセントがAIの台頭に心配と興奮をしているとある。調査対象者が10,260人で，これの45パーセントは約4,500人であるので，不一致。

⑵「リー＝レイニーは，世論の結果はAIが重要になる開発施設に影響を与えるだろうと言った」第3段第1文（“This kind of …）で，この種の世論調査は一般の人々の声を開発施設にもたらすとあるので，一致。

⑶「約4,700人の回答者が，顔認識技術は社会にとってよいため，警察は使用すべきであるということに同意した」第4段第1文（Facial recognition technology …）で，警察が使用する顔認識技術は，成人の46パーセントが社会にとってよいと答え，ほとんどが肯定的な反応だったとあるので，一致。

⑷「年配の回答者は若い成人よりも，体力と視覚能力を高めるということに関して興奮していた」第5段最終文（Young adults ages …）に，18歳から29歳の若い成人が，特に体力と視覚能力を高めるという考えに関して，年配の回答者よりも興奮していたとあるので，不一致。

(5)「回答者の 4 分の 3 以上が，コンピュータチップを脳内に埋め込みたいとは思わなかった」 第 6 段第 1 文（When it comes…）に，調査対象者の 78 パーセントは，どれだけ情報処理の速さを向上させることができたとしても，自分のためにはコンピュータチップを望まないだろうと述べたとあるので，一致。

Ⅲ 解答

A．(1)―② (2)―① (3)―④ (4)―④ (5)―②

B．(1)―⑥ (2)―③ (3)―① (4)―④ (5)―⑦

解説 A．(1)「私たちの高校は丘の頂上に位置している」 be located「位置する」

(2)「もし水がなければ，存在できる生物はいない」 if it were not for ～「～がなければ」

(3)「彼らは私がそのパーティーに来るよう要求した」 insist on ～で「～を主張する，要求する」という意味になり，動名詞 coming に意味上の主語の my が付随している形。

(4)「昨日起こったことは彼女の責任でもなければ，彼の責任でもない」 空欄には her fault に相当するものが当てはまると推測される。ここでは所有代名詞の his を当てはめる。

(5)「私は年老いた女性が孫たちに囲まれているのを見た」 第 5 文型の補語の部分に分詞を当てはめる叙述用法。目的語と補語が受動の関係にあるので，過去分詞を当てはめる。

B．(1)ban は「～を禁じる」という意味なので，⑥が適切。

(2)flourish は「繁栄する」という意味なので，③が適切。

(3)invade は「～に侵入する」という意味なので，①が適切。

(4)search は「～を捜す」という意味なので，④が適切。

(5)subscribe は「～を定期購入する」という意味なので，⑦が適切。

Ⅳ 解答

問 1．(1)―③ (2)―④ (3)―④ (4)―① (5)―③ (6)―②

問 2．キ―⑤ ク―① ケ―③ コ―② サ―④

問 3．シ―⑥ ス―③ セ―① ソ―⑤ タ―⑦ チ―④ ツ―②

解説　≪うなぎ≫

問1．(1)③の mentioned「言及された」が適切。①directed「向けられた」 ②founded「設立された」 ④noticed「気づかれた」

(2)④の value「価値」が適切。①gain「利益」 ②price「価格」 ③profit「利益」

(3)④の recommended「薦められた」が適切。①advanced「前進させられた」 ②concerned「心配した」 ③ordered「命令された」

(4)①の associated「連想した」が適切。②brought「もたらした」 ③joined「参加した」 ④reminded「思い出させた」

(5)③の preferred「むしろ～したかった」が適切。①adapted「～を適応させた」 ②cooperated「協力した」 ④stated「～を述べた」

(6)②の imports「輸入品」が適切。①exports「輸出品」 ③items「項目」 ④loads「重荷」

問2．the preparation of eel differs greatly between the Kansai and Kanto regions.

preparation「調理」 between *A* and *B*「*A* と *B* の間で」

問3．Most of the eels eaten by Japanese today are farmed

farm「～を養殖する」

日本史

Ⅰ　解答　≪原始・古代～中世の政治・社会・文化≫

問1．①　問2．④　問3．②　問4．⑤　問5．③　問6．①
問7．③　問8．④　問9．③　問10．③　問11．①　問12．③
問13．④

Ⅱ　解答　≪近世の政治・外交・文化≫

問1．④　問2．①　問3．②　問4．①　問5．③　問6．③
問7．①　問8．②　問9．④　問10．③　問11．④　問12．②
問13．②

Ⅲ　解答　≪近現代の政治・経済・外交≫

問1．③　問2．④　問3．④　問4．⑤　問5．②　問6．②
問7．①　問8．①　問9．①　問10．⑤　問11．④　問12．④
問13．④　問14．①

世界史

Ⅰ　解答　≪ゲルマン人，スラヴ人，ノルマン人≫

問1．③　問2．①　問3．⑥　問4．④　問5．①　問6．②
問7．②　問8．⑤　問9．③　問10．④

Ⅱ　解答　≪ビスマルク，ジョン＝ヘイ，ムッソリーニ≫

問1．⑥　問2．①　問3．④　問4．③　問5．②　問6．②
問7．⑤　問8．①　問9．③　問10．④

Ⅲ　解答　≪西アジア・南アジアの古代文明と遺跡≫

問1．②　問2．③　問3．③　問4．④　問5．①　問6．④
問7．③　問8．②　問9．⑤　問10．①

Ⅳ　解答　≪北京の歴史≫

問1．④　問2．③　問3．④　問4．②　問5．①　問6．③
問7．②　問8．⑤　問9．①　問10．⑤

政治・経済

Ⅰ　解答　≪日本の議院内閣制≫

問1．②　問2．③　問3．⑤　問4．④　問5．⑥
問6．③　問7．②　問8．④　問9．⑤　問10．②

Ⅱ　解答　≪政治体制と冷戦≫

問1．⑤　問2．③　問3．③　問4．①　問5．②
問6．③　問7．①　問8．④　問9．③　問10．④

Ⅲ　解答　≪社会保障≫

問1．④　問2．③　問3．③　問4．④　問5．③
問6．⑤　問7．①　問8．②　問9．②　問10．④

Ⅳ　解答　≪労働問題と国際経済≫

問1．①　問2．②　問3．③　問4．④　問5．⑤
問6．③　問7．④　問8．④　問9．③　問10．③

数学

◀数学Ⅰ・A・Ⅱ・B▶

Ⅰ 解答 ≪小問5問≫

〔1〕ア．1　イ．1　ウ．1　エ．2

〔2〕オカ．60　キク．90

〔3〕ケ．5　コサ．11　シスセ．100　ソタチ．201

〔4〕ツ．4　テト．10　ナ．1　ニ．3　ヌネ．10　ノ．3

〔5〕ハ．3　ヒ．2　フ．2　へ．6　ホ．4

Ⅱ 解答 ≪小問2問≫

〔1〕(1)ア．2　イ．3　ウ．4　エオ．10

(2)カキク．240　ケコ．90　(3)サシ．12　スセソタ．3600

〔2〕(1)チ．6　(2)ツテ．−4　ト．1

(3)ナ．1　ニヌ．−4　ネノ．−3

Ⅲ 解答 ≪三角比，内接円の半径と三角形の面積≫

〔1〕ア．2　イ．3　ウ．5　エ．3

〔2〕オ．8　カ．5

〔3〕キ．4　ク．5　ケ．5

Ⅳ 解答 ≪放物線と直線で囲まれた部分の面積，3次関数の最大・最小≫

〔1〕ア．6　イウ．10

〔2〕エ．2　オ．6

〔3〕カ. 2

〔4〕キ. 7　クケ. 61　コサ. 27

◀数学Ⅰ・A▶

Ⅰ 解答 ≪小問5問≫

〔1〕ア．4　イ．2　ウ．3　エ．2　オ．4　カ．5

〔2〕キ．2　ク．4　ケ．2　コ．5　サ．3

〔3〕シス．18　セソタチ．2394

〔4〕ツテ．−1　ト．4　ナ．0　ニ．4

〔5〕ヌネ．60　ノハ．10　ヒ．4

Ⅱ 解答 ≪小問2問≫

〔1〕(1)アイ．19　ウエ．74　(2)オカ．30　キク．37

(3)ケ．4　コサ．21

〔2〕(1)　シス．25　セ．5　ソタ．30

(2)チツ．19　テト．15

Ⅲ 解答 ≪2つのグラフの位置関係，平行移動・対称移動≫

〔1〕ア．5　イ．8

〔2〕ウ．4　エオ．−5　カキ．−1

〔3〕ク．9　ケ．8　コ．4

〔4〕サ．6

〔5〕シス．15　セ．6　ソ．6　タ．2

Ⅳ 解答 ≪三角形の性質，円の性質≫

〔1〕アイ．24　ウエオ．132

〔2〕カ．9　キ．2　ク．6　ケ．5　コ．3

サ．3　シ．2　ス．4

物理

I　解答　≪総　合≫

問1．①　問2．④　問3．②　問4．②　問5．③　問6．⑤

II　解答　≪力学的エネルギー保存則，弦の振動≫

〔1〕問1．②　問2．④　問3．②

〔2〕問4．②　問5．⑤　問6．⑥

III　解答　≪万有引力と円運動，気体の変化と p-V 図≫

〔1〕問1．⑥　問2．①　問3．⑥

〔2〕問4．①　問5．④　問6．②

IV　解答　≪凸レンズ，点電荷による電場≫

〔1〕問1．⑥　問2．①　問3．⑥

〔2〕問4．⑤　問5．①　問6．③

化学

Ⅰ　解答　≪総　合≫

問1．④　問2．③　問3．②　問4．⑤　問5．②　問6．⑥

Ⅱ　解答　≪中和反応，酸化還元反応≫

〔1〕問1．①　問2．⑥　問3．⑤

〔2〕問4．①　問5．⑤　問6．②　問7．⑤

Ⅲ　解答　≪ハロゲン，鉄の単体と化合物≫

〔1〕問1．③　問2．①　問3．③　問4．①

〔2〕問5．②　問6．②　問7．③

Ⅳ　解答　≪アセチレンの反応，有機化合物の分離≫

〔1〕問1．②　問2．①　問3．②

〔2〕問4．④　問5．④　問6．③　問7．②

生物

I 解答 ≪総　合≫

問1．③　問2．①　問3．⑧　問4．①　問5．⑤　問6．②
問7．④

II 解答 ≪細胞の構造とはたらき，細胞周期，酵素，体液の循環，免疫≫

〔1〕問1．(あ)―⑤　(い)―④　問2．②　問3．③
〔2〕問4．②　問5．(a)―④　(b)―②　問6．④　問7．①

III 解答 ≪呼吸のしくみ，原核生物の遺伝子発現の調節，真核生物の遺伝子発現の調節≫

〔1〕問1．(a)―④　(b)―⑤　問2．②　問3．③
〔2〕問4．⑥　問5．⑤　問6．肝臓：⑤　腸：②

IV 解答 ≪反射，興奮の伝導と伝達，屈性と傾性，植物ホルモン，根の屈性とオーキシン≫

〔1〕問1．④　問2．⑦　問3．(a)―①　(b)―⑦
〔2〕問4．③　問5．⑧　問6．(a)―④　(b)―⑥

「……捉えねばならない」、第十五段落末尾「……もたねばならない」という義務論とズレるし、第十二段落冒頭には「その根拠は確固としたものではない」とあるので「必然性」とまでは言い難いと考えて除外。④は、第十一段落には「既存の区別によって……負い目をもたねばならない」とあり、第十六段落には「自分のうちにうごめく……捉えなおしてみる……差別問題解決の糸口が見えてくる」と説かれているので、正解と判断する。⑤の「怠惰な態度の持ち主」はフッサールではない。⑥は、その人が「悪意を持って」の部分が不適。最終段落の最後から二つ目の文に「まったく自らの脳髄で思考しないで」とあることから、「悪意」は必ずしも説かれていない。以上より、正解は②・④となる。

Ⅲ

解答　1—②　2—②　3—③　4—①　5—②

解説　文学史の設問。5は二〇二二年度学校推薦型選抜でも類似した問題が出題された。「第三の新人」としては、他に安岡章太郎、遠藤周作、曾野綾子などが該当する。

Ⅳ

解答　1—④　2—③　3—③　4—①　5—③

解説　1、③の「流れにさおさす」は原義とは逆に〝物事の流れを止める〟の意で誤用されることが多いので注意。正しくは〝物事の流れに乗ってうまく進行させていくこと〟である。

問5　②・④

解説　問1　あ、「攻撃心」を「無批判的に受容し肯定する」ことも「無批判的に排除し否定する」ことも「危険」という文脈である。①「また」か③「しかし」で迷うが、この二文をつなぐ意味としては、「並列」ではなく「逆接」なので、③「しかし」を選ぶ。い、「性差別」について〈理念のレベルで勝負はついている〉ことと〈多くの男性が「足を踏んでいる」側にいると認めざるをえない〉こととの関係を問うもの。「すなわち」や「つまり」などの換言の文句がほしいところで、選択肢で言えば、③「いいかえれば」が適切。う、直前の「抽象的原理に基づくのではない」ことを受けた挿入句になっている。文の構造を把握できるか否かが分かれ目。否定を繰り返した①「そうではなくて」を選ぶ。え、前後では「優れた資質をもつ者」と「賞賛すべき業績を上げた人」が並列されている。①「あるいは」が適切。

問2　空欄 [A] には、「理念的」に対比するものとして②「現実的」が入る。空欄 [B] は直前の「誤解を恐れずに言えば」に着目する。③「努力のうちに」もまったく文意を損なうわけではないが、意味合いとしては〝逆説的なもの〟を強調していることから、この段落での話題である①「悪意のうちに」が選べる。空欄 [D] には、直後の「非反省的」と同意、または似通った言葉で①「因習的」が選べる。

問3　挿入文の「これ」に該当する内容が候補の箇所の直前の文にあるか検討する。すると、①の前の「『区別があるのであって差別はない』という主張」は、確かに「差別をしている者」が発する都合のよい言葉と言える。正解は①である。

問4　「努力」の内容を問うている。同段落の「自他の心に住まう悪意と闘い続けること」と「その暴走を……制御すること」がそれに当たる。これを選択肢に照らし合わせると、①が符合しているとわかる。

問5　表現の細かい点に注意を払う必要がある。①は第三段落の内容と大きくずれている。②は第五段落の内容と一致。三者はいずれも、文化が持つ他者への攻撃性に着目している。③は文末の「必然性」の部分が、第十一段落末尾ある。挿入文は、明治期の図書館の「中産知識人読者の再生産装置」としての機能に触れている。この観点から探ると、③の直前に「図書館利用者公衆の大多数を占めたのは、中産知識人層とその子弟たる学生層」とあり、文脈上つながりが見られる。よって、正解は③である。

問4　第七～十五段落に図書館の読書空間の特徴が記されており、それをまとめたものが第十六段落第二文の「図書館での読書体験は……規律にしたがって……個人的読書へと進むための訓練となった」である。この記述に符合する選択肢は③である。

問5　傍線⑵の「家庭や地域共同体の読書文化」とは「図書館」とは正反対のものであり、設問の「最も不適当」に該当するのは、「図書館」に関わる文化と考えてよい。④「都市部に図書館が……本を読むようになった」は「図書館」に関わる文化であり、これが設問に対する正解となる。

問6　第十七段落「明治期の図書館利用者公衆……」と、第十八・十九段落の内容が、③と符合している。①は、後半の「学生が……小説を読む傾向は弱まった」が第十六段落末尾と矛盾。②は、文末の「図書館の機能不全を露呈」が間違い。④は文末の「児童がそれ（＝利用者層）に含まれるには至らなかった」が第三段落の「小僧をも見受る」「児童閲覧室」の設置と矛盾。

Ⅱ

出典　中島義道『差別感情の哲学』＜序章　何が問題なのか＞（講談社学術文庫）

解答

問1　あ―③　い―③　う―①　え―①

問2　A―②　B―①　C―③　D―①

問3　①

問4　①

国語

I

出典　永嶺重敏『〈読書国民〉の誕生―明治30年代の活字メディアと読書文化』〈第六章　図書館利用者公衆の誕生〉（日本エディタースクール出版部）

解答

問1　あ―②　い―①　う―④　え―③
問2　A―①　B―④　C―③　D―③
問3　③
問4　③
問5　④
問6　③

解説　問1　空欄［い］は、図書館の監視人・看守の巡覧が「不快」であることが述べられ、それを受けて、閲覧者の摘発なども行っていたという文脈になる。前を受けてのつなぎ言葉としては、①「そして」が適当。空欄［え］は直後の「後続する世代を新たな読者として育成」をヒントに、〝推進〟の意味合いを持つ③「さらに」を選ぶ。

問2　空欄［B］は、明治前期の社会では、「読書百遍」的精読法が多かった・主流であったという意味で④「支配」が入る。空欄［C］は、「居眠りした場合には看守人に呼び起こされながら」という「規律にしたが」うスタイルなので③「禁欲」的という表現が符合する。空欄［D］は、直後の「美文的な読書」と並列をなしており、明治社会の「漢文素読的伝統」を担うものとして、〝声高く読み上げる〟意の③「朗誦」が当てはまる。

問3　挿入文の「このこと」にあたる内容が直前の文に示されており、かつ、挿入文が文脈の上で破綻していない必要が

· memo ·

////////////////// ・memo・ //////////////////

/////////////////// · memo · ///////////////////

//////////////////// · memo · ////////////////////

////////////////////// ・memo・ //////////////////////

//////////////////// · memo · ////////////////////

教学社 刊行一覧

2025年版 大学赤本シリーズ

国公立大学(都道府県順)

374大学556点
全都道府県を網羅

全国の書店で取り扱っています。店頭にない場合は，お取り寄せができます。

1 北海道大学(文系−前期日程)
2 北海道大学(理系−前期日程) 医
3 北海道大学(後期日程)
4 旭川医科大学(医学部〈医学科〉) 医
5 小樽商科大学
6 帯広畜産大学
7 北海道教育大学
8 室蘭工業大学／北見工業大学
9 釧路公立大学
10 公立千歳科学技術大学
11 公立はこだて未来大学 総推
12 札幌医科大学(医学部) 医
13 弘前大学 医
14 岩手大学
15 岩手県立大学・盛岡短期大学部・宮古短期大学部
16 東北大学(文系−前期日程)
17 東北大学(理系−前期日程) 医
18 東北大学(後期日程)
19 宮城教育大学
20 宮城大学
21 秋田大学 医
22 秋田県立大学
23 国際教養大学 総推
24 山形大学 医
25 福島大学
26 会津大学
27 福島県立医科大学(医・保健科学部) 医
28 茨城大学(文系)
29 茨城大学(理系)
30 筑波大学(推薦入試) 医 総推
31 筑波大学(文系−前期日程)
32 筑波大学(理系−前期日程) 医
33 筑波大学(後期日程)
34 宇都宮大学
35 群馬大学 医
36 群馬県立女子大学
37 高崎経済大学
38 前橋工科大学
39 埼玉大学(文系)
40 埼玉大学(理系)
41 千葉大学(文系−前期日程)
42 千葉大学(理系−前期日程) 医
43 千葉大学(後期日程) 医
44 東京大学(文科) DL
45 東京大学(理科) DL 医
46 お茶の水女子大学
47 電気通信大学
48 東京外国語大学 DL
49 東京海洋大学
50 東京科学大学(旧 東京工業大学)
51 東京科学大学(旧 東京医科歯科大学) 医
52 東京学芸大学
53 東京藝術大学
54 東京農工大学
55 一橋大学(前期日程)
56 一橋大学(後期日程)
57 東京都立大学(文系)
58 東京都立大学(理系)
59 横浜国立大学(文系)
60 横浜国立大学(理系)
61 横浜市立大学(国際教養・国際商・理・データサイエンス・医〈看護〉学部)
62 横浜市立大学(医学部〈医学科〉) 医
63 新潟大学(人文・教育〈文系〉・法・経済科・医〈看護〉・創生学部)
64 新潟大学(教育〈理系〉・理・医〈看護を除く〉・歯・工・農学部) 医
65 新潟県立大学
66 富山大学(文系)
67 富山大学(理系) 医
68 富山県立大学
69 金沢大学(文系)
70 金沢大学(理系) 医
71 福井大学(教育・医〈看護〉・工・国際地域学部)
72 福井大学(医学部〈医学科〉) 医
73 福井県立大学
74 山梨大学(教育・医〈看護〉・工・生命環境学部)
75 山梨大学(医学部〈医学科〉) 医
76 都留文科大学
77 信州大学(文系−前期日程)
78 信州大学(理系−前期日程) 医
79 信州大学(後期日程)
80 公立諏訪東京理科大学 総推
81 岐阜大学(前期日程) 医
82 岐阜大学(後期日程)
83 岐阜薬科大学
84 静岡大学(前期日程)
85 静岡大学(後期日程)
86 浜松医科大学(医学部〈医学科〉) 医
87 静岡県立大学
88 静岡文化芸術大学
89 名古屋大学(文系)
90 名古屋大学(理系) 医
91 愛知教育大学
92 名古屋工業大学
93 愛知県立大学
94 名古屋市立大学(経済・人文社会・芸術工・看護・総合生命理・データサイエンス学部)
95 名古屋市立大学(医学部〈医学科〉) 医
96 名古屋市立大学(薬学部)
97 三重大学(人文・教育・医〈看護〉学部)
98 三重大学(医〈医〉・工・生物資源学部) 医
99 滋賀大学
100 滋賀医科大学(医学部〈医学科〉) 医
101 滋賀県立大学
102 京都大学(文系)
103 京都大学(理系) 医
104 京都教育大学
105 京都工芸繊維大学
106 京都府立大学
107 京都府立医科大学(医学部〈医学科〉) 医
108 大阪大学(文系) DL
109 大阪大学(理系) 医
110 大阪教育大学
111 大阪公立大学(現代システム科学域〈文系〉・文・法・経済・商・看護・生活科〈居住環境・人間福祉〉学部−前期日程)
112 大阪公立大学(現代システム科学域〈理系〉・理・工・農・獣医・医・生活科〈食栄養〉学部−前期日程) 医
113 大阪公立大学(中期日程)
114 大阪公立大学(後期日程)
115 神戸大学(文系−前期日程)
116 神戸大学(理系−前期日程) 医
117 神戸大学(後期日程)
118 神戸市外国語大学 DL
119 兵庫県立大学(国際商経・社会情報科・看護学部)
120 兵庫県立大学(工・理・環境人間学部)
121 奈良教育大学／奈良県立大学
122 奈良女子大学
123 奈良県立医科大学(医学部〈医学科〉) 医
124 和歌山大学
125 和歌山県立医科大学(医・薬学部) 医
126 鳥取大学 医
127 公立鳥取環境大学
128 島根大学 医
129 岡山大学(文系)
130 岡山大学(理系) 医
131 岡山県立大学
132 広島大学(文系−前期日程)
133 広島大学(理系−前期日程) 医
134 広島大学(後期日程)
135 尾道市立大学 総推
136 県立広島大学
137 広島市立大学
138 福山市立大学 総推
139 山口大学(人文・教育〈文系〉・経済・医〈看護〉・国際総合科学部)
140 山口大学(教育〈理系〉・理・医〈看護を除く〉・工・農・共同獣医学部) 医
141 山陽小野田市立山口東京理科大学 総推
142 下関市立大学／山口県立大学
143 周南公立大学 新 総推
144 徳島大学 医
145 香川大学 医
146 愛媛大学 医
147 高知大学 医
148 高知工科大学
149 九州大学(文系−前期日程)
150 九州大学(理系−前期日程) 医
151 九州大学(後期日程)
152 九州工業大学
153 福岡教育大学
154 北九州市立大学
155 九州歯科大学
156 福岡県立大学／福岡女子大学
157 佐賀大学 医
158 長崎大学(多文化社会・教育〈文系〉・経済・医〈保健〉・環境科〈文系〉学部)
159 長崎大学(教育〈理系〉・医〈医〉・歯・薬・情報データ科・工・環境科〈理系〉・水産学部) 医
160 長崎県立大学 総推
161 熊本大学(文・教育・法・医〈看護〉学部・情報融合学環〈文系型〉)
162 熊本大学(理・医〈看護を除く〉・薬・工学部・情報融合学環〈理系型〉) 医
163 熊本県立大学
164 大分大学(教育・経済・医〈看護〉・理工・福祉健康科学部)
165 大分大学(医学部〈医・先進医療科学科〉) 医
166 宮崎大学(教育・医〈看護〉・工・農・地域資源創成学部)
167 宮崎大学(医学部〈医学科〉) 医
168 鹿児島大学(文系)
169 鹿児島大学(理系) 医
170 琉球大学 医

2025年版　大学赤本シリーズ

国公立大学 その他

171 〔国公立大〕医学部医学科 総合型選抜・学校推薦型選抜※ 医 総推
172 看護・医療系大学〈国公立 東日本〉※
173 看護・医療系大学〈国公立 中日本〉※
174 看護・医療系大学〈国公立 西日本〉※
175 海上保安大学校／気象大学校
176 航空保安大学校
177 国立看護大学校
178 防衛大学校 総推
179 防衛医科大学校(医学科) 医
180 防衛医科大学校(看護学科)

※No.171～174の収載大学は赤本ウェブサイト(http://akahon.net/)でご確認ください。

私立大学①

北海道の大学(50音順)

201 札幌大学
202 札幌学院大学
203 北星学園大学
204 北海学園大学
205 北海道医療大学
206 北海道科学大学
207 北海道武蔵女子大学・短期大学
208 酪農学園大学(獣医学群〈獣医学類〉)

東北の大学(50音順)

209 岩手医科大学(医・歯・薬学部) 医
210 仙台大学 総推
211 東北医科薬科大学(医・薬学部) 医
212 東北学院大学
213 東北工業大学
214 東北福祉大学
215 宮城学院女子大学 総推

関東の大学(50音順)

あ行(関東の大学)

216 青山学院大学(法・国際政治経済学部－個別学部日程)
217 青山学院大学(経済学部－個別学部日程)
218 青山学院大学(経営学部－個別学部日程)
219 青山学院大学(文・教育人間科学部－個別学部日程)
220 青山学院大学(総合文化政策・社会情報・地球社会共生・コミュニティ人間科学部－個別学部日程)
221 青山学院大学(理工学部－個別学部日程)
222 青山学院大学(全学部日程)
223 麻布大学(獣医、生命・環境科学部)
224 亜細亜大学
226 桜美林大学
227 大妻女子大学・短期大学部

か行(関東の大学)

228 学習院大学(法学部－コア試験)
229 学習院大学(経済学部－コア試験)
230 学習院大学(文学部－コア試験)
231 学習院大学(国際社会科学部－コア試験)
232 学習院大学(理学部－コア試験)
233 学習院女子大学
234 神奈川大学(給費生試験)
235 神奈川大学(一般入試)
236 神奈川工科大学
237 鎌倉女子大学・短期大学部
238 川村学園女子大学
239 神田外語大学
240 関東学院大学
241 北里大学(理学部)
242 北里大学(医学部) 医
243 北里大学(薬学部)
244 北里大学(看護・医療衛生学部)
245 北里大学(未来工・獣医・海洋生命科学部)
246 共立女子大学・短期大学
247 杏林大学(医学部) 医
248 杏林大学(保健学部)
249 群馬医療福祉大学・短期大学部
250 群馬パース大学 総推
251 慶應義塾大学(法学部)
252 慶應義塾大学(経済学部)
253 慶應義塾大学(商学部)
254 慶應義塾大学(文学部) 総推
255 慶應義塾大学(総合政策学部)
256 慶應義塾大学(環境情報学部)
257 慶應義塾大学(理工学部)
258 慶應義塾大学(医学部) 医
259 慶應義塾大学(薬学部)
260 慶應義塾大学(看護医療学部)
261 工学院大学
262 國學院大學
263 国際医療福祉大学 医
264 国際基督教大学
265 国士舘大学
266 駒澤大学(一般選抜T方式・S方式)
267 駒澤大学(全学部統一日程選抜)

さ行(関東の大学)

268 埼玉医科大学(医学部) 医
269 相模女子大学・短期大学部
270 産業能率大学
271 自治医科大学(医学部) 医
272 自治医科大学(看護学部)／東京慈恵会医科大学(医学部〈看護学科〉)
273 実践女子大学 総推
274 芝浦工業大学(前期日程)
275 芝浦工業大学(全学統一日程・後期日程)
276 十文字学園女子大学
277 淑徳大学
278 順天堂大学(医学部) 医
279 順天堂大学(スポーツ健康科・医療看護・保健看護・国際教養・保健医療・医療科・健康データサイエンス・薬学部) 総推
280 上智大学(神・文・総合人間科学部)
281 上智大学(法・経済学部)
282 上智大学(外国語・総合グローバル学部)
283 上智大学(理工学部)
284 上智大学(TEAPスコア利用方式)
285 湘南工科大学
286 昭和大学(医学部) 医
287 昭和大学(歯・薬・保健医療学部)
288 昭和女子大学
289 昭和薬科大学
290 女子栄養大学・短期大学部 総推
291 白百合女子大学
292 成蹊大学(法学部－A方式)
293 成蹊大学(経済・経営学部－A方式)
294 成蹊大学(文学部－A方式)
295 成蹊大学(理工学部－A方式)
296 成蹊大学(E方式・G方式・P方式)
297 成城大学(経済・社会イノベーション学部－A方式)
298 成城大学(文芸・法学部－A方式)
299 成城大学(S方式〈全学部統一選抜〉)
300 聖心女子大学
301 清泉女子大学
303 聖マリアンナ医科大学 医
304 聖路加国際大学(看護学部)
305 専修大学(スカラシップ・全国入試)
306 専修大学(前期入試〈学部個別入試〉)
307 専修大学(前期入試〈全学部入試・スカラシップ入試〉)

た行(関東の大学)

308 大正大学
309 大東文化大学
310 高崎健康福祉大学
311 拓殖大学
312 玉川大学
313 多摩美術大学
314 千葉工業大学
315 中央大学(法学部－学部別選抜)
316 中央大学(経済学部－学部別選抜)
317 中央大学(商学部－学部別選抜)
318 中央大学(文学部－学部別選抜)
319 中央大学(総合政策学部－学部別選抜)
320 中央大学(国際経営・国際情報学部－学部別選抜)
321 中央大学(理工学部－学部別選抜)
322 中央大学(5学部共通選抜)
323 中央学院大学
324 津田塾大学
325 帝京大学(薬・経済・法・文・外国語・教育・理工・医療技術・福岡医療技術学部)
326 帝京大学(医学部) 医
327 帝京科学大学 総推
328 帝京平成大学 総推
329 東海大学(医〈医〉学部を除く－一般選抜)
330 東海大学(文系・理系学部統一選抜)
331 東海大学(医学部〈医学科〉) 医
332 東京医科大学(医学部〈医学科〉) 医
333 東京家政大学・短期大学部 総推
334 東京経済大学
335 東京工科大学
336 東京工芸大学
337 東京国際大学
338 東京歯科大学
339 東京慈恵会医科大学(医学部〈医学科〉) 医
340 東京情報大学
341 東京女子大学
342 東京女子医科大学(医学部) 医
343 東京電機大学
344 東京都市大学
345 東京農業大学
346 東京薬科大学(薬学部) 総推
347 東京薬科大学(生命科学部) 総推
348 東京理科大学(理学部〈第一部〉－B方式)
349 東京理科大学(創域理工学部－B方式・S方式)
350 東京理科大学(工学部－B方式)
351 東京理科大学(先進工学部－B方式)
352 東京理科大学(薬学部－B方式)
353 東京理科大学(経営学部－B方式)
354 東京理科大学(C方式、グローバル方式、理学部〈第二部〉－B方式)
355 東邦大学(医学部) 医
356 東邦大学(薬学部)

2025年版　大学赤本シリーズ

私立大学②

- 357 東邦大学（理・看護・健康科学部）
- 358 東洋大学（文・経済・経営・法・社会・国際・国際観光学部）
- 359 東洋大学（情報連携・福祉社会デザイン・健康スポーツ科・理工・総合情報・生命科・食環境科学部）
- 360 東洋大学（英語〈3日程×3カ年〉）
- 361 東洋大学（国語〈3日程×3カ年〉）
- 362 東洋大学（日本史・世界史〈2日程×3カ年〉）
- 363 東洋英和女学院大学
- 364 常磐大学・短期大学 総推
- 365 獨協大学
- 366 獨協医科大学（医学部） 医

な行（関東の大学）

- 367 二松学舎大学
- 368 日本大学（法学部）
- 369 日本大学（経済学部）
- 370 日本大学（商学部）
- 371 日本大学（文理学部〈文系〉）
- 372 日本大学（文理学部〈理系〉）
- 373 日本大学（芸術学部〈専門試験併用型〉）
- 374 日本大学（国際関係学部）
- 375 日本大学（危機管理・スポーツ科学部）
- 376 日本大学（理工学部）
- 377 日本大学（生産工・工学部）
- 378 日本大学（生物資源科学部）
- 379 日本大学（医学部） 医
- 380 日本大学（歯・松戸歯学部）
- 381 日本大学（薬学部）
- 382 日本大学（N全学統一方式－医・芸術〈専門試験併用型〉学部を除く）
- 383 日本医科大学 医
- 384 日本工業大学
- 385 日本歯科大学
- 386 日本社会事業大学 総推
- 387 日本獣医生命科学大学
- 388 日本女子大学
- 389 日本体育大学

は行（関東の大学）

- 390 白鷗大学（学業特待選抜・一般選抜）
- 391 フェリス女学院大学
- 392 文教大学
- 393 法政大学（法〈Ⅰ日程〉・文〈Ⅱ日程〉・経営〈Ⅱ日程〉学部－A方式）
- 394 法政大学（法〈Ⅱ日程〉・国際文化・キャリアデザイン学部－A方式）
- 395 法政大学（文〈Ⅰ日程〉・経営〈Ⅰ日程〉・人間環境・グローバル教養学部－A方式）
- 396 法政大学（経済〈Ⅰ日程〉・社会〈Ⅰ日程〉・現代福祉学部－A方式）
- 397 法政大学（経済〈Ⅱ日程〉・社会〈Ⅱ日程〉・スポーツ健康学部－A方式）
- 398 法政大学（情報科・デザイン工・理工・生命科学部－A方式）
- 399 法政大学（T日程〈統一日程〉・英語外部試験利用入試）
- 400 星薬科大学 総推

ま行（関東の大学）

- 401 武蔵大学
- 402 武蔵野大学
- 403 武蔵野美術大学
- 404 明海大学
- 405 明治大学（法学部－学部別入試）
- 406 明治大学（政治経済学部－学部別入試）
- 407 明治大学（商学部－学部別入試）
- 408 明治大学（経営学部－学部別入試）
- 409 明治大学（文学部－学部別入試）
- 410 明治大学（国際日本学部－学部別入試）
- 411 明治大学（情報コミュニケーション学部－学部別入試）
- 412 明治大学（理工学部－学部別入試）
- 413 明治大学（総合数理学部－学部別入試）
- 414 明治大学（農学部－学部別入試）
- 415 明治大学（全学部統一入試）
- 416 明治学院大学（A日程）
- 417 明治学院大学（全学部日程）
- 418 明治薬科大学 総推
- 419 明星大学
- 420 目白大学・短期大学部

ら・わ行（関東の大学）

- 421 立教大学（文系学部－一般入試〈大学独自の英語を課さない日程〉）
- 422 立教大学（国語〈3日程×3カ年〉）
- 423 立教大学（日本史・世界史〈2日程×3カ年〉）
- 424 立教大学（文学部－一般入試〈大学独自の英語を課す日程〉）
- 425 立教大学（理学部－一般入試）
- 426 立正大学
- 427 早稲田大学（法学部）
- 428 早稲田大学（政治経済学部）
- 429 早稲田大学（商学部）
- 430 早稲田大学（社会科学部）
- 431 早稲田大学（文学部）
- 432 早稲田大学（文化構想学部）
- 433 早稲田大学（教育学部〈文科系〉）
- 434 早稲田大学（教育学部〈理科系〉）
- 435 早稲田大学（人間科・スポーツ科学部）
- 436 早稲田大学（国際教養学部）
- 437 早稲田大学（基幹理工・創造理工・先進理工学部）
- 438 和洋女子大学 総推

中部の大学（50音順）

- 439 愛知大学
- 440 愛知医科大学（医学部） 医
- 441 愛知学院大学・短期大学部
- 442 愛知工業大学 総推
- 443 愛知淑徳大学
- 444 朝日大学 総推
- 445 金沢医科大学（医学部） 医
- 446 金沢工業大学
- 447 岐阜聖徳学園大学 総推
- 448 金城学院大学
- 449 至学館大学 総推
- 450 静岡理工科大学
- 451 椙山女学園大学
- 452 大同大学
- 453 中京大学
- 454 中部大学
- 455 名古屋外国語大学 総推
- 456 名古屋学院大学 総推
- 457 名古屋学芸大学 総推
- 458 名古屋女子大学 総推
- 459 南山大学（外国語〈英米〉・法・総合政策・国際教養学部）
- 460 南山大学（人文・外国語〈英米を除く〉・経済・経営・理工学部）
- 461 新潟国際情報大学
- 462 日本福祉大学
- 463 福井工業大学
- 464 藤田医科大学（医学部） 医
- 465 藤田医科大学（医療科・保健衛生学部）
- 466 名城大学（法・経営・経済・外国語・人間・都市情報学部）
- 467 名城大学（情報工・理工・農・薬学部）
- 468 山梨学院大学

近畿の大学（50音順）

- 469 追手門学院大学 総推
- 470 大阪医科薬科大学（医学部） 医
- 471 大阪医科薬科大学（薬学部） 総推
- 472 大阪学院大学 総推
- 473 大阪経済大学 総推
- 474 大阪経済法科大学 総推
- 475 大阪工業大学 総推
- 476 大阪国際大学・短期大学部 総推
- 477 大阪産業大学 総推
- 478 大阪歯科大学（歯学部）
- 479 大阪商業大学 総推
- 480 大阪成蹊大学・短期大学 総推
- 481 大谷大学 総推
- 482 大手前大学・短期大学 総推
- 483 関西大学（文系）
- 484 関西大学（理系）
- 485 関西大学（英語〈3日程×3カ年〉）
- 486 関西大学（国語〈3日程×3カ年〉）
- 487 関西大学（日本史・世界史・文系数学〈3日程×3カ年〉）
- 488 関西医科大学（医学部） 医
- 489 関西医療大学 総推
- 490 関西外国語大学・短期大学部 総推
- 491 関西学院大学（文・法・商・人間福祉・総合政策学部－学部個別日程）
- 492 関西学院大学（神・社会・経済・国際・教育学部－学部個別日程）
- 493 関西学院大学（全学部日程〈文系型〉）
- 494 関西学院大学（全学部日程〈理系型〉）
- 495 関西学院大学（共通テスト併用日程〈数学〉・英数日程）
- 496 関西学院大学（英語〈3日程×3カ年〉） 新
- 497 関西学院大学（国語〈3日程×3カ年〉） 新
- 498 関西学院大学（日本史・世界史・文系数学〈3日程×3カ年〉） 新
- 499 畿央大学 総推
- 500 京都外国語大学・短期大学 総推
- 502 京都産業大学（公募推薦入試） 総推
- 503 京都産業大学（一般選抜入試〈前期日程〉）
- 504 京都女子大学 総推
- 505 京都先端科学大学 総推
- 506 京都橘大学 総推
- 507 京都ノートルダム女子大学 総推
- 508 京都薬科大学 総推
- 509 近畿大学・短期大学部（医学部を除く－推薦入試） 総推
- 510 近畿大学・短期大学部（医学部を除く－一般入試前期）
- 511 近畿大学（英語〈医学部を除く3日程×3カ年〉）
- 512 近畿大学（理系数学〈医学部を除く3日程×3カ年〉）
- 513 近畿大学（国語〈医学部を除く3日程×3カ年〉）
- 514 近畿大学（医学部－推薦入試・一般入試前期） 医 総推
- 515 近畿大学・短期大学部（一般入試後期） 医
- 516 皇學館大学 総推
- 517 甲南大学 総推
- 518 甲南女子大学（学校推薦型選抜） 新 総推
- 519 神戸学院大学 総推
- 520 神戸国際大学 総推
- 521 神戸女学院大学 総推
- 522 神戸女子大学・短期大学 総推
- 523 神戸薬科大学 総推
- 524 四天王寺大学・短期大学部 総推
- 525 摂南大学（公募制推薦入試） 総推
- 526 摂南大学（一般選抜前期日程）
- 527 帝塚山学院大学 総推
- 528 同志社大学（法、グローバル・コミュニケーション学部－学部個別日程）

2025 年版　大学赤本シリーズ　No. 506

京都橘大学

2024 年 7 月 10 日　第 1 刷発行
ISBN978-4-325-26565-8
定価は裏表紙に表示しています

編　集　教学社編集部
発行者　上原 寿明
発行所　教学社
〒606-0031
京都市左京区岩倉南桑原町56
電話　075-721-6500
振替　01020-1-15695
印　刷　共同印刷工業